Liberdade Religiosa

FUNDAMENTOS TEÓRICOS PARA PROTEÇÃO
E EXERCÍCIO DA CRENÇA

Liberdade Religiosa

FUNDAMENTOS TEÓRICOS PARA PROTEÇÃO
E EXERCÍCIO DA CRENÇA

2023

Thiago Rafael Vieira

ALMEDINA

LIBERDADE RELIGIOSA
FUNDAMENTOS TEÓRICOS PARA PROTEÇÃO E EXERCÍCIO DA CRENÇA

Autor: Thiago Rafael Vieira

Diretor Almedina Brasil: Rodrigo Mentz
Editora Jurídica: Manuella Santos de Castro
Editor de Desenvolvimento: Aurélio Cesar Nogueira
Assistentes Editoriais: Letícia Gabriella Batista e Tacila da Silva Souza
Estagiária de Produção: Natasha Oliveira

Diagramação: Almedina
Design de Capa: FBA

ISBN: 9786556279817
Novembro, 2023

Dados Internacionais de Catalogação na Publicação (CIP)
(Câmara Brasileira do Livro, SP, Brasil)

Vieira, Thiago Rafael
Liberdade religiosa : fundamentos teóricos para proteção e exercício da crença / Thiago Rafael Vieira. – São Paulo : Almedina, 2023.

ISBN 978-65-5627-981-7

1. Democracia – Aspectos religiosos 2. Direito constitucional – Brasil 3. Direitos fundamentais – Brasil 4. Liberdade religiosa – Brasil I. Título.

23-171411 CDU-342.731

Índices para catálogo sistemático:

1. Liberdade religiosa : Direito constitucional 342.731

Eliane de Freitas Leite – Bibliotecária – CRB 8/8415

Este livro segue as regras do novo Acordo Ortográfico da Língua Portuguesa (1990).

Editora: Almedina Brasil
Rua José Maria Lisboa, 860, Conj. 131 e 132, Jardim Paulista | 01423-001 São Paulo | Brasil
www.almedina.com.br

Ao Pai das luzes, criador do Universo.

Ao Filho do Homem, que nos salvou.

Ao Espírito Santo, que me convence do pecado, da justiça e do juízo.

À minha esposa, mais preciosa que o diamante.

Aos meus filhos Sophia e Tomás, luzes da minha vida.

Antes da República existia o Brasil; e o Brasil nasceu cristão, cresceu cristão, cristão continua a ser até hoje. Logo, se a República veio a organizar o Brasil, e não esmagá-lo, a fórmula da liberdade constitucional na República necessariamente há de ser uma fórmula cristã. As instituições de 1891 não se destinaram a matar o espírito religioso, mas a depurá-lo, emancipando a religião do jugo oficial.

RUI BARBOSA

AGRADECIMENTOS

Muitas foram as pessoas indispensáveis para a conclusão desta obra pois, sem elas, não estaria escrevendo estas linhas. Primeiro, agradeço ao Deus Trino, revelado em Deus Pai, Filho e Espírito Santo. Ele me chamou e me sustentou para também trilhar a caminhada acadêmica que culminou na presente obra. Toda honra e glória seja dada a Ele. Agradeço à minha família: Keilla, sem você nada seria possível. Deus lhe colocou na minha estrada em 2005; de lá para cá, desfruto do teu amor, do teu cuidado e dos teus incentivos. Muito obrigado. Meu falecido pai, como não o agradecer? O grande incentivador para que eu estudasse Direito. Muito obrigado, papai. Meus primos Daniel e Gilberto e Pr. Vilson, cada qual à sua maneira, foram alicerces frente às tormentas naturais do início, serei eternamente grato. Por fim, agradeço à minha mãe, que nunca deixou de orar por nós.

Jean, meu amigo, irmão na fé, sócio, apoiador no dia a dia, aquele que "segura as pontas" sempre que preciso, muito obrigado, meu irmão. Estudamos juntos o tema da liberdade religiosa e do Direito Religioso desde a faculdade de Direito. Teu nome apenas não está no frontispício desta obra, pois dividimos o estudo da liberdade religiosa em teorético e razão prática, cabendo o primeiro e o terceiro tomos (teorético) a mim e o segundo tomo (razão prática) a ti, em produção nesse momento. Aos pastores Luís Roberto dos Santos Machado, Davi Charles Gomes, Franklin Ferreira, João Manoel Machado, Luiz Fernandes Bergamin, Cleyton Gadelha, Tiago Santos, Euder Faber, Waldemar Garcia Carvalho Jr, Nilo Wachholz, Jonas Madureira, Renato Vargens, Jackson Jacques, Jonas Hilário, Isaac Santos, Jorge Fontoura, Paulo Lutero de Melo, Deivide

Rocha, Isaías Figueiró, Davi Lago, Miguel Sindaz, Valmir Nascimento, Geraldo Schüler, Douglas Baptista, Rogério Nascimento e tantos outros, que sempre nos apoiaram em defesa da liberdade religiosa e da autonomia do Direito Religioso.

E a presente obra? Nasceu dos estudos e da atividade prática que exerço desde 2004. Todavia, sem o refino e o aprofundamento da pesquisa nos últimos anos, continuaria em gestação, sem previsão de nascimento. Sou devedor de todos os professores do programa de Mestrado e Doutorado em Direito Político e Econômico do Mackenzie; contudo, pedirei *venia* para citar alguns: Zélia Pierdoná, com um currículo simplesmente invejável e, ao mesmo tempo, com uma humildade e simpatia contagiantes, contigo aprendi muito, principalmente como ser um professor melhor; José Carlos Francisco, com profundidade acadêmica, dedicação aos alunos e uma grande empatia, sua disciplina e seus ensinamentos direta ou indiretamente estão neste trabalho, além, claro, do Grupo de Pesquisa da Capes, que és o líder: "Cidadania, Constituição e Estado Democrático de Direito"; Felipe Chiarello, o pró-reitor que, mesmo com as milhares de atribuições do cargo, nunca deixou de me atender na qualidade de professor (confesso, foram muitas vezes), a sua disposição e a sua humildade são notáveis. Agradeço ao meu orientador na Dissertação e, atualmente na tese de Doutorado, Dr. Fernando Rister Sousa de Lima. Além dos ensinamentos em duas disciplinas que muito colaboraram com a presente pesquisa, registro o seu comprometimento. Sempre esteve presente, malgrado situações de saúde, pandemia, etc. A um toque do telefone, a qualquer hora do dia e da noite, lá estava ele: presente. Com paciência, calma e assertividade, permitiu que eu entregasse o melhor de mim. É certo que sem a presença e o auxílio do professor Rister esta pesquisa não se concretizaria, estaria sempre mudando ao sabor do vento das minhas inseguranças.

Minha gratidão aos professores Natammy Luana de Aguiar Bonissoni, Marcus Paulo Rycembel Boeira, José do Carmo Veiga de Oliveira e Glauco Magalhães Barreira Filho, que foram essenciais para lapidar a presente teoria, e à Bárbara Alice Barbosa, que me auxiliou na pesquisa, especialmente em Isaiah Berlin.

Agradeço, ao professor Jonatas Eduardo Mendes Machado, diretamente da Universidade de Coimbra, meu professor na especialização (2015-2016) em Estado Constitucional e Liberdade Religiosa, realizada na Universidade Presbiteriana Mackenzie, onde tive a honra de estar em sala de aula, tanto em São Paulo quanto na Faculdade de Direito da Universidade de Coimbra, que tem contribuído desde 2015 em nossa pesquisa, indicando e enviando artigos e trabalhos acadêmicos de todo o mundo sobre o tema. Apesar de suas inúmeras atividades, pois é um dos maiores pesquisadores da liberdade religiosa no mundo, nunca mediu esforços para me socorrer e ainda abrilhantou esta obra com o seu posfácio endossando a teoria brasileira da liberdade religiosa, à qual suas obras são importantes referenciais teóricos.

Agradeço também ao professor e desembargador federal Dr. William Douglas pela apresentação da presente obra, além das diversas conversas sobre o tema ao longo dos últimos anos, especialmente durante a pandemia do Covid-19, em que juntos lutamos contra as arbitrariedades cometidas Brasil afora contra as liberdades de crença e religiosa.

Por derradeiro, e não menos importante, agradeço ao mestre de todos nós, um dos maiores juristas brasileiros, Dr. Ives Gandra da Silva Martins, que prefaciou minha primeira obra em coautoria com Jean Regina publicada em 2018, "Direito Religioso: questões práticas e teóricas", e prefacia a presente com o brilhantismo que é inerente aos grandes mestres. É uma honra e um presente ter mais uma obra nossa prefaciada por Ives Gandra da Silva Martins.

Soli Deo Gloria! Christo Nihil Praeponere! Valar dohaeris!

O AUTOR

APRESENTAÇÃO

O Brasil é conhecido internacionalmente pelo seu efetivo arranjo das liberdades de crença e religião. Até mesmo no período imperial, em que confessava constitucionalmente o credo católico romano, quando o tema era liberdade religiosa, nada devia aos seus vizinhos sul-americanos ou à Europa, muito pelo contrário, especialmente no Segundo Reinado. A partir da velha República a liberdade religiosa foi se consolidando, juntamente com a laicidade estatal, tornando-se, nos dias de hoje, uma das pérolas de nosso Estado constitucional.

Devemos ao escritor Jorge Amado, do tempo em que foi deputado pelo Estado de São Paulo, a autoria da Emenda 3.218, que inseriu na Constituição de 1946, o § 7º do art. 141:

> Art. 141. (...)
>
> § 7º É inviolável a liberdade de consciência e de crença e assegurado o livre exercício dos cultos religiosos, salvo o dos que contrariem a ordem pública ou os bons costumes. As associações religiosas adquirirão personalidade jurídica na forma da lei civil.

É fato, por outro lado, que o tema da liberdade religiosa é pouco tratado sob o ponto de vista teórico, especialmente em uma abordagem vertical, pela doutrina brasileira. São muitos os livros que tratam sobre o tema, é bem verdade, contudo poucos se dedicam a sua teorética. Podemos arriscar que todos os cursos de Direito Constitucional reservam poucas de suas páginas quando o assunto é a primeira das liberdades. Já os importantes ensaios monográficos sobre liberdade religiosa dedicam-se a aspectos de razão técnica ou prática e, quando se dedicam a razão teórica, aprofundam-se apenas em um dos vértices que formam o equilátero da liberdade religiosa brasileira.

Agora, nos países europeus ou nos Estados Unidos a realidade é outra. São centenas de obras que abordam a liberdade religiosa sob o ponto de vista teorético, definindo conceitos, demonstrando os plexos de direitos decorrentes da liberdade religiosa, bem como seus âmbitos de proteção, destinatários e especialmente a distinção entre "liberdades-irmãs" e suas dimensões objetivas e subjetivas. Basta dar uma olhadela nas referências bibliográficas dessa obra para se deparar com teoréticas portuguesas, espanholas, italianas, alemãs e norte-americanas. Contudo, no Brasil ainda temos poucas obras nesse sentido, destacando aqui a de Jayme Weingartner Neto, *Liberdade religiosa na Constituição: fundamentalismo, pluralismo, crenças, cultos*. Pedimos desculpas por não lembrarmos de outras. O debate teórico é sempre relevante, mas no presente tema é urgente. Vivemos um tempo no qual há quem queira modificar o conceito de "Estado Laico" para excluir a religião do espaço público, o que caracteriza outra ideia, de nome parecido, mas de natureza totalmente diferente: o "Estado Laicista". A implantação do laicismo francês é o desejo secreto de pessoas que não gostam da religião e, por má-fé ou ignorância, praticam a maior das ofensas à liberdade religiosa, violando a própria Constituição Federal. Apenas o estudo e o debate podem impedir que seja bem-sucedida essa tentativa de censura prévia e manietamento do fenômeno religioso. Nessa linha, vemos diversas iniciativas, como a tentativa de retirar os símbolos religiosos das repartições públicas, e de nelas impedir cultos, de impedir candidatos, partidos, rádios e TVs com viés religioso, de eliminar a educação religiosa nas escolas ou fazer com que as suas aulas sejam ministradas por pessoas não religiosas etc. O problema ficou ainda mais grave a partir da edição da Lei n. 14.532, que, apesar de trazer algumas alterações positivas, mencionou o chamado racismo religioso e, em seu art. 20-C, a inconstitucional ideia de distinguir maiorias e minorias para fins de proteção de direitos. Isso afeta não só o campo da religião, mas do combate ao racismo e outros. A liberdade religiosa, portanto, inequivocamente está sob ataque e, por todas as razões acima, esta obra chega em boníssima hora.

Aplaudo o autor e a editora por virem suprir essa lacuna, trazendo à doutrina brasileira uma abordagem teorética sobre a liberdade religiosa.

A obra inicia apresentando o objetivo da liberdade religiosa, qual seja: o conceito jurídico de religião. Nada mais propício. Para a compreensão de um direito, precisamos, primeiramente, compreender o seu objeto. E, afinal de contas o que é religião?

Vieira responde a essa difícil pergunta, de forma inclusiva e precisa. Outro passo importante que o autor dá é o da definição da própria liberdade. Uma obra teórica sobre liberdade religiosa precisa se ocupar da definição e dimensões da liberdade em si, o que foi feito.

Em seguida, Vieira aprofunda nas liberdades de crença e religiosa, demonstrando a distinção entre elas, a formação de seus plexos, suas conexões e, especialmente, suas funções estruturantes e protetivas, sem olvidar de seus destinatários. Com a distinção das liberdades de crença e religiosa, pouco tratada no Brasil, Vieira identifica seus plexos de direitos e seus núcleos essenciais, lançando luzes para temas tão complexos, como, por exemplo, a colisão dessas liberdades com outras e a necessidade de preservação de seus núcleos. Assim, nas duas primeiras partes, Vieira oportuniza ao leitor o desenho teorético das liberdades de crença e religiosa, fundamentado em amplíssima doutrina internacional.

Na terceira e na quarta parte da obra, Vieira se dedica a demonstrar as conexões da doutrina internacional das liberdades de crença e religiosa com o sistema constitucional brasileiro. Inicia pelas influências recebidas de Portugal, Espanha e Itália na construção da laicidade e do sistema de liberdade religiosa nacional, bem como do distanciamento da doutrina francesa, para, ao final da obra, percorrer a Constituição brasileira, extraindo dela uma teoria própria, uma teoria brasileira sobre a liberdade religiosa. Talvez, se essa obra estivesse no mundo jurídico em 2020, o tratamento das liberdades de culto e de organização religiosa por parte da doutrina, governos e tribunais, entre eles o STF, poderia ter sido diferente. O tema, porém, é praticamente eterno e certamente as Cortes ainda terão muitas oportunidades para analisar questões relacionadas ao tema. Ainda teremos tempo de corrigir os eventuais equívocos e avançar para uma sociedade mais evoluída e civilizada, que saiba respeitar a liberdade religiosa e o sagrado alheio.

A colisão de direitos fundamentais sempre é um tema complexo, que requer extrema cautela por parte dos governantes e julgadores. Os direitos fundamentais são a maior conquista da humanidade, logo, apenas condições extremas podem permitir restrições. E, para restringir um direito fundamental o gestor público e o julgador devem ter total clareza do que está em jogo e principalmente das consequências de tais restrições ao concerto das liberdades.

Para isso, é fundamental que sejam claras, como o sol do meio-dia, as distinções das liberdades de crença e religiosa e consequente núcleo de cada uma, suas funções no sistema constitucional, suas conexões com outras liberdades, âmbitos de proteção e destinatários. Sem tais conhecimentos prévios, as ações podem ser desastrosas, como vimos em muitas situações na pandemia do Covid-19, quando cultos foram proibidos, mas poderiam apenas ser restringidos em suas atividades, garantindo, assim, o mínimo existencial do núcleo da liberdade religiosa. A proibição de cultos online, absurdo que chegou a acontecer no período, revela que de fato temos quem gostaria de extinguir a religião ou, ao menos, criar para ela as maiores dificuldades e confiná-la em espaços privados, uma espécie de "guetização" da fé. Entretanto, a história revela que os detratores das liberdades, quaisquer que sejam elas (religiosa, de pensamento, de imprensa etc.) jamais se dão por satisfeitos, aumentando o grau de cerceamento até o seu estrangulamento total.

Esperamos que a presente obra encontre seu merecido lugar na doutrina brasileira sobre o tema e possa ser uma luz em momentos difíceis que certamente virão. As virtudes para tanto, a obra carrega. Como dizia Guimarães Rosa: "Viver é perigoso", mas sem liberdade, torna-se, também penoso. Esperamos que não somemos à dureza e ao perigo da vida males que não lhe são inexoráveis. Viver não precisa ser sem liberdade, e as liberdades adoçam a jornada, tornando-a menos penosa e dura".

O autor, além da densa formação acadêmica, tem um diferencial extraordinário, sendo Advogado de mais de três mil organizações religiosas no Brasil no Vieira & Regina Sociedade de Advogados. Isso faz com que suas lições, profundas do ponto de vista teórico, também sejam permeadas pela experiência prática de quem lida com o cotidiano do tema na vida real. Thiago Rafael Vieira, além de Advogado, Professor e Escritor, é Mestre e Doutorando em Direito Político e Econômico pela Universidade Presbiteriana Mackenzie.

A leitura do seu currículo, disponível ao final da obra, é recomendável para conhecer melhor quem escreve as presentes lições, mas quero destacar em especial que ele tem várias especializações, no Brasil e no Exterior e é Presidente do Instituto Brasileiro de Direito e Religião (IBDR). Também é membro da Comissão Especial de Liberdade Religiosa do Conselho Federal da OAB. Em suma, detém estudo e experiência que o habilitam a escrever sobre o tema.

Assim, minha expectativa é de que a obra seja lida e apreciada pela comunidade jurídica e pelos interessados no tema, de forma a continuarmos a longa, mas necessária, jornada em busca de um mundo onde as liberdades sejam garantidas e respeitadas. Entre essas liberdades, tenho especial carinho por aquela que, para os que nisso acreditam, nos conecta com a divindade. É a liberdade de transitar entre dois mundos e se conectar com algo que vai muito além das coisas e das letras. Querer saber se isso existe, e, se existe, poder buscar e viver essas outras realidades é, desde sempre, da natureza do ser humano. Aqueles que acreditavam, o que não deixa de ser também uma fé, que o mundo moderno e a tecnologia extinguiriam o fenômeno religioso estão frustrados. Essa frustração não pode se converter em mordaça. Ao contrário, o que precisamos é deixar que cada pessoa, e cada grupo por elas criado, tenha a liberdade de crer ou deixar de crer. O Estado e o Direito não podem, por falta de instrumentos e legitimidade, querer dominar ou controlar a fé. O máximo que lhes cabe, e nisso sua função é de extrema relevância, é garantir que cada um exerça sua liberdade de crença.

Este livro fornece caminhos para isso.

Aproveitem a leitura!

DR. WILLIAM DOUGLAS RESINENTE DOS SANTOS,

Jurista, magistrado, escritor e professor brasileiro, atualmente desembargador federal do Tribunal Regional Federal da 2ª Região. É mestre em direito e autor de diversas obras na área jurídica, bem como sobre educação, desenvolvimento pessoal e cristianismo. Já exerceu as atividades de advogado, delegado de Polícia, Defensor Público, Professor de Direito Processual na Universidade Federal Fluminense – UFF e professor em vários cursos preparatórios e pós-graduação, já tendo atuado também como membro de bancas de concursos.

PREFÁCIO

Thiago Rafael Vieira nos brinda com mais um excelente livro sobre direito religioso e liberdade de adoração a Deus, através dos caminhos da religião.

Após considerações conceituais e exegéticas de religião, cuja etimologia é religar o homem com Deus e sobre a liberdade de culto e expressão, à luz da evolução do livre arbítrio através da história, examina, com pertinência, a relevância, não só teórica, mas vivencial da liberdade plena do homem na busca de seu ideal maior, que é conhecer, servir e amar a Deus.

Do exame teorético da liberdade religiosa, ao culto de louvor a Deus e do porto seguro que a crença na eternidade traz ao homem, na insegurança de sua peregrinação pela terra, passa à análise do ambiente da liberdade religiosa no Brasil e no mundo, tomando Portugal, Espanha e Itália como exemplos da luta para se viver este direito fundamental do ser humano tão desrespeitado nos dias atuais.

O mesmo é possível afirmar sobre o Brasil onde, após uma constituinte que primou por criar um corpo de normas que permitem ao hermeneuta apreender uma autonomia do direito religioso no sistema de direito positivo, vimos uma desfiguração por parte, principalmente das autoridades judiciárias, algumas delas agnósticas ou ateias que, a título de liberdade de expressão aos inimigos de Deus, permitiram inúmeras violações, desfigurações, bem como tentativas de excluir Deus e seus seguidores do cotidiano da vida da nação.

Assim é que, à luz de apenas um artigo (19, inciso I), que declara que o Poder Público e as Instituições Religiosas devem ter regime próprio, não podendo o Estado versar recursos públicos em tais Instituições, a não ser para obras sociais e ensino confessional, pretendem que os valores de direito natural, sempre exteriorizados pelas religiões, representem uma "Capitis diminutio" dos direitos à cidadania. Praticamente, pretendem que o denominado "Estado Laico", vocábulo que não está na Lei Suprema, seja um Estado Ateu.

Ora, inúmeros dispositivos atribuem um tratamento especial ao direito positivo religioso como os referentes à objeção de consciência, vicariato militar, imunidade dos templos, obrigação do ensino religioso, serviços militares alternativos em tempo de paz para as religiões que não permitem tais serviços, além de liberdade de expressão e o direito amplo à cidadania a todos os que decidirem dedicar sua vida exclusivamente ao serviço de Deus.

O estudo, portanto, que Thiago Vieira veicula neste livro, sobre ser de exaustiva pesquisa e de admirável profundidade, é de cristalina conclusão sobre a realidade religiosa no Brasil e no mundo e tem, como acréscimo, a clareza de dicção e didatismo de exposição, com o que seu estilo escorreito permite ao leitor atualizar-se sobre o relevante tema que é a liberdade religiosa na conjuntura atual.

Bem haja, a obra.

DR. IVES GANDRA DA SILVA MARTINS,

Doutor em Direito pela Universidade Presbiteriana Mackenzie, advogado, escritor com centenas de obras publicadas, professor emérito das universidades Mackenzie, Unip, UNIFIEO, UNIFMU, do CIEE/O Estado de São Paulo, das Escolas de Comando e Estado-Maior do Exército (Eceme), Escola Superior de Guerra (ESG) e da Magistratura do Tribunal Regional Federal — 1.ª Região, professor honorário das universidades Austral (Argentina), San Martin de Porres (Peru) e Vasili Goldis (Romênia), doutor honoris causa das universidades de Craiova (Romênia) e das PUCs do Paraná e do Rio Grande do Sul, catedrático da Universidade do Minho (Portugal), presidente do Conselho Superior de Direito da Fecomercio, SP, fundador, presidente de honra do Instituto Brasileiro de Direito e Religião (IBDR) e presidente honorário do Centro de Extensão Universitária (CEU)/Instituto Internacional de Ciências Sociais (IICS).

LISTA DE ABREVIATURAS

a.C.	Antes de Cristo
ADI	Ação Direta de Inconstitucionalidade
Ap.	Apocalipse
Art.	Artigo
At.	Atos
ADPF	Arguição de Descumprimento de Preceito Fundamental
CADH	Convenção Americana de Direitos Humanos
CCB	Código Civil brasileiro
Cfr.	Conforme
CP	Código Penal
CRFB/88	Constituição da República Federativa do Brasil de 1988
d.C.	Depois de Cristo
DMC	Divindade, moralidade e culto
DUDH	Declaração Universal dos Direitos Humanos
DUDHC	Declaração Universal dos Direitos do Homem e do Cidadão
Ef.	Efésios
EUA	Estados Unidos da América
Ga.	Gálatas
Jo.	João
LOLR	Lei Orgânica da Liberdade Religiosa
Mc.	Marcos
Mt.	Mateus
MS	Mandado de Segurança
NY	New York

OAB	Ordem dos Advogados do Brasil
PIDCP	Pacto Internacional sobre Direitos Civis e Políticos
Séc.	Século
STF	Supremo Tribunal Federal
1 Co.	1º Coríntios

SUMÁRIO

APRESENTAÇÃO POR DR. WILLIAM DOUGLAS 13

PREFÁCIO POR DR. IVES GANDRA DA SILVA MARTINS 20

INTRODUÇÃO 27

PRIMEIRA PARTE
RELIGIÃO E LIBERDADE

1. O CONCEITO JURÍDICO DE RELIGIÃO 33

2. O DESENVOLVIMENTO HISTÓRICO E CONCEITUAL DA LIBERDADE 51
   2.1. As liberdades positiva e negativa 63

3. UMA DIGRESSÃO HISTÓRICA DA LIBERDADE RELIGIOSA 71

4. CONCLUSÃO DA PRIMEIRA PARTE 89

SEGUNDA PARTE
A TEORÉTICA DA PROTEÇÃO À CRENÇA E A RELIGIÃO

1. A LIBERDADE DE RELIGIÃO 95

2. AS LIBERDADES DE CRENÇA E DE CONSCIÊNCIA 99

3. AS CONEXÕES DA LIBERDADE RELIGIOSA 107
3.1. Dignidade da Pessoa Humana 107
3.2. Liberdade de Expressão 114

4. AS FUNÇÕES DA LIBERDADE RELIGIOSA 117
4.1. Dimensão objetiva da liberdade religiosa – função estruturante 117
4.2. Dimensão subjetiva da liberdade religiosa – função protetiva 122
4.2.1. Os destinatários da liberdade religiosa 127

5. CONCLUSÃO DA SEGUNDA PARTE 139

TERCEIRA PARTE
O AMBIENTE DA LIBERDADE RELIGIOSA

1. O ESTADO LAICO E AS SUAS VARIAÇÕES 145

2. O SISTEMA DE LAICIDADE EM PORTUGAL, ESPANHA E ITÁLIA 151
2.1. Portugal 152
2.2. Espanha 161
2.3. Itália 165

3. O LAICISMO 171

4. O DESENVOLVIMENTO DA LAICIDADE NO BRASIL 181

5. CONCLUSÃO DA TERCEIRA PARTE 189

QUARTA PARTE
O SISTEMA BRASILEIRO

1. BRASILIDADE 195

2. A LIBERDADE DE CRENÇA NA CONSTITUIÇÃO BRASILEIRA 203
2.1. A tutela da liberdade de crença no âmbito do Direito penal 208

3. A LIBERDADE RELIGIOSA NA CONSTITUIÇÃO BRASILEIRA DE 1988 211

4. A LIBERDADE RELIGIOSA EM TRATADOS E DECLARAÇÕES INTERNACIONAIS 223

5. AS RESTRIÇÕES À LIBERDADE RELIGIOSA EM TEMPOS DE PANDEMIA DE COVID-19 233

6. A LAICIDADE COLABORATIVA BRASILEIRA DE 1988 E O ÁPICE DO SISTEMA CONSTITUCIONAL DE LIBERDADE RELIGIOSA 241

7. CONCLUSÃO DA QUARTA PARTE 259

PÓSFACIO POR DR. JÓNATAS E. M. MACHADO 265

REFERÊNCIAS 273

INTRODUÇÃO

A presente obra nasceu de dois incômodos. O primeiro: muitos autores brasileiros de cursos de Direito Constitucional reservam poucas páginas à liberdade religiosa, informando seus desdobramentos e geralmente inserindo a liberdade de crença como um deles, juntamente com as liberdades de proselitismo e de culto, sem maiores explicações nem aprofundamentos. Como todo o Direito complexo, é pacífico que a liberdade religiosa seja um *cluster right* de direitos, entre os mais importantes dos direitos humanos previstos em diversos tratados internacionais e consagrados na maioria das constituições democráticas do mundo. Contudo, será que a liberdade de crença integra esse plexo de direitos? Ou não seria a própria liberdade de crença um plexo de direitos autônomo? Se for, qual é a relevância de tal constatação?

A relevância é alta, pois, na verdade, as implicações podem ser as mais diversas, desde confusões conceituais no âmbito de proteção de cada liberdade, passando pela eficácia no exercício de cada direito subjetivo decorrente de modo individual, coletivo, afora problemas hermenêuticos na hipótese de colisão entre esses direitos e outros direitos fundamentais. Ademais, de maneira geral as obras e os manuais que tratam do tema da liberdade religiosa são meros descritivos constitucionais: descrevem os artigos constitucionais referente à temática e conceituam brevemente cada dispositivo. Os seminários, os congressos e as palestras, com raras exceções – tais como os promovidos pelo Instituto Brasileiro de Direito e Religião –, quando tratam do tema das liberdades, esquecem-se daquela liberdade que foi *conditio sine qua non* para o desenvolvimento de todas as outras. Como falar de liberdade de expressão ou liberdade econômica olvidando-se do livre arbítrio agostiano, dos tratados de Tomás de Aquino, de Boécio, da navalha de Ockham ou dos reformadores protestantes, especialmente Martinho Lutero na Dieta de Worms, e dos liberais cristãos como John Locke e Alexis de Tocqueville? Sem a liberdade religiosa, as outras liberdades perdem sua origem e seu fundamento. Eis o primeiro incômodo.

O segundo incômodo guarda relação com as constantes tentativas percebidas em artigos e outros textos (até mesmo livros) que vinculam o Estado laico brasileiro a um sistema que não guarda relação alguma, quer seja no âmbito constitucional, quer seja no âmbito de influências diretas ou indiretas. Em razão deste incômodo, publiquei em coautoria com Jean Regina, pela editora Vida Nova, a obra "A Laicidade Colaborativa Brasileira: da aurora da civilização à Constituição Brasileira de 1988". Como a forma pela qual o Estado se relaciona com a religião cria o ambiente em que a liberdade religiosa é exercida, um livro que apresenta uma teoria sobre tal liberdade precisa lançar luzes ao ambiente brasileiro e a suas influências.

A partir desses incômodos, a proposta foi mergulhar na melhor teoria sobre liberdade religiosa no mundo a partir de doutrinadores portugueses, espanhóis e alemães, além dos poucos brasileiros que a pesquisam, em sede de mestrado e doutorado, para desenvolver uma teoria nossa à luz da Constituição da República Federativa do Brasil de 1988.

Dividimos a obra em quatro partes: Religião e Liberdade; A Teorética da Proteção à Crença; O Ambiente da Liberdade Religiosa; O Sistema Brasileiro. Adentrando na pesquisa propriamente dita, a primeira parte abordou a noção jurídica da religião, ocupando-se do objeto da liberdade religiosa, ou seja, da própria religião. A proposta não foi de exaurir a conceituação de religião de acordo com as ciências que se ocupam dela. O enfoque também não foi filosófico, tangenciando a moral ou a ética, mantendo-se apenas no campo do Direito e de modo objetivo. A pesquisa abordou o conceito substancial-objetivo, o funcional-subjetivo e o tipológico conforme as lições de Machado, Adragão e Weingartner Neto. O escopo foi de demonstrar diferenças de cada conceito com fins de identificação do melhor a ser utilizado no sentido de emprestar maior efetividade às liberdades pesquisadas.

Na sequência, abordamos o desenvolvimento da liberdade com foco na origem do termo e a sua eficácia na esfera política, desde os antigos, passando pelo medievo até a Reforma Protestante e alguns doutrinadores liberais. O objetivo principal dessa seção foi de apresentar a definição de liberdade e a sua relação com a religião, para um melhor entendimento da liberdade religiosa propriamente. Nessa mesma toada, foram tratadas as vertentes da liberdade, tais como apresentadas por Isaiah Berlin e Jorge Miranda, o que se constituiu como de fulcral importância quanto ao estudo do âmbito de proteção das liberdades de crença e religiosa.

Ainda, mostramos alguns fatos históricos importantes na construção da liberdade religiosa. Uma vez que a problematização da presente pesquisa não guarda relação direta com a história das ideias políticas, notadamente, sob o ponto de vista da relação Igreja-Estado e da liberdade religiosa, esse tópico não foi exaustivo, tratou apenas de alguns fatos históricos. A Bíblia, os éditos romanos do século IV (d.C), a Reforma Protestante e as revoluções liberais foram objeto de pesquisa nesse tópico com o intuito de demonstrar a importância da religião na construção das liberdades mencionadas.

A segunda parte da pesquisa foi o central. Nela, foram abordadas as dimensões das liberdades de crença e religiosa, as vertentes positiva e negativa de cada desdobramento de seus plexos de direitos, assim como os destinatários e os conteúdos individuais e coletivos da liberdade religiosa. As conexões dessas liberdades com a liberdade de religião, de consciência, de expressão a com a dignidade da pessoa humana outrossim foram os assuntos a serem averiguados.

O objetivo desse capítulo foi demonstrar se a distinção das liberdades de crença e religiosa, em que a liberdade de crença é precedente à liberdade religiosa e possui um plexo próprio de direitos, sustenta-se teórica e constitucionalmente, e, caso sejam distintas, se possuem núcleos diferentes e unidade entre si. Para tal, como referido, cada desdobramento dessas liberdades, em cada função (dimensão) e conteúdo, foi investigado.

A terceira parte, ocupou-se do Estado laico e das suas variações. O objetivo dessa seção foi verificar quais são as características necessárias em um Estado laico para garantir a efetividade de exercício das liberdades de crença e religiosa. Para tal, a investigação da laicidade brasileira e suas influências foi imprescindível.

A terceira seção do trabalho abordou as principais características de uma laicidade com o objetivo de apresentar a dinamicidade de tal sistema e qual se adequa melhor a um ambiente de total liberdade religiosa.

Nessa toada, países que foram e são influências para o mundo no quesito laicidade serão estudados, entre eles EUA e França. Outros países que influenciaram o sistema brasileiro, tais como Portugal, Espanha e Itália também foram objeto de pesquisa. A pesquisa em Portugal abordou aspectos históricos, com o fim de demonstrar como se deu a evolução de um Estado confessional para um Estado laico, além do sistema vigente atualmente, a partir de sua Constituição e legislação infraconstitucional, tendo como mesmo método de abordagem na Espanha e Itália, exceto nos aspectos históricos.

Antes de adentrar no caso brasileiro, a pesquisa teve fôlego para verticalizar no laicismo, demonstrando suas características e o porquê de não poder ser utilizado como paradigma ou inspiração do sistema brasileiro. Por fim, o caso brasileiro: na terceira parte da obra foi tratado apenas o contexto histórico e o desenvolvimento da laicidade, desde o Brasil Império até a atual Constituição, com o escopo de demonstrar a construção da laicidade nacional e a sua relação com a liberdade religiosa.

A quarta parte, ou parte final da obra, demonstrou a pluralidade religiosa existente no Brasil e sua influência para a construção de um sistema único de liberdade religiosa no mundo. A distinção das liberdades de crença e religiosa foi demonstrada no texto constitucional, e todos os direitos decorrentes dos plexos das liberdades de crença e religiosa foram estudados de maneira pormenorizada. A tutela penal da liberdade de crença e a presença da liberdade religiosa também foram temas desta seção, além das indevidas restrições sofridas no Brasil em meio à pandemia de Covid-19.

Na subseção seguinte, foi abordada a laicidade brasileira atual, com a análise de cada dispositivo constitucional que guarda relação com as liberdades religiosas e de crença. O objetivo dessa análise foi demonstrar as características do Estado laico no Brasil e se existe compatibilidade com o sistema constitucional de proteção à religião. Por fim, restou comprovado a existência de uma teoria brasileira própria sobre a liberdade religiosa, inserta na Constituição Brasileira e garantida por seu sistema de laicidade colaborativo.

Assim, do Estado Constitucional Brasileiro, nasce uma teoria brasileira da liberdade religiosa. Os erros são meus, os acertos tributo a Deus, professores e amigos que contribuíram com a presente obra.

PRIMEIRA PARTE

RELIGIÃO E LIBERDADE

1.
O CONCEITO JURÍDICO DE RELIGIÃO

Como ensina Adragão, "para assegurar o interesse dogmático, um estudo sobre liberdade religiosa deve partir de uma adequada compreensão da religião, bem jurídico de cuja tutela se trata"[1], adiante, na mesma obra, completa: "Um estudo monográfico sobre a liberdade religiosa deve partir de uma noção de religião, conceito essencial para recortar o âmbito de proteção do direito fundamental em análise"[2]. Dessa forma, iniciamos a presente obra, que tem como pretensão lançar luzes sobre uma teoria da liberdade religiosa, investigando uma adequada compreensão de religião, com recorte no conceito jurídico de religião, tão somente.

Weingartner Neto, ao adentrar no desafio de buscar um conceito sobre religião, lembra quão pantanoso é esse terreno citando Sousa Santos que, ao conceituar Deus e Felicidade, o fez fora do campo da ciência, em uma obra poética[3]. Entrementes o pressuposto, ou como diz Machado, o "Tatbestand do direito à liberdade religiosa depara, imediatamente, com a questão da atribuição de um conteúdo semântico ao termo religião"[4]. Isto é, a investigação do conteúdo semântico do termo religião, sob a ótica jurídica-constitucional, é fundamental, até para que se possa conferir a

1 ADRAGÃO, 2002, p. 216.

2 Ibidem, p. 405.

3 WEINGARTNER NETO, 2006, p. 290.

4 MACHADO, 1996, p. 208.

validade normativa e constitucional do próprio direito à liberdade religiosa e, consequentemente, de seus limites.

O adjetivo "pantanoso" utilizado por Weingartner Neto guarda relação com o que Machado denomina de "conceito vago"[5], assim sendo, é imperativo que se encontre um critério que traga segurança ao operador do Direito, uma vez que o conceito de religião, bem como suas origens, não remonta ao Direito, mas ao próprio homem que com ela convive, desde o alvorecer da humanidade[6]. De fato, não é tarefa fácil articular e formular um conceito secularizado de uma realidade tão espiritual que é o conceito de religião[7]. No contexto das ciências sociais, sobretudo da sociologia, de maneira geral, a religião é associada à adoração do divino e à dependência do homem a este, em razão de sua dualidade, ou, como dizia Agostinho de Hipona[8], por ser o homem um cidadão de duas cidades, da cidade dos homens e da cidade de Deus.

O corpo da religião geralmente é formado por um conjunto de práticas que externam determinada crença como forma de seguir a vontade de uma ou mais divindades. Religião advém do latim *religere*, que significa se revincular a Deus, de quem estávamos separados, ou *reeligere*, religar-se, tornar a escolher Deus, ou, por fim, *relinquere*, que tem por significado revelar a tradição dos antepassados[9]. Nesses aspectos, ao pensar em religião, automaticamente acontece uma remissão de que o fiel "é membro ou frequenta alguma igreja, que acredita na existência de Deus, que sustenta uma filosofia, uma visão de vida, que atribui ao sagrado uma qualidade de muito valor, aproximando-o a algumas coisas"[10].

A partir desse raciocínio, a busca etimológica faz sentido porque implica exatamente essa ideia de relacionar-se, religar-se com a divindade, assentado sob um corpo de doutrinas morais, espirituais e litúrgicas com

[5] Ibidem, p. 208.

[6] "A totalidade da vida social de um povo primitivo se encontra intimamente ligada à sua religião. O mesmo vale para as primeiras civilizações" (DAWSON, 2010, p. 197). "O homem primitivo sempre contemplou o mundo e a natureza como a manifestação viva dos deuses e de forças místicas, aos quais, pelo seu serviço, rendia e consagrava sua vida" (VIEIRA; REGINA, 2021, p. 40).

[7] LÓPEZ CASTILLO, 2002, p. 39.

[8] AGOSTINHO DE HIPONA, 2014.

[9] GARCIA, 1997, p. 79.

[10] MACHADO, 1996, p. 208.

ápice no culto, na adoração litúrgica coletiva, ou seja, assentando-se no tripé divindade, moralidade e culto (DMC), que são os elementos utilizados no conceito jurídico substancial-objetivo. Nessa linha de pensamento, Machado cita Milne, que define religião da seguinte forma:

> a) crença no sobrenatural; b) crença na dependência do natural relativamente ao sobrenatural; c) crença na origem sobrenatural de certas instruções para a vida, em virtude das quais existe uma obrigação de conformação a elas; d) crença na verdade de uma afirmação definitiva, quer escrita, quer oral, não apenas das instruções em c) mas também ao menos o suficiente sobre os atributos do sobrenatural e sobre a dependência do natural em relação àquele para tornar inteligível a origem dessas instruções; e) um grupo de pessoas que professe uma crença do gênero d); f) uma associação baseada em d) e mantida pelo grupo em e) com o objetivo de possibilitar aos seus membros darem expressão prática aos compromissos em c) e d)[11].

A leitura constitucional da religião deve ter como base o reconhecimento de um instituto que tem um fim em si mesmo[12], já que seu significado é bastante controvertido e com poucos pontos de convergências entre as mais diversas teorias sobre o assunto[13].

Na investigação por um conceito jurídico-constitucional de religião, Adragão traz diversos conceitos de autores importantes, tais como Antônio Leite, Magalhães Collaço e Dias Garcia, que possuem em comum a centralidade da relação com o sobrenatural e a substancialidade do culto. Magalhães Collaço, por exemplo, afirma que a religião é: "um conjunto de crenças visando um ser ou poder superior e sobrenatural em relação a quem se sentem dependentes, e com quem aspirariam a estabelecer relações, mediante a observância de um conjunto de regras de conduta, ritos e práticas", enquanto, Leite ensina que "portanto, o culto, a prestação de honra devida à divindade ou por causa dela, em reconhecimento

11 Ibidem, p. 210.

12 Por isso que o ato de professar uma religião – ou não professar nenhuma – é de caráter natural. Se encaixa na ala transcendente que está acima da Constituição, cabendo a ela simplesmente reconhecer isso que é um Direito, atendendo assim diferentes credos.

13 BOBBIO; MATTEUCI; PASQUINO, 1998, p. 966.

da sua excelência e da própria submissão, é também um dos elementos geralmente considerados típicos do fenômeno religioso"[14].

Outro caminho importante que Adragão[15] faz para obter um conceito jurídico de religião se dá nos próprios dispositivos da Constituição portuguesa. Da mesma forma, pode-se encontrar subsídios importantes para a conceituação jurídico-constitucional no Estado Constitucional Brasileiro, mais especificamente no art. 5º, inciso VI da CRFB/88, que assegura o "livre exercício dos cultos religiosos". O constituinte originário brasileiro, ao assegurar o livre exercício do culto, entroniza-o como núcleo da liberdade religiosa, concordando com os doutrinadores que afirmam a posição nuclear do culto para a religião.

Ademais, muitos dos dispositivos constantes na Constituição Brasileira e na legislação infraconstitucional são irradiações diretas desse artigo. Pode-se citar, como exemplo, a dispensa do serviço militar (art. 143, §§ 1º e 2º), que tem como finalidade a proteção da crença e do culto por parte do objetor. Outro exemplo é a imunidade tributária religiosa prevista no art. 150, VI, "b", que, ao vedar a cobrança de impostos, visa retirar qualquer obstáculo na concretização coletiva dos fiéis na forma de organização religiosa e, consequentemente, para a realização do culto.

Assim, chega-se ao perfazimento de que a religião é um instituto relevante para o Direito brasileiro, bem como o é no direito português. Tal observação coloca a religião como um fenômeno de vital importância para a nação brasileira[16], concretizando a seguinte ordem de fatores: caráter

[14] ADRAGÃO, 2002, p. 406.

[15] Ibidem, ps. 408-9.

[16] Não apenas para a nação brasileira, a religião é fundante e essencial para todos os povos, desde os primórdios da civilização. Ensina, o Ministro do STF, André Mendonça: "É inegável o papel central que a religião ocupa ao se buscar entender a história das ideias, da política e dinâmicas de poder, da cultura, arte e educação, e, naturalmente, do Direito. A transversalidade do fenômeno religioso mostra, a par da busca por liberdade e proteção, um profundo entrelaçamento de aspirações, buscas e dinâmicas do ser humano, refletindo-se nas variadas organizações sociais ao longo da história. Inegavelmente a religião segue ocupando relevância ímpar na vida humana, tanto individual quanto coletivamente. As ideias modernas da era iluminista de que, a par do avanço da intelectualidade, a visão religiosa entraria em declínio provaram-se infundadas pelas evidências empíricas" (2022, p. 210). E, continua, brilhantemente: "A importância da religião perpassa os séculos. O impulso religioso move impérios, fomenta a educação, cria universidades, inspira a arte, a literatura, a cultura, enfim, muda o mundo. No Baixo Medievo são fundadas as universidades de Oxford, Paris, Salamanca,

transcendental da religião > reconhecimento constitucional > conceito jurídico.

Ainda na concepção jurídica de religião, também é importante destacar seu caráter público. A religião não se contenta apenas com a esfera subjetiva-intelectual da crença, mas transcende esse âmbito íntimo com a externalização, por parte dos fiéis, nas mais diversas esferas sociais em que estão inseridos[17]. Se a crença surge ou possui raiz na individualidade e na autonomia de cada um, geralmente, seu exercício tem a natureza gregária e se dá por meio da livre manifestação pública, do proselitismo e do culto comunitário.

O proselitismo, que é o ato de buscar prosélitos, decorre de um dogma interno do próprio credo, que se perfectibiliza quando publicizado por meio da pregação. Trata-se do impulso privado na arena pública do próprio fenômeno religioso. É por esse impulso que a religião "apresenta impacto social irrecusável, revestindo-se de relevo público"[18]. Assim, o proselitismo se "constitui como importante pilar da liberdade religiosa, pois ele está diretamente relacionado ao direito de pregar, de professar os dogmas de sua fé e, sobretudo, de convencer os outros acerca da correção desses mesmos dogmas"[19].

O impacto social que a religião causa, em razão do sistema de valores nela presente (considerado como o elemento "moralidade" nos termos do tripé "DMC"), ressoa nos mais variados subsistemas sociais, influenciando e mobilizando a opinião pública, sendo fator de pressão junto ao poder político, isso difere da institucionalização de uma confissão religiosa específica, que remeteria a uma teocracia e/ou um Estado confessional. A ideia de impacto e influência social e política da religião guarda relação com a vivência da pessoa religiosa no espaço público a partir de suas crenças e seus dogmas, e não com a religião como serviço público ou política de Estado. "Ao reconhecimento do caráter público da religião não tem necessariamente que andar associada à sua natureza jurídico-pública,

Bolonha, Coimbra, dentre outras. Todas elas, a partir da tradição monástica e da renascença carolíngia, são impulsionadas pelo cristianismo. Vê-se, portanto, a importância da religião para o surgimento das universidades e o avanço científico em geral" (p. 212).

[17] MACHADO, 1996, ps. 333-5.

[18] Ibidem, p. 333.

[19] PASCHOAL, 2017, p. 104.

com tudo o que isso geralmente traz implicado em termos de coerção e discriminação"[20].

O Supremo Tribunal Federal tratou do impacto que a religiosidade tem em uma sociedade e externou a concepção jurídica nacional do ensino religioso no julgamento da Ação Direta de Inconstitucionalidade (ADI) número 4439[21]. A ADI 4439 tinha como objeto a (in)constitucionalidade da instrução confessional nas escolas públicas, questionando a previsão do art. 210, § 1º da CRFB/88[22]. O plenário do STF, por maioria, reconheceu o impacto social e a participação que a religião possui nas relações humanas e que, em razão desse impacto, a CRFB/88 garantiu o ensino religioso nas escolas públicas, corroborando assim com o caráter público da religião e o reconhecimento do Estado Constitucional Brasileiro da importância da religiosidade para o ser humano desde a infância. Excerto do acórdão do Ministro Alexandre de Moraes que arremata a questão:

> A relação entre o Estado e as religiões, histórica, jurídica e culturalmente, é um dos mais importantes temas estruturais do Estado. A interpretação da Carta Magna brasileira, que, mantendo a nossa tradição republicana de ampla liberdade religiosa, consagrou a inviolabilidade de crença e cultos religiosos, deve ser realizada em sua dupla acepção: (a) proteger o indivíduo e as diversas confissões religiosas de quaisquer intervenções ou mandamentos estatais; (b) assegurar a laicidade do Estado, prevendo total liberdade de atuação estatal em relação aos dogmas e princípios religiosos[23].

No momento em que o STF declara constitucional o ensino religioso, de matrícula facultativa, no ensino público fundamental, inclusive de cunho confessional, reconhece a importância da religiosidade para os brasileiros e se alinha ao pensamento plasmado na Constituição nesse sentido. Afirma a ementa do acórdão:

[20] MACHADO, 1996, p. 335.

[21] O objeto desta ADI era declarar o art. 210, § 1º da CRFB/88 como inconstitucional, ao final, foi julgada improcedente, tendo em vista que o conteúdo constitucional é plenamente conformado com a visão jurídica brasileira de religião.

[22] "O ensino religioso, de matrícula facultativa, constituirá disciplina dos horários normais das escolas públicas de ensino fundamental" (BRASIL, 1988).

[23] BRASIL, 2017.

> [...] 5. A Constituição Federal garante aos alunos, que expressa e voluntariamente se matriculem, o pleno exercício de seu direito subjetivo ao ensino religioso como disciplina dos horários normais das escolas públicas de ensino fundamental, ministrada de acordo com os princípios de sua confissão religiosa e baseada nos dogmas da fé, inconfundível com outros ramos do conhecimento científico, como história, filosofia ou ciência das religiões.
>
> 6. O binômio Laicidade do Estado/Consagração da Liberdade religiosa está presente na medida em que o texto constitucional (a) expressamente garante a voluntariedade da matrícula para o ensino religioso, consagrando, inclusive o dever do Estado de absoluto respeito aos agnósticos e ateus; (b) implicitamente impede que o Poder Público crie de modo artificial seu próprio ensino religioso, com um determinado conteúdo estatal para a disciplina; bem como proíbe o favorecimento ou hierarquização de interpretações bíblicas e religiosas de um ou mais grupos em detrimento dos demais[24].

A possibilidade de até mesmo o ensino ministrado ser confessional é o coroamento do princípio da separação do Estado laico, isso porque, se o Estado pudesse determinar o conteúdo a ser ministrado pelos professores em sala de aula, no que concerne à religião, estaria impondo uma doutrina religiosa oficial a partir de um conteúdo criado artificial e meramente descritivo das religiões. Por outro lado, a matrícula é facultativa, permitindo que aquele aluno e aqueles pais que não concordem com o ensino confessional ministrado não participem.

No caminho de construção da definição jurídica de religião enquanto objeto da liberdade religiosa, observa-se a tentativa de tipificá-la como sendo estruturada a partir do trinômio "divindade, moralidade, culto". Divindade como sendo a relação que a pessoa religiosa possui em seu intelecto e suas emoções com o Divino e o sagrado. A moralidade, como elemento da definição jurídica de religião, é o sistema de valores oriundo dos livros sagrados adotados pelo fiel, que vive sua vida a partir destes. Por fim, o terceiro elemento do trinômio DMC, o culto, é o ápice dos dois primeiros elementos; é o ato de adorar o Divino e de celebrá-lo, o que pode ser feito de modo individual ou coletivo, público ou privado.

Por outro lado, a defesa de elementos rígidos para a noção jurídico-constitucional de religião, quais sejam, a presença de divindade,

[24] Ibidem.

moralidade e culto, pode resultar em restrições no âmbito da aplicação da liberdade religiosa, o que navega em sentido oposto a uma sociedade cada vez mais aberta e plural que se pretende alcançar e que o Estado Democrático de Direito persegue. Assim sendo, não se deve fechar a porta para concepções religiosas que não possuam um ou outro elemento do DMC. Ainda, a própria ideia de culto e divindade devem abertas, não cabendo ao operador do direito conceituá-las sob qualquer prima que não seja o eminentemente jurídico.

Assim, para resolver esse problema, divide-se a definição jurídica de religião em três tipos, o substancial-objetivo, o funcional-subjetivo e o tipológico. O primeiro, objeto de estudo até o momento, é definido resumidamente com base nos elementos de "divindade, moralidade e culto", é o conceito *substancial-objetivo*[25].

No conceito substancial objetivo, o elemento da divindade, considerado como relação pessoal e íntima da pessoa religiosa com o Divino, somado ao elemento da moralidade, este traduzido nos livros sagrados da respectiva religião professada e, por fim, ao elemento culto, que é o coroamento público ou privado, individual ou coletivo dos dois primeiros elementos, na forma de adoração e celebração, são considerados os critérios de avaliação substanciais e objetivos para concluir o que é ou não religião sob o prisma jurídico-constitucional.

É no senso comum que a doutrina e a jurisprudência bebem para traduzirem tais elementos e, especialmente, procederem a identificação destes no grupo "candidato" à religião. Entretanto, esse conceito carrega em si uma possível problemática: será o Estado, nas pessoas dos magistrados, que dirá o que é religião a partir da conceituação de divindade, moralidade e culto e da sua verificação de conformação no caso concreto? Para a doutrina que se utiliza do conceito substancial-objetivo a fim de verificar o objeto de proteção da liberdade religiosa, por mais que possa trazer alguma subjetividade, a reposta para cada elemento está diretamente ligada ao que é "aceitável, lógico, consistente e compreensivo" para o senso comum.

Todavia, outra resposta possível na definição de cada elemento poderá pender a favor de determinada visão religiosa majoritária constante em determinado Estado nacional, comprometendo a liberdade das demais

[25] MACHADO, 1996, ps. 209-210.

confissões e crenças. Esse pêndulo possuirá necessariamente um relevo jurídico-dogmático: jurídico porque produzirá efeitos no caso concreto da proteção aos fiéis; dogmático porque dirá quais fiéis deverão ser protegidos a contar da conceituação de culto e de divindade que, *per se,* possuem caráter dogmático e variam de acordo com cada tradição religiosa. Em qualquer Estado Constitucional[26] que tem como imperativo a proteção de toda a sociedade, inclusive das minorias, não se pode presumir que o senso comum as inclua.

Por mais que as ideias de divindade, moralidade e culto sejam recorrentes quando se investiga o fenômeno religioso, sua definição substantiva poderá resultar na prevalência das compreensões e das cosmovisões dos próprios operadores do Direito[27]. É provável que o operador do Direito defina moralidade a partir da filosofia de Hegel[28], por exemplo, excluindo diversas religiões, ou defina culto a partir de uma visão teológica evangélica do que consiste culto e, por conseguinte, exclua outras tantas. Como indica Weingartner Neto[29] prescrições de como devem ser as religiões podem resultar em uma determinada ortodoxia que define; ao definir, restringe, e, ao restringir, exclui, elimina. Citando Häberle, Machado lembra que:

> Do ponto de vista metódico-hermenêutico vale neste domínio a mesma proibição de definição *(Definitionverbot)* de que fala Häberle quando sublinha a liberdade de contínuo desenvolvimento da autocompreensão cultural de que um Estado aberto e pluralista deve garantir[30].

[26] A expressão "Estado Constitucional" é usada aqui da forma ensinada por José Carlos Francisco, que, citando Sarmento, diz: "Em vista das barbáries do Legislador e das maiorias políticas (como verificado no nazismo), Daniel Sarmento destaca o fortalecimento das Constituições e da Jurisdição constitucional, bem como o surgimento de mecanismos de proteção de direitos fundamentais mesmo em face do legislador, cujo primeiro movimento no Brasil foi a elaboração da Constituição de 1988, positivando vários princípios e fortalecendo direitos e garantias" (2012, p. 56).

[27] MACHADO, 1996, p. 211.

[28] De forma muito resumida, até porque não é o escopo da presente obra, para Hegel, a moralidade está inserida no aspecto subjetivo da vontade humana, enquanto a ética se ocupa das determinações objetivas da vontade. Em outras palavras, a moralidade é apenas uma etapa no processo de desdobramento da liberdade e da vontade livre (MACEDO, 2012, p. 121).

[29] WEINGARTNER NETO, 2006, p. 293.

[30] MACHADO, 1996, p. 213.

Parte da doutrina e da jurisprudência direcionara atenção para "uma definição estrutural-funcional da religião, dotada de um escopo mais alargado"[31], evitando uma definição substantiva-objetiva de religião, que poderia resultar na criação dos próprios dogmas do que é divindade, moralidade e culto. É o conceito funcional-subjetivo. O esforço de ampliar o conceito de religião para açambarcar as mais diversas crenças que "ocupem, na vida da pessoa, um lugar funcionalmente equivalente ao reservado, tradicionalmente, às crenças religiosas de tipo deísta"[32] é observado na jurisprudência da Suprema Corte Norte-americana a partir da década de 60 (Séc. XX)[33].

O conceito funcional-subjetivo valoriza a compreensão individual da pessoa religiosa sendo uma resposta à diversidade cada vez maior no mercado das crenças. A noção jurídica de religião é deslocada dos critérios objetivos verificáveis nos elementos "divindade, moralidade e culto" para a subjetividade moral-prática de cada um. O que importa nessa noção de religião "é o elemento subjetivo da sinceridade com que uma crença é individualmente sustentada"[34].

Ensina Adragão que parte da doutrina italiana possui o entendimento de que o Estado não pode qualificar um grupo como religioso ou não: "O Estado não teria a competência nem a capacidade para dizer se determinado grupo é ou não uma confissão religiosa: isso deveria depender absolutamente da autoqualificação dos fiéis"[35]. Entretanto, o Tribunal Constitucional Italiano, em julgado[36] que se discutiu a noção jurídica de

[31] Ibidem, p. 213.

[32] Ibidem, p. 214.

[33] Weingartner Neto, em sua tese de doutoramento, traz na nota de rodapé 668 exatamente qual foi o caso paradigma para essa mudança de visão do conceito substancial-objetivo para o funcional-objetivo na Suprema Corte dos EUA: "O paradigma é o caso Torcaso v. Watkins (1961), no qual a Suprema Corte invalida uma disposição do Estado de Maryland que requeria, para a posse dos titulares de cargos públicos, uma 'afirmação da crença em Deus'. Sustentou-se, então, que não pode Governo (nem o Federal, nem o dos Estados) 'ajudar aquelas religiões baseadas na existência de Deus, contra aquelas religiões fundadas em crenças diferentes' – suplantam-se os limites da matriz judaico-cristã, havendo nota de rodapé, na decisão, que se refere expressamente ao Budismo, Taoísmo, Cultura Ética, Humanismo Secular, e outras" (p. 293).

[34] MACHADO, 1996, p. 214.

[35] ADRAGÃO, 2002, p. 224.

[36] Corte costituzionale della Repubblica Italiana, 19 novembre 1992, n. 467, *apud* FERRARI, 1996, p. 180.

religião, optou pelo conceito substancial-objetivo exatamente a partir do tripé DMC: "crença numa realidade transcendente, capacidade de dar resposta a questões fundamentais relativas à existência, código moral tendencial, implicação existencial (culto), mínimo de organização"[37].

Se, por um lado, o problema da noção jurídica substantiva-objetiva de religião está na exclusão de credos que não se conformam com a ideia de senso comum de "divindade, moralidade e culto", por outro lado, a problemática da noção funcional-subjetiva se desloca para o elemento subjetivo da sinceridade das convicções. A tentativa de conceituar a religião por meio da sinceridade dos credos das pessoas também possui falhas. Os problemas que decorrem desse conceito são:

1. A submissão daquele que se identifica como religioso de um minucioso exame de suas convicções, revelando-se praticamente em um exame inquisitorial, com elevados riscos de agressão contra a própria consciência do fiel[38].
2. Para evitar um exame minucioso da sinceridade da crença de determinado religioso, o operador do Direito poderá cair em um "indesejável e incerto subjetivismo", assentado em um princípio de autodefinição, em que se deve aceitar qualquer crença como religiosa, ou como não religiosa, independentemente de quaisquer exigências de sinceridade ou do tripé "DMC", somente porque como religião foi identificada pelo seu titular. Seria o "pergunte ao fiel, se ele se identificar como tal, fiel é" ou "defina-se você próprio".

O primeiro problema ofende o âmago da própria liberdade religiosa. Não pode o magistrado examinar o recôndito mais íntimo do ser humano. Tal exame compete apenas ao fiel ou a Deus, com o qual o esse se relaciona e deposita suas esperanças. Leciona Althusius:

> O magistrado cujo reino não prospera o culto verdadeiro de Deus deve ter cuidado para não pleitear poder sobre a fé e a religião dos homens, que existem apenas na alma e consciências. Só Deus tem poder nessa área. Só Ele reconhece os segredos dos recônditos mais íntimos dos corações.

37 ADRAGÃO, p. 225.

38 MACHADO, 1996, p. 215.

> [...] a fé é considerada uma graça de Deus, não de César. [...] Por conseguinte, o magistrado deve deixar essas questões para Deus, dar a Ele o que é devido – pois só Ele impele, lidera e altera corações – e reservar para si o que Deus lhe deu, isto é, o poder sobre os corpos[39].

Com o escopo de evitar uma agressão à consciência da pessoa, a consequência é o segundo problema apontado, o qual resulta em algo ainda mais grave, uma vez que pode incentivar uma manipulação de má-fé do Direito à liberdade religiosa, promovendo o descrédito desse Direito fundamental e a própria desvalorização social do fenômeno religioso. Poder-se-ia alguém apresentar-se como religioso e, assim, locupletar-se das garantias da liberdade religiosa.

Machado lembra de um exemplo[40], citando Stanley Ingber, que ocorreu em Hardenburgh, NY, nos EUA: nos finais dos anos 70 (Séc. XX), mais de 90% dos adultos dessa cidade tornaram-se ministros de culto da *Universal Life Church*, reclamando isenções fiscais na qualidade de membros do clero. Tal igreja, que possuía um único dogma, qual seja *do your own thing*[41], diplomava o requerente com o título de "Doutor em Divindade" e emitia credenciais eclesiásticas para todo aquele que realizasse uma oferta voluntária de 2 dólares. Em 15 anos, mais de seis milhões de indivíduos teriam sido ordenados ministros religiosos. Resultado? Uma alta erosão fiscal e um alto agravamento da carga tributária para os demais cidadãos.

Outro problema do "defina-se você próprio" é o total alargamento da liberdade religiosa a ponto de, sem nenhum molde objetivo, as distinções constitucionais entre crenças religiosas e aquelas de natureza política, ideológica e filosófica deixarem de existir e, assim, o próprio Direito à liberdade religiosa encontrar dificuldades de ser operado. "Um alargamento excessivo do âmbito normativo do direito traduzir-se-ia, irremediavelmente, num correspondente enfraquecimento do seu programa normativo"[42]. Não há dúvidas de que o conceito funcional-subjetivo apresenta mais falhas que o conceito substancial-objetivo.

[39] ALTHUSIUS, 2003, ps. 323-324.

[40] MACHADO, 1996, nota de rodapé 724, p. 216.

[41] Cuide de suas coisas.

[42] Ibidem, p. 216.

A terceira via é o conceito tipológico apresentado por Machado. Neste, o conceito de religião deve "responder às exigências de neutralidade e validade geral que lhe são dirigidas por uma ordem democrática, secular e pluralista"[43]. Isso significa que, nessa perspectiva, é essencial que a definição jurídica englobe um apuramento máximo[44] de religiões presentes em determinada civilização, garantindo uma fluidez conceitual que dialoga com o modelo democrático de governo.

O conceito tipológico busca um conceito jurídico de religião que pretende conservar o mínimo de "operacionalidade prática e torná-los menos vulnerável a utilização abusiva"[45]. Ao mesmo tempo, esse conceito pretende ser amplo e expansivo, sem aspirações definidoras e quase dogmáticas do conceito substancial-objetivo, contribuindo assim em não restringir ou não interferir, para usar a expressão de Isaiah Berlin, no âmbito da proteção da liberdade religiosa para todo e qualquer grupo, inclusive para aquele que não se identifica com o tripé DMC.

A pretensão é de agregar o maior número de expressões religiosas a partir de uma fluidez conceitual que não resulte em uma confusão entre religião e visões de mundo pautadas em uma filosofia ou ideologia, bem como sem interferir na laicidade estatal. De certo ponto de vista, ao permitir que o Estado, por meio do Poder Judiciário, defina religião com base na tríade "divindade, moralidade e culto", ocorre uma interferência jurisdicional com o conteúdo dogmático, como já dito anteriormente, o que viola a laicidade estatal, que se fundamenta na não interferência do poder político no poder religioso.

Ensina Machado[46] com a concordância de Adragão[47] que o ponto de partida para uma noção jurídica de religião deve ser dado pelos elementos geralmente considerados típicos do fenômeno religioso, que constituem "as suas parecenças de família". As parecenças de família, por sua vez, têm como ponto de partida aqueles elementos que são considerados típicos

[43] Ibidem, p. 217.

[44] "De um ponto de vista jurídico, a liberdade religiosa visaria a todas as crenças identificáveis, de tal forma que a qualificação da crença como religião, seita, culto, doutrina ou dogma não tem nenhuma incidência sobre a eventual proteção jurídica de que elas se beneficiam em face da Constituição" (SEFERJAN, 2012, p. 22).

[45] WEINGARTNER NETO, 2006, p. 295.

[46] MACHADO, 1996, p. 219.

[47] ADRAGÃO, 2002, p. 405.

do fenômeno religioso e presentes nas religiões tradicionais. Adragão, citando Wittgenstein, revela que esses elementos são a expressão da "visão global do mundo, do apelo a autoridades e conteúdos veritativos de origem e valor extra racional, da consciência subjetiva da existência de um poder sobrenatural ou transcendente etc."[48].

O entendimento que se segue é no sentido de uma heteronomia, no dizer de Kant,[49] em que os imperativos religiosos possuem natureza objetiva e extrarracional, sendo de uma emanação da própria religião e não da vontade e da racionalidade subjetiva do religioso, ou seja, imperativos que lhe são externos à vontade e à própria consciência.

Por isso, a ideia de "parecenças de família" é importante e foge do subjetivismo resultante de um exame da "sinceridade da crença". A partir da ideia de parecenças de família, a similitude ou o contraste que a pretensa religião investigada possua com as religiões mais conhecidas acontece sem a emissão de qualquer juízo de valor se "mais ou menos" religiosa e assim passível de "mais ou menos" proteção. Indiscutivelmente, a valoração religiosa deverá acontecer, mas o resultado dessa valoração será apenas e tão somente no sentido de se o objeto investigado é religião e, por conseguinte, encontra-se no âmbito de proteção da liberdade religiosa. Assim, ao realizar tal valoração, o Estado não pode adentrar na "reserva de intimidade religiosa", cujo mérito intrínseco não pode avaliar[50].

É explícita a diferença desse método com o substancial-objetivo. No substancial-objetivo, o operador do Direito parte da premissa DMC e do que ele próprio entende por cada um desses elementos. A partir do seu particular entendimento, investiga se a candidata à religião se amolda aos elementos da divindade, da moralidade e do culto. De outra banda, no conceito tipológico, o operador do Direito conhece, no sentido meramente indicativo (heteronômico), as principais características das religiões mais conhecidas e de seus elementos dicotômicos tradicionais, tais como: imanência/transcendência, profano/sagrado, natural/sobrenatural.

[48] Ibidem, p. 406.

[49] "Quando a vontade busca a lei, que deve determiná-la, em qualquer outro ponto que não seja a aptidão das suas máximas para a sua própria legislação universal, quando, portanto, passando além de si mesma, busca essa lei na natureza de qualquer dos seus objectos, o resultado é então sempre heteronomia" (KANT, 2019, p. 91).

[50] MACHADO, 1996, ps. 219; 224-5.

Os elementos externos das religiões tradicionais também podem servir de indicativos para situar a pretensa religião nas parecenças de família, entre eles: existência de culto, idade da crença, número de aderentes, existência de clero ou sacerdotes *et cetera*.

Como visto, o conceito tipológico combina os elementos objetivos do conceito "substancial-objetivo" com os elementos subjetivos atendíveis do conceito "funcional-subjetivo" de maneira equilibrada, não excluindo minorias religiosas nem ofendendo suas consciências. A combinação dos dois primeiros conceitos também afasta a manipulação da fé para agasalhar vontades egoísticas, como aconteceu com a *Universal Life Church* em Hardenburgh, NY, nos EUA. Nesse exemplo, o "fiel" ordenado não passaria pelo crivo tipológico, pois não estaria presente qualquer indicativo dos elementos dicotômicos ou externos das religiões tradicionais. O diploma de doutor em divindade, obtido pelos correios a partir apenas do pagamento de uma taxa de dois dólares, e um sistema moral (elemento moralidade) com apenas o único dogma "cuide de suas coisas" não seriam suficientes.

Ainda assim, não se pode deixar de consignar a crítica que Adragão[51] faz ao conceito tipológico de Machado, especialmente à falta de referência do "culto" entre os elementos essenciais da religião. Adragão demonstra que Machado, ao mesmo passo que traz o conceito tipológico sem o culto entre seus elementos essenciais, afirma que o culto é um dos elementos fundamentais da prática religiosa, caindo em uma antinomia: "Com efeito, a prática religiosa conhece no exercício de atos de culto (*exercicium religionis*) um de seus elementos fundamentais"[52].

Essa crítica de Adragão foi objeto de ponderações importantes por parte de Weingartner Neto. A primeira ponderação é no sentido de que o culto estaria incluído como "parecenças de família" e que não foram exaustivamente listadas por Machado nos elementos externos. Weingartner Neto ensina que a não listagem do culto como essencial possui o condão de afastamento do conceito substancial-objetivo, enquanto sua presença nos elementos externos poderia resultar em uma aproximação: exatamente o contrário do que Machado pretendia ao criar o conceito tipológico[53].

[51] ADRAGÃO, 2002, p. 406.

[52] MACHADO, 1996, p. 229.

[53] WIEINGARTNER NETO, 2006, p. 299.

Para Weingartner Neto, o culto como elemento essencial para a noção jurídica de religião resultaria em exclusão daquela religião que porventura não tenha o culto como um de seus elementos externos. Cita Pontes de Miranda que, nos comentários à Constituição de 1967, afirma se tratar de "erro evidente, no terreno lógico e no terreno da empiria, pensar que religião e culto são uma e a mesma coisa ou postular que é impossível religião sem culto"[54]. Discordando de Weingartner Neto e Pontes de Miranda, Moraes afirma: "A abrangência do preceito constitucional é ampla, pois sendo a religião o complexo de princípios que dirigem os pensamentos, ações e adoração do homem para com Deus, acaba por compreender a crença, o dogma, a moral, a liturgia e o culto"[55]. No mesmo sentido, diz Adragão: "a prática religiosa conhece na prática de atos de culto um dos seus elementos fundamentais: sendo assim, onde há religião haverá necessariamente culto"[56].

Ao entrar no campo dogmático-constitucional brasileiro, observa-se que, ao mesmo tempo que a CRFB/88 remete o conceito de religião ao culto (art. 5º, VI e art. 19, I), também consagra (preâmbulo) uma sociedade fraterna e pluralista, com fundamentos na dignidade da pessoa humana, da cidadania e do pluralismo político (art. 1º) e com objetivos fundamentais (art. 3º) de construir uma sociedade livre, justa e solidária (I) e promover o bem de todos, sem preconceitos de origem, raça, sexo, cor, idade e quaisquer outras formas de discriminação (IV).

O que se percebe, tanto na Constituição Brasileira quanto nas doutrinas colacionadas (mesmo em Machado), é que o culto é o principal elemento externo da religião, mas não pode ser tido com um elemento com caráter substancial <u>dogmático</u>. Dito de outra forma: apesar de ser um elemento central da religiosidade, o culto não pode ser entendido, especialmente por parte de uma ação estatal, como <u>requisito</u> para a existência de uma religião.

Trata-se, sem dúvida, do elemento externo mais importante nas "parecenças de famílias". Todavia, eventualmente, pode ou poderá existir alguma minoria religiosa que não possua especificamente o culto como um de seus elementos externos, mas possua outro e assim como religião

[54] Ibidem, p. 300.

[55] MORAES, 2020, p. 48.

[56] ADRAGÃO, 2002, p. 406.

poderá ser identificada. Dessa forma, de todas os conceitos jurídicos de religião, o que parece mais acertado é aquele desenvolvido no conceito tipológico, apenas com retoque no sentido de considerar o elemento "culto" como o primeiro e principal elemento externo de uma religião. Sem este, outros elementos de parecenças de família deverão ser buscados no objeto investigado.

2.
O DESENVOLVIMENTO HISTÓRICO E CONCEITUAL DA LIBERDADE

Uma vez devidamente identificado e conceituado o objeto da liberdade religiosa, qual seja, a religião, faz-se necessário, para a construção de uma teoria da liberdade religiosa[57], dois recortes metodológicos: o primeiro, referente ao desenvolvimento da liberdade e à sua proximidade com a religião. O segundo nos desdobramentos de suas dimensões negativa e positiva, isto porque o *facere et non facere* do Estado frente à religião em um Estado laico está visceralmente ligado à compreensão de liberdade negativa e positiva.

A conceituação da liberdade não é tarefa simples, visto que assumiu diferentes significados ao longo do tempo. Constant, em seu clássico "A liberdade dos antigos comparada à dos modernos", demonstra a distinção da liberdade dos antigos com a dos modernos caracterizada especialmente pela ausência de liberdades individuais dos povos antigos, que eram constantemente vigiados em suas relações privadas. Na mesma linha de Constant, ensina Fustel de Coulanges:

> A vida privada não escapava a tamanha onipotência do Estado. Muitas cidades gregas proibiam ao homem o celibato. Esparta punia não somente

[57] VER também: VIEIRA, Thiago Rafael; REGINA Jean Marques. A Contribuição do Cristianismo para a Liberdade. São Paulo: Unipro Editora, 2023 e OLIVEIRA, Mariana Gouveia. Antecedentes históricos do conceito de iberdade de religião ou crença no o cidente, 2023.

quem não se casasse, mas também quem se casasse tardiamente [...]. Era comum que a moda fosse determinada pelas leis da cidade; a legislação de Esparta regulamentava o penteado das mulheres, e a de Atenas as proibia de levarem em viagem mais que três vestidos [...]. É, portanto, singular, entre todos os erros humanos, acreditar que nas cidades antigas o homem gozava de liberdade, pois não há ideia sequer do que fosse isso[58].

Para os antigos, a liberdade guardava relação com o direito de participar nas demandas da polis, ou seja, nas decisões políticas[59]. A liberdade para os antigos era exercida no ato de deliberar os interesses da cidade em praça pública, votar leis, celebrar tratados com nações estrangeiras ao mesmo passo que o indivíduo deveria se submeter ao todo. Era uma liberdade política. Toda e qualquer atividade privada dos cidadãos era severamente fiscalizada[60], inclusive a dos cidadãos livres[61]. Observa Constant[62] que até mesmo "a faculdade de escolher o próprio culto (faculdade que consideramos como um de nossos mais preciosos direitos) teria parecido aos antigos um crime e um sacrilégio"[63].

A visão de como os antigos entendiam a liberdade advém muito do pensamento de Aristóteles (384-322 a.C.). Na obra "Política", o discípulo de Platão, ao tratar sobre política na *polis*[64], traz luz a questões importantes sobre sua ideia de liberdade, com muitos pontos de contato com premissas

[58] COULANGES, 2004, p. 248.

[59] CHAMBERLAIN, 2005, p. 25.

[60] Chamberlain lembra, em sua dissertação, que Jellinek defendia não ser totalmente correta a afirmação de que os gregos não conheciam o conceito de liberdade individual. Para ele, tanto Platão quanto Aristóteles, os referenciais teóricos dessa afirmação, quando criticavam a democracia, faziam-no sob o ponto de vista de Esparta (2005, p. 22-23). Conclui, ainda citando Jellinek (2000, p. 301), que os antigos reconheciam a possibilidade de os cidadãos terem uma esfera particular, própria, distinta do Estado, contudo, sem reconhecer a existência de que os direitos individuais pudessem ser oponíveis ao Estado (2005, p. 26).

[61] CONSTANT, 2019, p. 47.

[62] Ibidem, ps. 47-48.

[63] "A liberdade de pensamento, em matéria de religião, era absolutamente desconhecida entre os antigos. [...] Os antigos, portanto, não conheciam a liberdade nem da vida privada, nem de educação, nem a liberdade religiosa (CHEHOUD, 2017, p. 27).

[64] "[...] à polis, a única autossuficiente [*sic*], que se basta a si mesma por ter como fim viver bem: a polis é a única estrutura política que emancipa o indivíduo da autoridade doméstica e o torna protagonista da vida política" (BOBBIO; MATTEUCI; PASQUINO, 1998, p. 277).

de diversos autores de filosofia política da atualidade, especialmente, no que concerne à estrutura de boas formas de governo e à vida em sociedade perquiridas hoje[65].

No Livro VII da Política, Aristóteles trata a respeito da melhor forma de governo, indicando quais são os requisitos e qual é o fim último de uma boa governança. Os critérios que utiliza como ponto de avaliação são referidos como as unidades fundamentais para se construir uma harmonia pública, sugerida como simetria[66]. Esse paralelismo se compõe do número de habitantes[67] da extensão do território a ser governado[68] da estrutura de administração[69], da visão da cidade[70] a respeito da saúde[71] e do sistema de segurança pública[72].

Esses elementos são cruciais para formar uma cidade que seja autárquica[73], a saber: bem governada e economicamente independente. O objetivo de Aristóteles é mostrar os caminhos para o alcance da *eudaimonía*, termo grego que tanto na Política quanto na Ética está ligado ao florescimento humano, "como algo essencialmente ativo, do qual as atividades dignas de louvor não são apenas meios produtivos, mas efetivas partes constitutivas"[74]. O fim último do bom governo é a promoção de vivência de uma boa vida, o que na perspectiva grega, chama-se de *eudaimonía.*

A "boa vida" parte do princípio da atividade; por esse motivo, Aristóteles inicia pelas características que possibilitam bons governos, pois envolvem ações de responsabilidade, tanto por parte de quem governa quanto por parte de quem é governado, revelando assim uma perspectiva racional da liberdade, condição *sine qua non* para a *eudaimonía*:

> Pois ninguém poderia dizer que é um bem-aventurado se não tem nenhuma parte de si composta pela coragem, nem temperança, nem justiça, nem moderação, mas que teme as moscas que voam ao seu lado; e não se

[65] ARISTÓTELES, 2019.
[66] Ibidem, p. 287.
[67] Ibidem, p. 287.
[68] Ibidem, p. 290.
[69] Ibidem, p. 291.
[70] Aqui incluem-se os governantes e os governados.
[71] Ibidem, p. 301.
[72] Ibidem, p. 302.
[73] Ibidem, p. 296.
[74] NUSSBAUM, 2009, p. 6.

> abstém de nada, se desejasse comer ou beber, do modo mais extremo; por causa de uma quarta parte, arruína os seus amigos mais queridos; igualmente também, nas ações relacionadas ao processo de pensar, é tão insensato e enganoso tal como uma criancinha ou um louco[75].

Aristóteles elenca a virtude e a prudência[76] como elementos que compõem a liberdade racional, contribuindo para o "conjunto da vida política"[77], sendo essa liberdade o fator responsável por viabilizar a concretização da *eudamonía* em diferentes comunidades políticas, afinal, "a justiça, a virtude, a sensatez e a prudência"[78] são elementos "de que toda a cidade necessita"[79]. A *eudamonía* tem ligação com a atividade direcionada pela busca das virtudes, mas, de igual modo, precisa de bens exteriores, no caso, os tópicos referentes a uma boa governança[80].

Diferente da ótica utilitarista que enfatiza o fim último do ser humano na felicidade e no prazer[81], a *eudamonía* visa a sua natureza política, levando em consideração que "a comunidade analisada por Aristóteles tem como característica principal a prática da arte política"[82], perspectiva essa arrematada na lição de que:

> [...] a cidade existe por natureza, também que o homem é por natureza um animal político, e o homem sem cidade por natureza, não por acaso, ou é insignificante, ou está acima do homem. Tal como aquele que foi insultado por Homero: "*sem parentesco, sem lei, sem Lar*"[83-84].

[75] ARISTÓTELES, 2019, p. 279.
[76] Ibidem, p. 281.
[77] Ibidem, p. 282.
[78] Ibidem, p. 281.
[79] Ibidem, p. 296.
[80] NUSSBAUM, 2009, ps. 281; 287-8.
[81] Nussbaum estabelece as diferenças entre as duas óticas, mostrando que uma não se confunde com a outra, sendo um erro equiparar a *eudaimonía* dos gregos ao conceito kantiano: "Dada especialmente a nossa herança kantiana e utilitarista na filosofia moral, em ambas as partes da qual 'felicidade' é considerada o nome de um sentimento de contentamento ou prazer, e dado que se assume que uma concepção que faz da felicidade o bem supremo seja, por definição, uma concepção que confere valor supremo antes a estados psicológicos que a atividades, essa tradução é gravemente enganosa" (2009, p. 5).
[82] Ibidem, p. 30.
[83] HOMERO, Ilíada, IX, 63 *apud* ARISTÓTELES, 2019, p. 33.
[84] ARISTÓTELES, 2019, p. 33.

A função da cidade na vida do homem é de ser uma promotora de *eudamonía*, tendo em vista que é por meio da educação moral e da educação política[85] que o florescimento humano se transforma em uma realidade, devendo essas serem as preocupações do legislador – quando ele não as promove, **prejudica** diretamente no andamento das boas formas de governo e **macula** a prática das virtudes[86].

Sem adentrar nos fatos históricos, que foram plano de fundo para a concepção de que o ser humano é detentor de liberdades individuais, é importante o recorte na ideia de autonomia de vontade decorrente: o pensamento cristão de livre-arbítrio. São os escritos paulinos constantes na Bíblia Sagrada, especialmente a carta aos Romanos, que servem de cimento para a construção filosófica e teológica do livre-arbítrio por Agostinho de Hipona[87]. Por mais que Deus tenha um conhecimento prévio ou uma "pré-ciência" da vida de todos e cada um dos indivíduos em razão do atributo divino da onisciência, verdade absoluta para o cristianismo, Agostinho ensina que Ele (Deus) não intervém diretamente na ação humana. O ser humano tem a capacidade de se orientar para o caminho do bem e das virtudes ou do mal e, consequentemente, dos vícios, de acordo com o seu livre-arbítrio. Ou seja, o ser humano possui autonomia em sua vontade. A conotação em Agostinho é de uma liberdade interior, visto que decide interiormente o fim que pretende alcançar[88]. "A liberdade é o exercício de uma faculdade interior e diz respeito à relação de cada homem com a divindade"[89]. Ensina Agostinho de Hipona:

> Toda natureza racional criada com o livre-arbítrio da vontade, se permanece na fruição do Bem supremo e imutável, sem dúvida alguma é digna de louvor. E toda a natureza que tende a permanecer Nele é, também ela, digna de louvor. Porém, toda aquela que não permanece Nele e não quer agir de modo a permanecer, na medida em que não está Nele e não age de modo a estar é digna de censura[90].

[85] Ibidem, p. 323.

[86] Ibidem, p. 324.

[87] AGOSTINHO DE HIPONA. **Diálogo sobre o libre arbítrio.** Tradução: Paulo de Oliveira e Silva. Lisboa: Imprensa Nacional – Casa da Moeda, 2001. Segundo Hannah Arendt, o "maior teólogo da política cristã" (1972, p. 102).

[88] VILANI, 1999, p. 64.

[89] Ibidem, p. 33.

[90] AGOSTINHO DE HIPONA, 1972, p. 311.

A partir dessa ideia, os indivíduos deixam de ser escravos da própria sorte para serem senhores do seu próprio destino. O ser humano pode escolher entre condutas "aprovadas" pelo céu e, por conseguinte, guardam relação com salvação eterna e condutas "desaprovadas", que, logo, guardam relação com a condenação eterna[91]; entre o gozo eterno e o gozo temporal. Contudo, do que adianta o ser humano ter autonomia de vontade e viver em um sistema que não a garante, pelo contrário, vigia cada passo da sua vida?

Do Império Romano Cristão vivenciado por Agostinho, passando pelo Sacro Império Romano Germânico de Carlos Magno, bem como o Império Bizantino no oriente europeu, aos séculos que antecederam a Reforma Protestante, por mais que o ser humano fosse detentor de autonomia da vontade a partir da ideia de livre-arbítrio[92], o sistema teocrático cesaropapista romano ou cristão não previa uma ideia de liberdade individual, que no dizer de Constant consistia no direito, em suma, de cada um fazer tudo aquilo que a lei não proíbe.

> É para cada um o direito de não se submeter senão às leis, de não poder ser preso, nem detido, nem condenado, nem maltratado de nenhuma maneira, pelo efeito da vontade arbitrária de um ou de vários indivíduos. É para cada um o direito de dizer sua opinião, de escolher seu trabalho e de exercê-lo; de dispor de sua propriedade, até de abusar dela; de ir e vir, sem necessitar de permissão e sem ter que prestar conta de seus motivos ou de seus passos. É para cada um o direito de reunir-se a outros indivíduos, seja para discutir sobre seus interesses, seja para professar o culto que ele e seus associados preferirem, seja simplesmente para preencher seus dias e suas horas de maneira mais condizente com suas inclinações, com suas fantasias. Enfim, o direito, para cada um, de influir sobre a administração do governo, seja pela nomeação de todos ou de certos funcionários, seja por representações,

[91] Liberdade de conduta. O ponto aqui não é soteriológico (predestinação ou pré-ciência; eleição incondicional ou condicionada), mas apenas e tão somente no sentido de que o ser humano pode escolher entre realizar uma boa ou uma má ação.

[92] "O Cristianismo antigo adotou a ideia de liberdade do ser humano como apanágio da sua condição racional e em virtude de ser dotado de livre-arbítrio, mesmo que não chegassem a ser reconhecidos na Antiguidade os direitos fundamentais tal como se incorporaram aos textos legislativos atualmente" (SILVA NETO, 2020, p. 131).

petições, reivindicações, às quais a autoridade é mais ou menos obrigada a levar em consideração[93].

Na verdade, o monismo era a realidade que perpassou toda a antiguidade. Ou a unidade política era teocrática, com predomínio do religioso sobre o político, ou era cesarista[94], em que o elemento político era preponderante sobre o religioso[95]. Retornando ao medievo, por mais que fosse clara a distinção entre o poder religioso e o político, como é possível ver na carta gelasiana[96] do século V, é a separação desses poderes que catapulta, de uma vez por todas, a ideia de liberdade individual e a sua dimensão negativa em face do Estado. De certa forma, foi o dualismo cristão a base necessária para uma primeira noção de liberdade religiosa, por mais que "esta aceitação do dualismo, da não identificação entre poder político e religião, conheceu desvios importantes: o hierocratismo medieval e o regalismo moderno"[97]. Posteriormente, não satisfeito com a *plenitudo postestis papal*, Ockham, juntamente com Marsílio de Pádua[98] traz à tona

[93] CONSTANT, 2019, p. 46.

[94] O mesmo que cesaropapista.

[95] ADRAGÃO, 2017, p. 35.

[96] A carta redigida pelo papa Gelásio I, em 494 d.C., promulgada pelo Imperador Bizantino Anastácio I Dicoro, estabelece claramente a distinção entre os poderes temporal e religioso, entretanto com a ascendência do último em relação ao primeiro, na mesma toada de que a busca pelo supremo Bem é o objetivo último de toda a criatura, inclusive do Rei, sendo o supremo Bem o próprio Deus. Logo, todo rei deveria, um dia, prestar contas a Deus pelo seu poder régio, assim, demonstra-se a superioridade do poder religioso e, consequentemente do poder papal. Foi a resposta à teocracia cesaropapista inaugurada pelo Imperador Constantino e reforçada no Sacro-Império Romano Germânico, sendo objeto de diversas disputas no final do século XII com o papa Inocêncio III e, principalmente, no final do século XIII e início do século XIV com o papa Bonifácio VIII (VIEIRA; REGINA, 2021, p. 56-85).

[97] Ibidem, p. 36.

[98] "Mas é Marsílio de Pádua, com *Defensor Pacis* (1324), que constrói uma teoria política e social que buscava separar de maneira radical a esfera eclesiástica da esfera política, tirando da Igreja Católica toda autoridade coercitiva e reduzindo-a a uma mera fé interior" (RANQUETAT JR, 2016, ps. 51-2). John Wycliffe, que traduziu a Bíblia da Vulgata para o Inglês, também é importante nesse processo de separação Igreja e Estado, "em meados da década de 1379, já muito estabelecido e respeitado, começa a tratar das questões mais espinhosas da separação entre Igreja e Estado e dos diversos erros da primeira" (COELHO, 2022, p. 36).

o direito de cada um de resistir diante de qualquer poder exercido fora da lei[99].

Para isso, a separação do poder político (Estado) e do poder religioso (Igreja) era inevitável. Mas, primeiro, seria necessário "cortar" a ideia de que o homem é livre; entretanto, para ser salvo, precisava direcionar sua vontade interior para o caminho da salvação, único caminho que também repercutiria no bem comum para a cidade dos homens. Para Ockham, ao contrário, o homem pode "decidir o seu destino, e essa liberdade nada tinha a ver com a ideia agostiniana, uma vez que a liberdade na concepção teológica estava determinada por Deus e, na terra, era contingente, dependendo da autoridade humana para determinar o seu destino"[100]. Aí está, resumidamente, a famosa "navalha de Ockham" do século XIV[101].

Após todas as controvérsias do Papa Bonifácio VIII com o Rei Felipe IV e o enfraquecimento da Igreja Católica[102], o frade franciscano Guilherme de Ockham afirma que os direitos dos imperadores e dos reis deveriam ser respeitados, assim como os direitos dos fiéis em geral. O poder imperial não advinha de Cristo, tendo em vista que o primeiro imperador do Império Romano, Otávio Augusto, é anterior ao nascimento de

[99] VILANI, 1999, p. 66.

[100] CHAMBERLAIN, 2005, p. 30.

[101] O maior pensador vivo era Guilherme de Ockham, famoso pela teoria resumida como *navalha de Ockham* – detalhe minúsculo de sua vasta e multifacetada obra –, mas que naquele momento era um exilado e praticamente um herege. (...) Em seu Dialogus, Ockkam propôs que mulheres participassem dos concílios gerais, e afirmou que não apenas o papa, mas toda a Igreja Romana poderia errar em cair em heresia. Também defendia que as Escrituras deveriam ser lidas com o olhar crítico, história e lógico do filósofo" (COELHO, 2022, p. 35).

[102] Como assevera Skinner, o problema da Igreja não era apenas com os francos, mas também com as cidades italianas. "Ao mesmo tempo que resistiam aos papas, algumas cidades lombardas e toscanas começaram a elaborar uma ideologia política que fosse capaz de legitimar sua contestação aos poderes e imunidades que a Igreja então pleiteava" (SKINNER, 1996, p. 37-38). "Entre 1307 e 1377, a igreja passa pelo conhecido período do "cativeiro", em que os papas se submeteram aos reis capetíngios, dinastia posterior à carolíngia. De 1378 a 1447, a confusão foi geral. Como ensina Durant, com a morte do Papa Gregório XI, o papado é levado novamente a Roma, com um conclave de apenas 16 cardeais. Todavia, um grupo de cardeais franceses não aceitou esse conclave e, em 9 de agosto de 1378, expede um manifesto contra a eleição do papa Urbano VI; os próprios cardeais franceses elegeram o papa Clemente VII, que governaria a Igreja em Avignon. Essa crise se prolonga até 1417, com a eleição do papa Martinho V como único papa da Igreja" (VIEIRA; REGINA, 2021, p. 86-87).

Cristo, fundador da Igreja Cristã, logo, dizia ele, o império não proveio do Papa, assim o poder civil deveria ser totalmente separado do poder religioso.

O nominalismo de Ockham revisa o universalismo e o abstracionismo da escolástica[103] herdados de Boaventura, Alberto Magno e Tomás de Aquino[104], que conciliou a filosofia grega de base especialmente aristotélica com a experiência cristã revelada nas Escrituras Sagradas. Maior expoente da Escolástica[105], Tomás de Aquino conecta a teologia ao Direito em seu famoso "tratado das leis". Ao dividir as leis em eterna, divina, natural e dos homens, o Aquinate conecta a última à primeira[106] ao dizer que a lei dos homens deve ter como fim último a busca pelo bem comum, refletindo a lei eterna que é revelada ao homem por meio das sagradas escrituras (lei divina) e gravada em sua natureza, acessível pela razão (lei natural)[107]. Percebe-se também a divisão da lei em categorias universais, fundamentada em uma metafísica abstrata que, segundo Ockham, afasta o homem do contato com o mundo concreto e imediato[108]. Para ele, o homem deveria "ocupar-se não com o universal invisível, mas com a coisa individual, visível e imediatamente verificável"[109].

Desta forma, foi Ockham quem "articulou a liberdade de pensamento e a autonomia do indivíduo em relação à autoridade eclesiástica. Fé e

[103] "Diferentemente dos escolásticos universalistas, os nominalistas afirmavam que a realidade está fragmentada nos diversos indivíduos. Enquanto para os primeiros os seres particulares só se tornam inteligíveis por meio de categorias universais, para os individualistas de Oxford o verdadeiro conhecimento advém da observação empírica e imediata. Essa valorização do singular e do "aqui e agora" se afirmou nos meios acadêmicos britânicos desde o empirismo de Bacon, ganhando força com Duns Scot (1270-1308), e encontrou sua máxima expressão medieval com Guilherme de Ockham, que não vacilou em adotar tal postura epistemológica até as últimas consequências, retirando dos "universais" qualquer realidade ontológica" (VILANI, 1999, p. 59).

[104] VILANI, 1999, p. 57.

[105] SKINNER, 1996, p. 72.

[106] "Essa noção aristotélica do justo permanece até o início da Idade Média, sendo repetida por Tomás de Aquino e pelos primeiros escolásticos, em uma espécie de "cristianização" da filosofia grega. Nesse momento, a Lei Natural, inscrita por Deus, passa a ser o fundamento de todo o Direito positivo" (OLIVEIRA, 2017, p. 70-71).

[107] TOMÁS DE AQUINO, 1997.

[108] VILANI, 1999, p. 60.

[109] BOEHMER E GILSON, 1970, p. 549 *apud* VILANI, p. 61.

razão são coisas distintas, segundo este pensador"[110]. Dito de outra forma, a autonomia da vontade ganha externalidade e a possibilidade de ser oponível à autoridade eclesiástica. Nega-se o encontro da fé com a razão proposta por Tomás de Aquino, retirando-se o conhecimento transcendental da esfera racional para alocá-la na esfera teológica da fé[111].

As consequências desse pensamento são decisivas para a construção das liberdades civis fundamentais e da autonomia do poder político em relação ao poder religioso. Para o Direito e a política, não importaria mais se a pessoa fosse cristã ou não, visto que as esferas da fé e da razão estão separadas. "Se a fé e razão são distintas, também o são Igreja e Estado"[112]. Enquanto para Agostinho a "autonomia da vontade" se dava apenas na esfera interior do indivíduo, em Ockham, essa liberdade interior é externalizada. O homem pode escolher, mesmo contra a vontade de terceiros, visto que "ninguém é escravo de ninguém". É o início da ideia de liberdade negativa e também positiva. Na verdade, esse conceito de liberdade é o calcário e a argila que formam o cimento utilizado pelos liberais modernos tais como John Locke, John Stuart Mill, Benjamin Constant e Alexis de Tocqueville[113].

No século XVI, algum tempo depois de Tomás de Aquino e Guilherme de Ockham, Hugo Grotius promove a "laicização" dos ensinamentos de Tomás de Aquino. É o que ensina Ferreira Filho ao dizer que os direitos naturais, para Grotius, "não são criados e muito menos outorgados pelo legislador. Tais direitos são identificados pela "reta razão" que a eles chega, avaliando a "conveniência ou a inconveniência dos mesmos em face da natureza razoável e sociável do ser humano"[114]. Ocorre então um movimento de dessacralização da cristianização[115] da lei natural promovida

[110] CHAMBERLAIN, 2005, p. 30.

[111] VILANI, 1999, p. 61.

[112] Ibidem, p. 62.

[113] Ibidem, p. 62.

[114] FERREIRA FILHO, 2016, p. 26.

[115] "No aspecto político, a unidade do mundo cristão é quebrada com a transformação e consolidação dos diferentes Estados, cujos poderes, segundo as doutrinas políticas que se difundiam naquele século, notadamente as de Maquiavel e Bodin, bastavam por si mesmos, sem a necessidade de justificativas de ordem religiosa. A partir daí, passou a ser possível falar de política sem a necessidade de se falar de Deus. Além do político, o poder da Igreja católica também cedia no aspecto religioso, com o rompimento da ideia de unidade da fé católica proposto pela Reforma Protestante" (OBEID, 2013, p. 18).

por Tomás de Aquino, em que a legitimação da autoridade e do próprio Direito encontra fundamento na "sociedade dos seres dotados de razão" no dizer do próprio Grotius[116].

O recorte em Grotius, que é importante para o presente estudo, foi sua contribuição à ideia de proteção dos direitos individuais frente ao Estado e à própria Igreja. Grotius não estava sozinho nessa empreitada[117], com ele estavam Pufendorf, Hobbes e Locke[118]. Pouco tempo depois, Locke escreve a famosa Carta de Tolerância, na qual defende a separação dos poderes político e religioso, especialmente a tolerância religiosa nos termos de liberdade religiosa. Em suas palavras: "O poder do Estado só diz respeito aos bens civis, e se restringe ao cuidado das coisas deste mundo, e que não deve tocar em nada do que respeita à vida futura"[119].

Além de explicar a necessária separação entre as coisas deste mundo (Estado) e as coisas do outro (Igreja), Locke leciona que ninguém pode atacar outrem por motivos religiosos e que cada um tem seu direito à crença e a dispor ou conservar de seus bens de maneira inviolável (p. 111). Nessa toada, ensina que, no estado de natureza, o homem possui uma "perfeita liberdade para ordenar as suas ações, dispor das suas posses e pessoas, como bem lhes aprouver, dentro dos limites da lei natural, sem ter de pedir licença, nem depender da vontade de qualquer outro homem"[120].

Nesse estado, segundo Locke, o ser humano está submetido à lei natural que guarda relação com não prejudicar os demais em seus bens da vida: saúde, liberdade e propriedade[121]. A liberdade não se traduz em um estado de licenciosidade e libertinagem, pois cada indivíduo possui responsabilidade quanto às suas ações, resultando daí que "todos os homens têm o direito de punir os transgressores da lei natural, tanto quanto for necessário para prevenir a sua violação"[122]. Entretanto, Locke reconhece que as paixões humanas, o desejo de vingança e a simples busca pelo

116 OLIVEIRA, 2017, p. 71.

117 "Nesse sentido, a contribuição protestante à ciência jurídica não foi pequena; pelo contrário, juristas reformistas deixaram um grande legado para o direito, valendo destacar o papel de Hugo Crócio (1583-1645) e Samuel Pufendorf (1632-1694), que contribuíram para assoalhar as proposições do direito natural moderno" (SOUZA PINTO; SOUSA LIMA, 2020, p. 195).

118 SCHNNEWWIND, 2001.

119 LOCKE, 2014, p. 107.

120 LOCKE, 2015, p. 233.

121 NETTO, 2007, p. 78.

122 LOCKE, 2015, p. 236.

poder, resultariam em uma sociedade caótica, razão pela qual o governo civil é necessário para conter a parcialidade e a violência humana[123]. Ensina Locke:

> O único modo por meio do qual alguém se priva da sua liberdade natural e assume os vínculos da sociedade civil consiste no acordo com os outros homens para se juntarem e unirem numa só comunidade, para que possam viver uns com os outros de forma confortável, segura e pacífica no usufruto tranquilo das suas propriedades, e obter uma maior proteção contra os que não são membros da sua comunidade[124].

Assim sendo, os homens abandonam o estado de natureza para voluntariamente estabelecerem um pacto social, criando a sociedade política com o fim de promover a ordem e a justiça, resultando na proteção de suas propriedades e suas liberdades ou, como diria o próprio Locke, "com o propósito da preservação mútua das suas vidas, liberdades e bens, a que dou o nome genérico de propriedade"[125]. É a "tríade clássica" de Locke, ou seja, vida, liberdade e propriedade que a lei deveria proteger. "O fim da lei não é abolir ou restringir a liberdade, mas preservá-la e ampliá-la. Onde não há lei, não há liberdade [...], porquanto a liberdade consiste em não sofrer restrições e violência dos outros, o que é impossível na ausência da lei"[126]. A liberdade está assentada na segurança de que a única submissão que o ser humano terá é aquela emanada em leis, devidamente aprovadas no Poder Legislativo, caso contrário, poderá seguir sua própria vontade, como melhor lhe aprouver[127-128].

[123] Ibidem, p. 240.

[124] Ibidem, p. 240.

[125] Ibidem, p. 316.

[126] Ibidem, p. 271.

[127] "Com o estabelecimento da sociedade civil e do governo, com a respectiva atribuição do poder legislativo e do poder executivo, a liberdade natural dá então lugar à liberdade civil" (BARROS, 2019, p. 68). Ensina, de forma semelhante, Bobbio em "A Era dos Direitos": "A passagem dos direitos naturais para os direitos civis é explicada por Paine do seguinte modo: já que os homens não são capazes de conservar todos os direitos que têm por natureza, por não serem capazes de fazê-lo, renunciam àqueles direitos que só a constituição de um poder comum lhes permite conservar [...]. A inspiração lockeana dessa passagem do estado de natureza para o estado civil ocorre, segundo Locke, através da renúncia que os indivíduos fazem (são obrigados a fazer) de alguns direitos naturais" (BOBBIO, 2020, ps. 98-99).

[128] LOCKE, 2015, p. 248.

Com essa síntese sobre o desenvolvimento da liberdade[129], pode-se ter um recorte sobre sua concepção jurídico-política estabelecida sobre um direito natural, prévio à própria fundação do Estado, pois é inerente ao ser humano[130], uma vez que diz respeito às escolhas que cada um realiza a fim de definir o andamento de sua própria vida, desde que não contrário à lei.

Por outro lado, a lei deve emanar da sociedade política formada por um povo livre em um governo civil igualmente livre, com deliberações legislativas imaculadas de manipulações; pois aqueles que tentam se alvorar do poder, manipulam as áreas do pensamento filosófico, científico e cultural, de opinião e de pensamento científico, criando por fim regimes totalitários, em que as liberdades individuais são simples utopias[131].

2.1. As liberdades positiva e negativa

Um povo livre depende da lei, sendo essa o resultado de sua própria vontade exercida por seus representantes, devidamente eleitos para tal fim. Essa vontade internalizada em lei acaba por impactar a vida de todos em determinada sociedade política, que é estabelecida para o bem comum[132], quer seja no âmbito privado (família, amigos, colegas de profissão e afins), quer seja no âmbito público (quando a ação do governante ou do agente público traz consequências diretas e indiretas para a rotina dos cidadãos). Por essa razão, pode-se dizer que existem duas dimensões ou vertentes da liberdade: a positiva e a negativa.

O sentido primário de liberdade está vinculado à sua dimensão negativa: é o "não fazer" do outro e/ou do Estado em relação à pessoa, ou

[129] Evidentemente que diversos e importantes autores não foram incluídos na análise acima, tais como Alexis de Tocqueville, Thomas Hobbes, JJ Rosseau. John Stuart Mill, entre outros e inclusive Immanuel Kant. O motivo é a verticalização da presente obra na liberdade religiosa Assim, o desenvolvimento da liberdade proposto tem como objetivo auxiliar na resposta a essa problematização e não exaurir os mais diversos pontos de vista e contribuições em sua construção teórica, mesmo que importantes.

[130] "[...] antes de ter direitos civis que são o produto da história, tem direitos naturais que os precedem; e esses direitos naturais são o fundamento de todos os direitos civis. Mais precisamente: 'São os direitos naturais os que cabem ao homem em virtude de sua existência. A esse gênero pertencem todos os direitos intelectuais, ou os direitos da mente, e também todos os direitos de agir como indivíduo para o próprio bem-estar e para a própria felicidade que não sejam lesivos aos direitos naturais dos outros'" (PAINE *apud* BOBBIO, 2020, p. 82).

[131] HERVADA, 2013, p. 366.

[132] ARISTÓTELES, 2019, p. 29.

melhor dizendo, a mim. Berlin arremata que "pedir liberdade é pedir a ausência de atividades humanas que interceptem as minhas"[133]. Para os teólogos e filósofos, o sentido pode ser mais abrangente e inclui a ausência da racionalidade, ou seja, quando o indivíduo deixa de ser "senhor do seu destino", lembrando do livre-arbítrio de Agostinho de Hipona, para se render a suas paixões ou ilusões. Há liberdade quando o ser humano dá voz a razão, mesmo que suas inclinações sejam contrárias à racionalidade[134].

A Liberdade negativa é a ausência de empecilhos para o indivíduo fazer aquilo que ele deseja fazer ou que ninguém possa interferir em suas atividades[135]. Isso não significa que a existência de limites a tal liberdade seja algo desconhecido. Na verdade, há situações em que é necessário a sobreposição do controle externo, acima de ações individuais que afetem os interesses de outros na comunidade[136], sobretudo quando se trata da existência de deveres.

A partir da lógica da não interferência, pode-se ir para a proposição negativa de liberdade, que está relacionada à ausência de empecilhos para o indivíduo fazer aquilo que ele deseja fazer, gozando de uma área onde ele pode agir sem sofrer a obstrução de outros[137] – é o tamanho desse espaço que definirá o nível de liberdade negativa que o cidadão tem em mãos, ou nas palavras do próprio Berlin: "Quanto mais ampla a área de não interferência, mais ampla a minha liberdade"[138].

O nível de amplitude das liberdades individuais pode ser em maior ou menor grau, a depender da civilização e do seu respectivo pensamento político. O que não se pode olvidar é que a dimensão da liberdade negativa precisa existir ao menos em uma área mínima, ou seja, um território que não é violado de modo absoluto, permitindo o "*desenvolvimento mínimo*" das "*faculdades naturais*" dos seres humanos, como ensinavam Locke, Mill, Constant e Tocqueville[139]. Maritain arremata que "garantir a liberdade de alguém é certamente uma forma de cooperação com essa

[133] BERLIN, 2009, p. 151.
[134] Ibidem, ps. 151-2.
[135] BERLIN, 1981, p. 136.
[136] MILL, 2017, p. 83.
[137] BERLIN, 2009, p. 151.
[138] BERLIN, 1981, p. 137.
[139] Ibidem.

pessoa e de assistência a ela, uma forma real, muito real mesmo, embora negativa"[140].

Os limites da dimensão negativa da liberdade, criados por meio de lei, não devem usurpar o espaço da própria liberdade negativa, como forma de evitar o próprio despotismo político[141]. Para Tocqueville, o resultado da promoção de liberdade é a união do interesse particular com o interesse comum[142], fato esse que é possível com a abertura concedida pela liberdade negativa no sentido de não impedir que a comunidade política coloque os interesses privados e os públicos em constante diálogo. Tocqueville ainda recorre aos artigos federalistas (O Federalista, nº 51), especificamente James Madison, para demonstrar a importância de proteção do espaço de não interferência por parte do Estado e da própria sociedade, bem como da imposição de limites à liberdade negativa:

> É de grande importância numa república não apenas defender a sociedade contra a opressão de seus governantes, mas guardar uma parte da sociedade contra a injustiça da outra. A justiça é o fim de todo o governo e de toda sociedade civil; sempre foi e sempre será procurada até que seja obtida, ou até que a liberdade se perca naquela busca. Numa sociedade, sob cuja forma uma facção mais forte pode unir-se rapidamente e oprimir a mais fraca, pode-se dizer-se em verdade que reina a anarquia em estado de natureza, não tendo o indivíduo mais fraco garantia contra a violência do mais forte: e como, neste último caso, até mesmo os indivíduos mais fortes são impelidos pela incerteza de sua condição a submeter-se a um governo que pode proteger tanto os fortes quanto eles próprios, assim, naquele outro estado, as facções mais poderosas serão gradualmente induzidas, por motivo semelhante, a desejar um governo que protegerá todos os partidos, os mais fracos tanto quanto os mais poderosos[143].

Já a liberdade, em sua dimensão positiva, está relacionada ao oferecimento de oportunidades para o indivíduo conseguir realizar o que deseja. Trata-se da liberdade para fazer ou ser tal coisa e não outra, ser amo e

[140] MARITAIN, 1966, p. 175.

[141] MILL, 2017, p. 76.

[142] TOCQUEVILLE, 1987, p. 389.

[143] MADISON, 1987, p. 201.

senhor de si mesmo[144], com condições que permitam sua autodeterminação para declarar e concretizar o desejo de ser "*sujeito e não objeto*"[145], com autonomia para definir as suas razões. A natureza dessa liberdade positiva fora encarada como sinônimo de adaptação e aceitação, uma noção que Berlin[146] considera como uma tentativa de fazer as pessoas admitirem a existência de determinados conflitos e se conformarem com eles, resignando-se à realidade.

Entretanto, a adaptação não se confunde com a liberdade para esquivar de determinadas interferências, que só são possíveis quando o indivíduo desenvolve as suas faculdades básicas e tem a oportunidade de promover o senso crítico. Essa diferença é identificada em duas opções, a primeira, pelo uso da persuasão, da lei pública ou da influência privada[147], opções que serão buscadas por quem se desenvolveu no seio das oportunidades concedidas pela ótica "berliniana" de liberdade[148] positiva. Na segunda opção, renuncia-se aos próprios desejos, seguindo a premissa da auto-adaptação, considerada como uma subversão do conceito de liberdade positiva.

Enquanto a liberdade negativa foca na ausência de obstáculos, a liberdade positiva se revela na existência de condições que permitam a autodeterminação[149]. Para Miranda, por exemplo, "as garantias têm sempre um conteúdo positivo, de atuação do Estado ou das próprias pessoas"[150].

[144] BERLIN, 1969, ps. 136-142.

[145] Ibidem, p. 142.

[146] BERLIN, 2009, ps. 228-29.

[147] Ibidem, p. 229.

[148] "Quero ser alguém e não ninguém, alguém capaz de fazer – decidindo, sem que decidam por mim, auto conduzido e não sofrendo influências de natureza externa ou de outros homens como se eu fosse uma coisa, um animal, um escravo incapaz de interpretar um papel humano, isto é, de conceber metas e diretrizes inteiramente minhas, e de concretizá-las. Eis aí pelo menos parte do que quero expressar quando digo que sou racional e que é minha razão que me distingue, por ser humano, de todo o resto do mundo" (BERLIN, 1969, p. 142).

[149] Ribeiro (2020, p. 39) identifica uma conexão entre autodeterminação, liberdade negativa e liberdade de expressão. Ela conclui que "a liberdade de pensamento e a liberdade de expressão possuem sua vertente religiosa na liberdade de crença de tal forma que pensar em conformidade com os dogmas da religião adotada em foro íntimo e externar publicamente seus pensamentos, quer para torná-los conhecidos quer para defender seus direitos ou, até mesmo, para praticar o proselitismo faz do direito à liberdade religiosa".

[150] MIRANDA, 2018, p. 149.

A ideia da existência de condições (garantias) para que as pessoas possam se autodeterminar está presente no primeiro artigo do Pacto Internacional dos Direitos Econômicos, Sociais e Culturais (1966), que prescreve: "Todos os povos têm direito à autodeterminação"[151]. É o que Berlin ilustra como o ato de ser amo e senhor de si mesmo[152].

Outra questão importante é que não se pode confundir liberdade positiva com direitos sociais. As liberdades, segundo Miranda, são direitos de agir, enquanto os direitos sociais são direitos de exigir. As "liberdades têm, como contrapartida característica, uma atitude de respeito e de não interferência por parte de outrem, e os direitos sociais envolvem a entrega de prestações normativas e materiais ou fáticas"[153]. Os direitos sociais não são propriamente liberdades em sua dimensão positiva, mesmo que sejam essencialmente "direitos negativos, ainda que possam compreender vertentes positivas[154]". Na verdade, os direitos sociais são propriamente direitos positivados, inclusive quando açambarcam, em seu conteúdo, "exigências de respeito e não intervenção[155]".

A liberdade resulta no reconhecimento, por parte do Estado e demais entidades públicas e privadas, de que o ser humano tem o poder de reger sua vida conforme seus interesses e suas convicções. Esse reconhecimento deve resultar em um não fazer por parte dos atores da sociedade, inclusive do Estado, e nunca poderá substituir as ações e as decisões de cada ser humano a ponto de "penetrar em sua personalidade a afetar o seu ser"[156]. Miranda conclui:

> E é fundamentalmente neste sentido de respeito e preservação da personalidade e da capacidade de ação das pessoas que se justifica ainda dizer que as diferentes liberdades se salvaguardarão ou se efetivarão tanto mais quanto menor for a intervenção do Estado, ao passo que os direitos sociais poderão ser tanto mais efetivados quanto maior ela vier a ser[157].

[151] Pacto Internacional dos Direitos Econômicos, Sociais e Culturais. 1966. Disponível em: https://bit.ly/DL0591. Acesso em: 23 ago. 2021.

[152] BERLIN, 1969, p. 142.

[153] MIRANDA, 2018, p. 118.

[154] Ibidem.

[155] Ibidem.

[156] Ibidem, p. 119.

[157] Ibidem.

Assim, Miranda denomina de "vertentes positivas" o que Berlin denominava de "liberdades positivas". A "vertente positiva" da liberdade é o dever de que o Estado tem de proteger todos, a começar pelo "direito à vida, passando por todas as liberdades e chegando aos direitos políticos e aos direitos sociais"[158]. Como exemplos de liberdades positivas, pode-se citar a liberdade de imprensa e a liberdade de propaganda eleitoral, o direito de manifestação e a própria liberdade religiosa no que concerne à "liberdade de ensino de qualquer religião praticado no âmbito da respetiva confissão, bem como a utilização de meios de comunicação social próprios para o prosseguimento das suas atividades"[159] [160].

De modo prático, separar as vertentes da liberdade é importante para identificar o papel da religião nas relações humanas. Isso significa que o conceito negativo e positivo de liberdade tem um papel de reconhecimento do exercício da fé religiosa, bem como da ausência de adoção de uma crença, considerando que o ateísmo apresenta como principal ponto de referência a negação do caráter religioso, bem como do sagrado[161].

É o que Álvarez identifica como liberdade religiosa positiva e liberdade religiosa negativa. Isto é, compreender a noção jurídica de religião e o motivo que fundamenta os dispositivos constitucionais e legais existentes no ordenamento jurídico de um país sobre a liberdade religiosa e a liberdade de crença importa para estabelecer diferenças entre a dimensão externa e a interna da crença religiosa[162]. Destarte, a compreensão jurídica dos termos liberdade religiosa e liberdade de crença fica esclarecida, já que a liberdade religiosa é a dimensão externa, e a liberdade de crença é a dimensão interna, conforme será detalhado ao longo da presente obra.

A liberdade religiosa positiva se revela na garantia da livre atuação do fiel na esfera pública. Isso significa que a ele será garantido o direito de pautar suas escolhas políticas, profissionais e familiares com base naquilo em que crê. O Estado deve garantir o florescimento do fenômeno religioso e o espaço permanente para todas as crenças e religiões e suas

[158] Ibidem, p. 127.

[159] Artigo 41, nº 5 da Constituição da República Portuguesa disponível em: https://www.parlamento.pt/Legislacao/Paginas/ConstituicaoRepublicaPortuguesa.aspx. Acesso em: 13 out. 2021.

[160] Ibidem, p. 128.

[161] BOBBIO; MATTEUCI; PASQUINO, 1998, p. 68.

[162] ÁLVAREZ, 2010, ps. 36; 38.

respectivas confissões religiosas, organizadas ou não. Dito de outra forma, é papel do Estado envidar esforços para a criação de um ambiente ideal de desenvolvimento plural das convicções religiosas de cada pessoa[163]. Já a vertente negativa compreende a proteção daqueles que escolhem não crer, no sentido de que "o sujeito não pode ser forçado a adotar determinada postura perante a fé, bem como o direito dos ateus e agnósticos não serem invadidos e dominados pelas religiões e suas instituições"[164-165]. É o direito-limite ou a "barreira de contenção", o espaço de não interferência por parte do Estado ou de qualquer outro ente. Ensina Machado:

> A liberdade religiosa negativa traduz-se, fundamentalmente, na protecção da intimidade e da reserva pessoal, na delimitação, como área constitucionalmente protegida, de uma esfera intelectual e espiritual indevassável, livre das maquinações e manipulações das autoridades estaduais, que opere uma substancial redução dos riscos de exposição do foro íntimo ao confisco e ao exame públicos[166].

A dimensão negativa da liberdade religiosa, além de proteger aqueles que não creem, incorpora uma segurança para os próprios religiosos ao impedir que sejam embaraçados por comportamentos, que direta ou indiretamente, representem uma ação antirreligiosa, a exemplo do preconceito promovido por movimentos anticultos, que taxam quaisquer expressões do fenômeno religioso como perigosas[167].

Enquanto o conteúdo negativo da liberdade religiosa vale por si[168], seu conteúdo positivo tem função instrumental e derivada do

[163] TAVARES, 2009, p. 56.

[164] "[...] que supone que el sujeto no puede ser obligado a adoptar una determinada postura ante la fe, de modo que, como tambien se ha dicho, no se perjudique el derecho de los no creyentes a no ser invadidos y dominados por las religiones y sus instituciones" (ÁLVAREZ, 2010, p. 38, tradução nossa).

[165] ÁLVAREZ, 2010, p. 38.

[166] MACHADO, 1996, p. 232.

[167] ADRAGÃO, 2002, p. 408.

[168] Tavares leciona que "O direito à liberdade religiosa, desta feita, afigura-se, propriamente, como um direito individual detentor de um *status negativus*, o qual implica uma pretensão de resistência à (possível, mas indesejável) intervenção estatal ilegítima" (2009b).

conteúdo negativo[169]. "Com isso, evidencia-se o fato de a liberdade religiosa exigir tanto a abstenção do poder público, no sentido de que seu exercício não pode ser embaraçado, quanto uma atuação positiva deste, no sentido de que dele deve zelar pelas condições adequadas ao exercício deste direito".[170]

169 MIRANDA, 2018, p. 149.
170 MIRANDA, 2018, p. 101.

3.
UMA DIGRESSÃO HISTÓRICA DA LIBERDADE RELIGIOSA

A liberdade religiosa não é uma conquista do século XX ou das revoluções liberais do século XVIII, mas uma luta da humanidade desde os seus primórdios, por isso é apelidada de "a primeira das liberdades". Assim, é mister rememorar alguns fatos importantes, mesmo com a possibilidade de algum hiato de tempo, demonstrando sua importância para a humanidade, bem como auxiliar na construção de seu conceito, pois "longo foi o caminho do mundo Ocidental, permeado de sobressaltos e tergiversações, até que se plasmasse a concepção da liberdade religiosa como um direito, um direito fundamental[171]". Acerta Coelho:

> Por isso, uma história da fé ou da religião interessa a todas as pessoas. Todas as pessoas, ainda que não religiosas em temos confessionais, são constituídas por uma história e um desenvolvimento cultural nos quais a religião exerceu papel fundamental. A todas as pessoas, com ainda maior força, interessa uma história da liberdade, já que, contrariamente ao caso da fé e da religião, não há pessoas que não desejam estar incluídas na categoria de pessoas livres[172].

Pode-se dizer que o primeiro texto legislativo que protege o âmbito da religião é o Cilindro de Ciro II, descoberto em 1879 e exposto atualmente

[171] PERAZZO, 2015, p. 13-4.
[172] COELHO, 2022, p. 14.

no Museu Britânico, em Londres. Por intermédio desse decreto imperial, Ciro II, Rei da Pérsia, libertou os hebreus e outros povos do cativeiro babilônico entre os anos de 539 e 537 antes de Cristo.

> Décadas tinham transcorrido desde que o rei Ciro, em conformidade com a política persa de fazer voltar os deportados e restaurar os cultos locais (esperando obter, com esse favor, a lealdade dos subjugados), autorizou por decretos, 'no primeiro ano' (2Crônicas 36.22) de seu reinado, o retorno dos israelitas a Yahud, como conta o Livro de Esdras. O jovem príncipe Zorobabel, que alegava provir da antiga linhagem real davídica, fora escolhido para liderar, junto com o sumo sacerdote Yeshua, a volta de alguns milhares de israelitas para Jerusalém[173].

Outro documento histórico importante sobre a liberdade religiosa, bem como a liberdade de crença, é a própria Bíblia Sagrada, especialmente o Novo Testamento[174]. Adragão, citando Minnerath, afirma que a liberdade religiosa é uma novidade cristã fundamentada em quatro princípios encontrados no Novo Testamento:

> 1. A fé é uma adesão da consciência que deve decidir-se livremente [...] (cfr. Mc. 1, 17; Mt. 19, 21-22). A fé não pode ser imposta pela força.
> 2. Cristo estabeleceu a distinção entre "o que é de César e o que é de Deus" (Mt. 22,21; Jo. 18.36). [...] Além do mais, a autoridade do Estado também vem de Deus (cfr. Jo. 19, 11; Ro. 13, 1); portanto, ele não dispõe de poder absoluto no seu próprio domínio temporal, mas continua vinculado pelas prescrições de ordem natural. Se ele violar estes limites, os crentes sabem que eles "devem obedecer antes a Deus do que aos homens" (At. 5, 29).
> 3. O Evangelho separou a fé religiosa da pertença a uma nação particular [...] (cfr. Jo. 4, 23; Ga. 3, 28; Ef. 2, 13-16).
> 4. A comunidade religiosa, a Igreja, é livre de se organizar segundo os seus próprios critérios [...] (cfr. Mt. 18, 17; 1 Cor. 5, 5.13), como o confirmam os

[173] SCHAMA, 2015, ps. 51-2.

[174] A Bíblia Sagrada, principal livro sagrado dos cristãos, é dividida em Antigo Testamento, que compartilha com o Judaísmo, e Novo Testamento, que acrescenta os evangelhos, além das cartas apostólicas e do livro de apocalipse. A Bíblia Católica possui 7 livros a mais que a Bíblia Protestante, denominados de "Deuterocanônicos".

exemplos da decisão de sanções no âmbito eclesial, independentemente do âmbito do poder político[175-176].

[175] ADRAGÃO, 2002, p. 34.

[176] Referências bíblicas (BÍBLIA. Português. Bíblia Sagrada com reflexões de Lutero. Almeida rev. e atual. São Paulo: Sociedade Bíblica do Brasil, 2015):
Disse-lhes Jesus: Vinde após mim, e eu vos farei pescadores de homens (Marcos 1:17).
Disse-lhe Jesus: Se queres ser perfeito, vai, vende os teus bens, dá aos pobres e terás um tesouro no céu; depois, vem e segue-me. Tendo, porém, o jovem ouvido esta palavra, retirou-se triste, por ser dono de muitas propriedades (Mateus 19:21,2).
Responderam: De César. Então, lhes disse: Dai, pois, a César o que é de César e a Deus o que é de Deus (Mateus 22:21).
Respondeu Jesus: O meu reino não é deste mundo. Se o meu reino fosse deste mundo, os meus ministros se empenhariam por mim, para que não fosse eu entregue aos judeus; mas agora o meu reino não é daqui (João 18:36).
Respondeu Jesus: Nenhuma autoridade terias sobre mim, se de cima não te fosse dada; por isso, quem me entregou a ti maior pecado tem (João 19:11).
Todo homem esteja sujeito às autoridades superiores; porque não há autoridade que não proceda de Deus; e as autoridades que existem foram por ele instituídas (Romanos 13:1).
Então, Pedro e os demais apóstolos afirmaram: Antes, importa obedecer a Deus do que aos homens. (Atos 5:29)
Mas vem a hora e já chegou, em que os verdadeiros adoradores adorarão o Pai em espírito e em verdade; porque são estes que o Pai procura para seus adoradores (João 4:23).
Dessarte, não pode haver judeu nem grego; nem escravo nem liberto; nem homem nem mulher; porque todos vós sois um em Cristo Jesus (Gálatas 3:28).
Mas, agora, em Cristo Jesus, vós, que antes estáveis longe, fostes aproximados pelo sangue de Cristo. Porque ele é a nossa paz, o qual de ambos fez um; e, tendo derribado a parede da separação que estava no meio, a inimizade, aboliu, na sua carne, a lei dos mandamentos na forma de ordenanças, para que dos dois criasse, em si mesmo, um novo homem, fazendo a paz, e reconciliasse ambos em um só corpo com Deus, por intermédio da cruz, destruindo por ela a inimizade (Efésios 2:13-16).
E, se ele não os atender, dize-o à igreja; e, se recusar ouvir também a igreja, considera-o como gentio e publicano (Mateus 18:17).
Entregue a Satanás para a destruição da carne, a fim de que o espírito seja salvo no Dia do Senhor [Jesus]. Não é boa a vossa jactância. Não sabeis que um pouco de fermento leveda a massa toda? Lançai fora o velho fermento, para que sejais nova massa, como sois, de fato, sem fermento. Pois também Cristo, nosso Cordeiro pascal, foi imolado. Por isso, celebremos a festa não com o velho fermento, nem com o fermento da maldade e da malícia, e sim com os asmos da sinceridade e da verdade.
Já em carta vos escrevi que não vos associásseis com os impuros; refiro-me, com isto, não propriamente aos impuros deste mundo, ou aos avarentos, ou roubadores, ou idólatras; pois, neste caso, teríeis de sair do mundo. Mas, agora, vos escrevo que não vos associeis com alguém que, dizendo-se irmão, for impuro, ou avarento, ou idólatra, ou maldizente, ou beberrão, ou

Os textos bíblicos citados por Adragão testemunham: a liberdade de crença; a limitação do poder político decorrente do poder religioso e vice-versa; o pluralismo de formações sociais, ou seja, os grupos religiosos não se confundem com o território ou a respectiva comunidade política; por fim, o Direito à autodeterminação das confissões religiosas[177]. Os quatro pontos são elementos basilares da liberdade religiosa atualmente.

Aliás, é de Tertuliano, um dos "pais da igreja cristã"[178], a criação do termo "liberdade religiosa". Para Tertuliano, a religião não poderia ser utilizada como pretexto para a discriminação civil e tampouco para lesar a religião praticada por outros[179]. Após Tertuliano, Lactâncio[180] desenvolve ainda mais a ideia de liberdade religiosa, ensinando que a punição religiosa não cabia ao Estado, mas somente a Deus, e que ninguém poderia ser forçado a qualquer prática religiosa, devendo ser a tolerância o elemento central na resolução de divergências entre os cristãos[181]. Souza afirma que é a partir das ideias de Lactâncio que eclodem os éditos de tolerância e de Milão no início do séc. IV[182].

Assim, o Édito da Tolerância, assinado pelos imperadores Galério e Diocleciano em 311 d. C., colocou fim à perseguição aos cristãos[183].

roubador; com esse tal, nem ainda comais. Pois com que direito haveria eu de julgar os de fora? Não julgais vós os de dentro? Os de fora, porém, Deus os julgará. Expulsai, pois, de entre vós o malfeitor (1 Coríntios 5:5-13).

177 Ibidem, p. 35.

178 "Os responsáveis por conduzi-la [igreja] na ortodoxia ficaram conhecidos como Pais da Igreja. Essa expressão se refere ao escritor, pastor ou teólogo da antiguidade cristã considerado pela tradição como testemunha autorizado de fé. Eram homens ouvidos e respeitados por toda a cristandade como pais. Havia três qualificações para alguém ser considerado pai da igreja: ortodoxia doutrinária, santidade de vida e antiguidade" (FERREIRA, 2013, p. 33). Os pais da igreja pertencem do primeiro ao sexto século depois de Cristo, fase denominada de "patrística".

179 ADRAGÃO, 2002, p. 35.

180 "Textos de Tertuliano (155-220) e, depois, Lactâncio (240-320) já defendiam fortemente a tolerância" (COELHO, 2022, p. 24).

181 SOUZA, 2021, ps. 23-4.

182 Ibidem, p. 24.

183 A perseguição aos cristãos é inaugurada com o Imperador Romano Nero, em 64 d.C. Ao culpá-los pelo incêndio de grande parte de Roma, Nero ordena a perseguição. Segundo Tácito (TACITUS, 1941), os cristãos eram utilizados como tochas humanas para iluminar

Todavia, foi o Édito de Milão que ficou conhecido sob o ponto de vista da liberdade religiosa. Assinado pelos Imperadores Constantino e Licínio em 13 de junho de 313 d. C., este édito inaugura um ambiente de liberdade religiosa em todo o vasto Império Romano: o cristianismo e qualquer outra religião deixam de ser considerados ilegais. O Império se torna neutro com relação à religião[184].

Essa neutralidade dura pouco, pois, no ano de 325, o próprio Constantino convoca um concílio para resolver a polêmica teológica ariana de que Jesus Cristo não era Deus, mas apenas o primeiro e mais alto dos seres criados[185-186]. O Império Romano decreta o fim da perseguição aos

Roma à noite. As perseguições são esporádicas, regionais, de maior ou menor intensidade. A perseguição se consolida em todo Império Romano no final do séc. III e início do séc. IV com Diocleciano; entretanto, o resultado da perseguição é o contrário do que era esperado: fez apenas o cristianismo aumentar. "César e Cristo tinham se defrontado na arena, e Cristo vencera (DURANT, 1957, V. 7, p. 352). Outras fontes: FERREIRA, Franklin. A Igreja Cristã na História: das Origens aos Dias Atuais. São Paulo: Vida Nova, 2013, ps. 35-37; FREND, W.H.C. The failure of the persecutions in the Roman Empire – Past and Present, n. 16, Oxford: Oxford University Press, 1959. Disponível em: https://academic-oup-com.eres.qnl.qa/past/article/16/1/10/1433795?login=true. Acesso em: 01 nov. 2021; e VIEIRA, Thiago Rafael; REGINA, Jean Marques. A laicidade colaborativa brasileira: da aurora da civilização à Constituição Brasileira de 1988. São Paulo: Edições Vida Nova, 2021, ps. 56-69.

184 "Nós, Constantino e Licínio, imperadores, encontrando-nos em Milão para conferenciar a respeito do bem e da segurança do Império, decidimos que, entre tantas coisas benéficas à comunidade, o culto divino deve ser a nossa primeira e principal preocupação. Parece-nos justo que todos, cristãos inclusive, gozem da liberdade de seguir o culto e a religião de sua preferência. Dessa forma, o Deus que mora no céu, ser-nos-á propício a nós e a todos os nossos súditos. Decretamos, portanto, que, não obstante a existência de instruções anteriores relativas aos cristãos, os que optaram pela religião de Cristo estão autorizados a abraçá-la sem estorvo ou empecilho, e que ninguém absolutamente os impeça ou moleste. Observai, outrossim, que também todos os demais terão garantida a livre e irrestrita prática de suas respectivas religiões, pois está em acordo com a estrutura estatal e com a paz vigente que asseguramos a cada cidadão a liberdade de culto, segunda sua consciência e religião [...]" (SANTOS, 2020, p. 149).

185 DURANT, 1957, p. 359.

186 O resultado desse concílio é o credo niceno, um dos documentos mais importantes (depois da Bíblia Sagrada) para o cristianismo e, que, ironicamente, foi emitido por um imperador romano, Constantino: Cremos em um só Deus, Pai todo-poderoso, criador de todas as coisas visíveis e invisíveis. E em um só Senhor Jesus Cristo, o Filho de Deus, gerado unigênito do Pai, isto é, da substância do Pai; Deus de Deus, luz de luz, Deus verdadeiro de Deus verdadeiro, gerado, não feito, consubstancial ao Pai; [...]. Inclusive, conta Durant que os bispos que não

cristãos; contudo, devido ao seu pragmatismo, mesmo antes de torná-la a religião oficial do império[187], começa, algumas décadas mais tarde, a perseguir aqueles que eram considerados hereges (ADRAGÃO, 2002, p. 38).

A comparação da liberdade religiosa de hoje com a ideia de liberdade religiosa aventada nos éditos resulta em anacronismo, por certo, até porque, como referido no tópico sobre o desenvolvimento da liberdade, a concepção de liberdade dos antigos é muito diferente da atual compreensão. Todavia, percebe-se o esforço para que as pessoas religiosas pudessem cultuar sua(s) divindade(s) livremente.

A grande discussão que ocupa o Medievo, período compreendido da queda do Império Romano do Ocidente (476 d. C.) até a queda do Império Romano do Oriente (1453 d. C.), foi qual a forma seria mais apropriada de o poder político se relacionar com o poder religioso e vice-versa. Dessa experiência, resultou-se, invariavelmente, em mais ou menos liberdade religiosa[188]. Da carta gelasiana que distinguiu os poderes religiosos e políticos (Gelásio I, 494 d. C.), passando pela reforma da Igreja Católica do papa Gregório VII (Séc. XI), às bulas papais[189] de Inocêncio III (séc. XII)[190] e Bonifácio VIII (séc. XIV)[191], a busca era pela *libertas ecclesiae*[192],

assinaram o credo niceno, juntamente com Ário, foram excomungados pelo Concílio e exilados pelo Imperador (p. 361).

[187] Isso acontece em 380 d.C., com o Édito *De Fide Católica* do Imperador Teodósio.

[188] "Com a vitória da ortodoxia e a expansão do cristianismo pela Europa, entre os anos que se estendem da oficialização do credo por Constantino até mais ou menos o período da escolástica e das Cruzadas, a Igreja Romana garantiu a unidade doutrinal à custa de um significativo estreitamento da liberdade interpretativa" (COELHO, 2022, p. 25.).

[189] Ver melhor em VIEIRA; REGINA, 2021, p. 77-86.

[190] 1198 d.C., *Sicut universitatis conditor.*

[191] 1302 d.C., *Unam Sanctam.*

[192] "A expressão *libertas ecclesiae* designa tradicionalmente o direito de autodeterminação da Igreja Católica visto a partir da sua autocompreensão específica" (ADRAGÃO, 2002, p. 43). Machado ensina que a ideia de liberdade eclesiástica ou de *libertas ecclesiae* tinha muito mais a ver com a liberdade da Igreja Católica em face do poder político, do que com a liberdade individual dos fiéis, não guardando nenhuma relação com a acepção jurídico-constitucional atual da liberdade religiosa, muito antes pelo contrário, aqueles que não seguiam a concepção teológico-política dominante eram perseguidos (1996, p. 50-52). O fato é que, em razão da *libertas ecclesiae*, nomes como Guilherme de Ockham e Marsílio de Pádua (como visto alhures) se insurgem eclodindo posteriormente na própria Reforma Protestante. "A Reforma

que, de certa forma, contribuiu historicamente para o advento da liberdade religiosa moderna[193].

Entre a Carta *Duo Sunt* e as bulas papais de Inocêncio III e Bonifácio VIII, é importante destacar – no fluxo histórico da construção da liberdade religiosa – a Espanha visigótica que, ao assumir a fé cristã no final do séc. VI, tornou a relação da Igreja e do Estado tão próxima a ponto de revisitar a ideia de confusão de poderes comuns da Antiguidade Oriental, com destaque para a morte de reis e constantes rebeliões[194], esmorecendo a ideia de gelasiana. Todavia, entre os séculos VIII e IX, inicia-se a dinastia carolíngia, com especial destaque a Carlos Magno, o pai da Europa. A Igreja católica era ouvida e influenciava as ações governamentais, mas era Carlos Magno quem comandava, muitas vezes, interferindo na ordem religiosa. Coroado em 25 de dezembro de 800 pelo papa Leão III, com o rito romano, Carlos Magno foi sagrado como imperador romano e defensor da Igreja, iniciando-se o "Sacro Império Romano"[195].

Por mais que Carlos Magno interferisse no poder religioso, fazia-o muito mais na qualidade de "defensor da fé" e de modo colaborativo com ela. O sistema de relação entre o poder religioso e o político em Carlos Magno é o que Voegelin[196] denominou de "papocesarismo", aproximando-se muito mais da ideia gelasiana e ambrosiana do que qualquer outro governo existente. Com a morte do imperador Carlos Magno (814) e as

e o Protestantismo ocasionaram a quebra do monopólio religioso mantido até então pelo Catolicismo e representaram um duro golpe contra a ordem político-religiosa medieval" (CHEHOUD, 2017, p. 33). Comparato acrescenta que a Reforma Protestante contribuiu direta ou indiretamente para a transformação da sociedade na Europa não apenas na esfera religiosa, mas também nas esferas econômica e política ao produzir profundas alterações no ideário e nas organizações sociais, bem como nas instituições e na vida diária das pessoas (2016, p. 173). Torres e Freitas lembram que as 95 teses (Debate para o Esclarecimento do Valor das Indulgências) afixadas por Lutero nas portas da Igreja do Castelo de Wittenberg em 1517 é um dos 100 documentos mais importantes da história mundial em conjunto com a Magna Carta de João sem Terra, a Declaração de Independência Americana e a Carta das Nações Unidas, segundo classificação *da Milestone Documents in World History* (2017, p. 23).

193 ADRAGÃO, 2002, p. 43.

194 DAWSON, 2016, p. 105.

195 GUIZOT, 2018.

196 VOEGELIN, 2012, p. 72.

crises em sua sucessão[197], a tradição carolíngia, com Otão, manteve-se, todavia, enfraquecida, seja pela ausência da dinamicidade e da genialidade de Magno, seja pelas constantes intromissões de um poder (religioso e político) no outro.

Na sequência, acontece a Reforma Protestante[198], que resulta na quebra da unidade da cristandade, pois compromete de maneira decisiva as aspirações de dominação teológico-política pressionando a ideia de *libertas eclesiae* e a sua dupla face de exclusão aos não católicos e de privilégios aos católicos romanos confessos[199]. As liberdades de consciência, crença e religião estão entre os principais temas dos reformadores[200], e é nesse contexto que surge Martinho Lutero, por exemplo. Lutero, ao ser "convidado" pelo Imperador Carlos V, na Dieta de Worms, a abjurar as 95 teses contra a Igreja Católica afixadas, menos de 4 anos antes, na porta do Castelo de Wittenberg, categoricamente afirma:

> Caso não for convencido por testemunhos da Escritura e por motivos racionais evidentes — pois não creio nem no Papa nem nos Concílios, pois é evidente que erraram muitas vezes e se contradisseram —, estou convencido, pelas passagens da Sagrada Escritura que mencionei, e minha consciência está presa à Palavra de Deus e não posso nem quero revogar qualquer coisa, pois não é sem perigo nem salutar agir contra a consciência. De outra maneira não posso, aqui estou, que Deus me ajude, amém[201].

[197] "Quando ele morreu [Carlos Magno], todas as forças sociais que havia concentrado e absorvido ficaram carentes de nutrição e retornaram a suas tendências naturais, a seus conflitos domésticos; e, uma vez mais, começaram a aspirar à independência do isolamento" (GUIZOT, 2018, p. 201).

[198] Magalhães Filho conceitua a Reforma Protestante como "um movimento religioso desenvolvido contra o ensino romanista acerca da salvação (soteriologia medieval). Embora tenha começado dentro do catolicismo, a Reforma terminou produzindo uma nova divisão na cristandade ocidental a partir do século XVI. Seu cenário histórico foi a Europa, e seu marco inicial foi a fixação das 95 teses de Martinho Lutero contra a venda de indulgências na porta da Igreja do castelo de Wittenberg em 31 de outubro de 1517" (2014, p. 59).

[199] MACHADO, 1996, p. 53-4.

[200] De certa forma, o pensamento dos Reformadores sobre a liberdade de consciência, que impactou diretamente na construção da conceituação atual da liberdade religiosa, é representado no pensamento de Martinho Lutero. Mas, além dele, muitos outros contribuíram, tais como João Calvino, Ulrico Zwinglio, Thomas Müntzer, Martin Bucer, Menno Simons, Thomas Helwys etc.

[201] BOEHMER, 1939, p. 338 *apud* DREHER, 1984.

Expoente da Reforma Protestante, Martinho Lutero afirma que sua consciência é cativa à Bíblia Sagrada, isto é, à crença religiosa. Para a pessoa religiosa, é a partir dos valores de suas crenças que sua consciência é formada e, a partir dela, essa pessoa vive. O final da afirmação de Lutero é preciso: "pois não é sem perigo nem salutar agir contra a consciência"[202]. O "agir", quer dizer, o *action*, emana da crença (*belief*), percebe-se aqui a unidade essencial entre a liberdade de crença e a liberdade religiosa. Isto é, Lutero lutava pela liberdade para ser outro tipo de cristão, constituído um dos pontos centrais da Liberdade Religiosa, em sua acepção moderna[203]. O ser humano crê, então forma sua consciência e depois a externa nos mais variados atos de sua vida[204]. "A Reforma ensina o homem a ser livre[205], quando inaugurou a liberdade de consciência"[206]. Isto é, a Reforma Protestante foi decisiva na construção dos conceitos jurídicos da liberdade religiosa[207], por mais que não tenha resultado na imediata formalização da liberdade religiosa, introduzindo, primeiramente, a paridade entre as diversas confissões religiosas que nasciam[208].

[202] Quando dessa afirmação, Lutero apenas não foi preso em razão de um prévio salvo conduto que lhe havia sido concedido; todavia, no caminho de retorno para Wittenberg, ele é sequestrado por ordem do príncipe Frederico, que temia por sua vida, sendo levado para o Castelo de Wartburg sob proteção. Devido ao desaparecimento de Lutero e à consequente negativa de retratação, o Imperador Carlos V publica o Édito de Worms (1521) proibindo qualquer cidadão de defender, sustentar as teses de Lutero, bem como de favorecê-lo. Além de recompensa para captura, o Édito proibia compra, venda, guarda, leitura, impressão, escrita ou defesa de qualquer afirmação de Martinho Lutero (TORRES; FREITAS, 2017, p. 28-9). Édito de Worms disponível em: http://www.crivoice.org/creededictworms.html. Acesso em: 10 jan. 2022.

[203] COELHO, 2022, p. 61.

[204] Essa questão será mais bem abordada no tópico sobre a liberdade de crença a seguir.

[205] "Eles desejavam a liberdade de ler e interpretar as Escrituras de maneira independente da Igreja ou do clero, conforme ditavam suas próprias consciências. [...] A teoria do direito à liberdade de consciência surgia em confronto com a teologia praticada até então. Cada pessoa deveria aprender a pensar por si mesma" (DI MONACO, 2021, p. 36).

[206] BONAVIDES, 1995, p. 29.

[207] LAGO, Davi. Brasil polifônico: os evangélicos e as estruturas de poder. São Paulo: Mundo Cristão, 2018.

[208] ADRAGÃO, 2017, p. 38.

A paz de Augsburgo (1555) e a paz de Westfália (1648)[209] são fatos históricos, no contexto da Reforma[210], que resultaram em importantes documentos de paridade religiosa dentro da própria cristandade[211]. Reitera-se: a liberdade religiosa não foi de aplicação imediata, a decorrência primeira da Reforma foi a efetivação do princípio *cuius regio eius religio*, assim dizendo: a liberdade era de o príncipe escolher a religião, indo contra a ideia de autodeterminação individual das confissões e dos credos.

A ideia dos reformadores se perde no dualismo entre o poder político e o poder religioso da época[212]. Uma das honrosas exceções é o Tratado de Osnabrück (1648), nos Estados alemães, que reconhece aos súditos dissidentes da fé do príncipe (*cuius regio eius religio*) tolerância para praticar

[209] Como assinala Di Monaco, muitos são os éditos de tolerância promulgados no período entre a Paz de Augsburgo e a Paz de Wetsfália, entre eles: Édito de Janeiro (1562), Édito de Pacificação de Amboise (1563), Édito de Pacificação de Boulogne (1563), Édito de Pacificação de Beaulieu (1576), Édito de Pacificação de Poitiers (1577), Decreto de Paz de Fleix (1589) e, por fim, o mais famoso, Édito de Nantes (1598) que encerrou a guerra civil e restabeleceu, com limitações, a liberdade de consciência e de culto (2021, p. 44). Antes da Paz de Augsburgo, ainda é importante salientar a Dieta de Spira (1526), em que Fernando I, aproveitando a ausência do Imperador Carlos V (seu irmão), declara a invalidade do Édito da Dieta de Worms, afirmando que cada Estado teria a liberdade de seguir a religião que quisesse. Isso permitiu que os luteranos se organizassem até 1529, ano da segunda Dieta de Spira. Nesta, o Imperador Carlos V anula o artigo que permitia liberdade aos luteranos, resultando em um grande protesto, assinado por cinco príncipes imperiais e 14 cidades imperiais, daí o termo "protestante". De volta à Alemanha, em 1530, Carlos V convoca outra dieta imperial para obter uma frente unida contra os turcos, razão pela qual precisava da união de todos. Daí nasce a Confissão de Fé de Augsburgo (1530), assinada por Philip Melanchthon, entre outros, inclusive por diversos nobres. A confissão de fé foi rejeitada pelo Império, e um novo prazo foi dado para os protestantes resignarem de sua fé e retornarem ao seio da Igreja Católica Romana, o que não aconteceu. Houve, na verdade, mais conflitos até 1555, quando ocorre a Dieta de Augsburgo e a Paz de Augsburgo mesmo sem a presença do imperador, que havia fugido para os Alpes (TORRES, FREITAS, 2017).

[210] "A paz de Westfália, como ficou conhecido o conjunto de tratados internacionais que a partir de 1648 reconheceram a soberania dos Estados europeus, além de criar um sistema de direito internacional, também conferiu aos Estados a faculdade de regular as relações com a igreja. Nasce assim o direito eclesiástico, que abarcava a pluralidade de direitos religiosos: o da Igreja Católica, os nascidos da Reforma Protestante e o elaborado pelo Estado sobre todas as confissões religiosas assentadas sobre o seu território" (OBEID, 2013, p. 59-60).

[211] Aqui a unidade já estava quebrada em razão da Reforma.

[212] ADRAGÃO, 2002, ps. 51-2.

seu credo[213]. Um defensor dessa ideia era Althusius (1557-1638) que advogava uma separação entre Igreja e Estado, sem deixar de existir uma estreita cooperação e harmonia entre ambas as esferas. Em sua obra "Política", publicada em 1610, afirma: "Os deveres sagrados e seculares são distintos e não devem ser confundidos. Porque cada um deles demanda o homem total"[214]. Da mesma forma, não caberia impor a religião a alguém, pois essa era fruto da persuasão e não da imposição:

> Não podemos impor a religião porque ninguém é forçado a acreditar contra a sua vontade. A fé deve ser uma persuasão e não um comando, um aprendizado e não uma ordem. Aos discípulos que queriam a destruição dos samaritanos, Cristo disse: 'Não sabeis de que espírito sois filhos?' [...] aqueles que erram na religião não devem ser regidos por força externa ou armas corporais, mas pela espada do Espírito, ou seja, pela Palavra e armas espirituais capazes de levar os que erram a Deus... porque aqueles que não podem ser persuadidos por essa palavra muito menos podem ser obrigados por ameaças e penas do magistrado para que acreditem no que esse magistrado ou outros creem[215].

Como visto no tópico sobre o desenvolvimento da liberdade, o dualismo entre o poder político e o poder religioso, principalmente seus excessos, torna-se a semente para diversos escritos sobre o tema. Um dos escritos de destaque é a Carta sobre a Tolerância (1689) de John Locke[216]. A partir desse texto, a tolerância deixa de ter uma conotação negativa – o que ocorria em razão de ser uma espécie de escudo protetivo reclamado pelos cismáticos e hereges, fruto de uma divisão religiosa (mal vista na época) – para se converter em uma virtude[217]. O ato de tolerar passa a ser visto como um ato de compaixão, um ato virtuoso.

[213] Ibidem, p. 59.

[214] ALTHUSIUS, 2003, p. 164

[215] Ibidem, p. 324.

[216] "Certamente, um dos grandes autores que foram responsáveis pela gênesis da noção moderna de liberdade religiosa foi John Locke" (FERREIRA, 2016, p. 20).

[217] Ensina Biscaia de Lacerda que: "Locke, em sua Carta sobre a tolerância, trata da tolerância a conceder-se aos vários credos cristãos; para ele, deve-se manter e conservar uma atitude tolerante para a diversidade religiosa e, em particular, o Estado não deve perseguir ou reprimir os praticantes das diferentes fés apenas por serem eles adeptos de fés diversas daquela professada por cada Estado específico" (2014, p. 185).

É importante salientar que, para Locke, a tolerância não poderia ser estendida aos ateus, em suas palavras: "Em quarto e último lugar, os que negam a existência de uma divindade não devem de maneira alguma tolerar-se"[218]. Quem traz a tolerância também para os ateus é Pierre Bayle, contemporâneo de Locke. Bayle concorda com o inglês no sentido de que a fé não poderia ser imposta coercitivamente; contudo, discorda sobre o ponto de vista do ateísmo, defendendo uma tolerância radical, incluindo pagãos e ateus[219], o que não era comum à época[220].

Como já dito, para Locke, o Estado e a Igreja deveriam estar separados[221], uma vez que compete ao Estado tutelar a vida, a liberdade e a propriedade dos cidadãos, enquanto compete à Igreja somente a transcendência, isto é, a ordem espiritual do indivíduo[222].

Nesse contexto, eclodem as revoluções liberais do séc. XVIII, e a liberdade religiosa é um dos reclames do indivíduo face ao poder político[223]. Dentro da autonomia dos indivíduos, está o Direito de crer, não crer, mudar de crença e viver conforme sua crença. Esse é o ambiente da Declaração de Direitos da Virgínia (1776)[224], sendo um "dos princípios fundadores da tradição norte americana"[225], como pode se verificar em seu artigo 16:

> Art. 16 — Essa religião, ou a obrigação que devemos ao nosso Criador, e a maneira de emitir essa confissão, só pode ser dirigida pela razão e convicção, não por força ou violência; e, por conseguinte, todos os homens têm intitulado o direito ao livre exercício da religião, conforme os ditames da sua

[218] LOCKE, 2014, p. 137.

[219] A obra em que Pierre Bayle faz essa defesa está em quatro volumes publicados de 1686 a 1688 e é intitulada *Comentário filosófico sobre essas palavras de Jesus Cristo "Obriga-os a entrar"*.

[220] ALMEIDA, 2010, p. 120.

[221] "Para Locke, a política e a religião constituem espaços separados, ambos subordinados ao que ele considera ser o valor fundamental: a autonomia individual" (MACHADO, 1996, p. 75).

[222] LOCKE, 2014, ps. 104; 107.

[223] Advogado inglês e pertencente à Igreja Batista, Thomas Helwys é tido como o autor de um dos primeiros livros sobre liberdade religiosa do mundo, escrito em 1612, no contexto de perseguição na Inglaterra da Igreja Anglicana: *cuius regio eius religious*. O nome da obra é "Breve Declaração sobre o Mistério da Iniquidade" (REAGAN, 2001).

[224] "A primeira proclamação da liberdade religiosa num catálogo de direitos fundamentais veio a ter lugar no art. 16º da Declaração de Direitos da Virgínia" (ADRAGÃO, 2017, p. 38).

[225] WITTE JR., 2005, p. 152, tradução nossa.

consciência; e este é o dever mútuo de todos, praticar a tolerância cristã, o amor e a caridade uns para com os outros.

É evidente a influência de Locke no artigo supracitado e do próprio pensamento de Thomas Jefferson, um dos presidentes norte-americanos (1801-1809) e principal redator da Declaração de Independência dos EUA, que inicia com a famosa frase: "Consideramos estas verdades como autoevidentes, que todos os homens são criados iguais, que são dotados pelo Criador de certos direitos inalienáveis, que entre estes são vida, liberdade e busca da felicidade".

Para Jefferson, a liberdade, incluindo a religiosa, é um Direito Natural e, como tal, não foi criada, simplesmente existe[226]. Se a liberdade religiosa simplesmente existe, esse raio de não interferência deve ser o norte do Estado. A única forma de proselitismo dever ser a razão e a persuasão, nas palavras de Jefferson:

> A diferença de opiniões é vantajosa em religião, escreve. As várias confissões (sects) fazem o papel de censor dos costumes (censor morum) entre si. Será a uniformidade alcançável? [...] Se só há (religião) verdadeira e é a nossa, deveríamos desejar ver as novecentas e noventa e nove confissões perdidas reunidas no lado (fold) da verdade. Mas, perante tal maioria, não poderemos fazer isto pela força. A razão e a persuasão, são os únicos instrumentos utilizáveis[227].

O próprio *wall of separation between church and State* previsto na 1ª emenda à Constituição Norte-Americana, de autoria de Thomas Jefferson, demonstra a influência lockeana no contexto da independência e da formação dos EUA[228]. Algumas décadas mais tarde (1835), Tocqueville também atesta a importância da liberdade religiosa para os norte-americanos: "Nos Estados Unidos, não há ódio religioso, porque a religião é universalmente respeitada"[229]. Sobre o processo de formação dos EUA, ainda como Nova Inglaterra – colônia britânica –, Tocqueville explica que os puritanos

226 CHEHOUD, 2017, p. 23.

227 JEFERSON, 1998, p. 128 *apud* ADRAGÃO, 2002, p. 63.

228 ADRAGÃO, 2002, p. 65.

229 TOCQUEVILLE, 2010, p. 142.

fugidos da perseguição religiosa na Inglaterra[230] queriam nada mais do que liberdade e, especialmente, liberdade religiosa:

> Confundia-se ainda, em vários aspectos, com as teorias democráticas e republicanas mais absolutas. [...] Perseguidos pelo governo da mãe-pátria, ofendidos no rigor de seus princípios pela marcha quotidiana da sociedade em cujo seio viviam, os puritanos procuravam uma terra tão bárbara e tão abandonada pelo mundo que nela pudessem ainda viver à sua maneira e rezar a Deus em liberdade[231].

Não é igual ao que acontece na outra importante revolução liberal do séc. XVIII, a revolução francesa. Ensina Adragão que "o paralelo entre o legado das duas Revoluções revela diferenças significativas"[232]. A revolução norte-americana é pragmática, fruto do descontentamento com a mãe-pátria em razão de leis impopulares, especialmente de cunho fiscal. Já a revolução francesa possui um viés notadamente ideológico e com o objetivo, no que concerne a religião, de substituição da fé religiosa por uma fé política, do Deus dos católicos e protestantes pela deusa-razão dos iluministas[233].

J. L. Chabot afirma que o desiderato da revolução francesa era "uma construção do espírito humano que pretende substituir-se à relação de alteridade (referência a um ser supremo) de qualquer religião"[234]. Tocqueville também faz uma avaliação comparativa entre as duas nações:

> Quando cheguei aos Estados Unidos, foi o aspecto religioso do país que desde logo me atraiu a atenção. À medida que prolongava minha permanência, percebia as grandes consequências políticas que decorriam desses fatos

[230] "O primeiro movimento de colonização inglesa da América do Norte, como sabido, foi provocado pelo espírito de rebeldia dos calvinistas, no ambiente de pesada intolerância religiosa que predominou na Grã-Betanha desde o século XVI. As duas principais colônias estabelecidas na Nova Inglaterra – a dos peregrinos do *Mayflower* e a dos puritanos da baía de Massachusetts – eram formadas por cristãos dissidentes da confissão anglicana oficial, os quais sofriam, por essa razão, severas restrições à liberdade de culto" (COMPARATO, 2019, p. 113).

[231] TOCQUEVILLE, 2010, p. 57.

[232] ADRAGÃO, 2002, p. 69.

[233] Ibidem, p. 70.

[234] CHABOT, 1988, p. 9 *apud* ADRAGÃO, 2002, p. 70.

> novos. Tinha visto entre nós [França] o espírito da religião e o espírito da liberdade quase sempre em sentido contrário. Aqui, encontrava-os [EUA] intimamente unidos um ao outro; reinavam juntos sobre o mesmo solo[235].

O fato é que, para os liberais americanos, uma sociedade livre não poderia subsistir sem a religião, enquanto, para os liberais franceses, a religião do antigo regime era um mal[236], a ponto de criar a ideia de uma nova religião, a religião constitucional da França, criada em 12 de julho de 1790[237]. Tocqueville continua:

> Interpelo o primeiro americano que encontro, seja em seu país, seja em outro, e pergunto-lhe se considera a religião útil à estabilidade das leis e à boa ordem da sociedade; responde-me sem hesitar que uma sociedade civilizada, mas principalmente uma sociedade livre, não pode subsistir sem religião. A seu ver, o respeito à religião é a maior garantia de estabilidade do Estado e da segurança dos particulares[238].

De qualquer forma, sob o ponto de vista teórico para a questão referente à liberdade religiosa, a Revolução Francesa deixa o legado de que "ninguém pode ser molestado por suas opiniões, incluindo opiniões religiosas, desde que sua manifestação não perturbe a ordem pública estabelecida pela lei". É o artigo 10 da Declaração Francesa. Enquanto o 16 da Declaração Americana tem como ponto de partida a ideia de liberdade e tolerância, a Declaração Francesa apenas se manifesta pela liberdade da opinião religiosa, limitada pela ordem pública.

Quem definiria a ordem pública? Os mesmos que tentaram suprimir a religião católica? Na revolução francesa, o âmbito de proteção da liberdade religiosa se afasta do Direito natural – que era até aquele momento

235 TOCQUEVILLE, 2010, p. 217.

236 "Os líderes da Revolução Francesa, não estavam familiarizados com qualquer "relação com Deus" exceto aquela que existia através da mediação da Igreja romana. A rejeição dessa concepção religiosa teve como consequência uma guerra contra todas as confissões religiosas na França" (MAGALHÃES FILHO, 2014, p. 24).

237 A igreja católica é substituída pela igreja constitucional da França, uma religião secular, baseada na razão: "ela mesma tornou-se uma espécie de religião nova, religião imperfeita, é verdade — sem Deus, sem culto, nem vida eterna" (TOCQUEVILLE, 2017, p. 58).

238 TOCQUEVILLE, 2017, p. 163.

a espinha dorsal da liberdade, inclusive para os americanos, que bebiam de Locke – para ser a construção daqueles que detinham o poder de definir a ordem pública e criar as leis. Todavia, esse pensamento acaba não prevalecendo, pois, pouco mais de dois séculos depois[239], a liberdade religiosa, juntamente com um rol de outras liberdades civis fundamentais, é entendida como inalienável e entronizada como Direito humano intrínseco aos indivíduos, na mesma batida do Direito natural da pena de Grotius e Locke, reverberado por Burdeau no século passado:

> O essencial é que esses direitos e as liberdades que eles formulam podem ser, no seu exercício, regulamentados pelo poder, mas não depende dele na consistência. A Constituinte "reconhece e declara", mas não cria. Enfim, essas liberdades são outros tanto obstáculos ao voluntarismo dos governantes. São direitos-barreira, direitos-limite, direitos-proteção[240].

Por fim, a liberdade religiosa reclamada pelos protestantes e a ideia lockeana de tolerância religiosa favoreceram também a atividade econômica fazendo florescer empreendimentos comerciais na Holanda, na Inglaterra, na França, na Alemanha, por fim, em toda a Europa[241]. Asseverando sobre a tolerância religiosa gerada pela liberdade religiosa, Althusius afirma: "Da mesma forma que o corpo não pode ser saudável sem a mútua comunicação das atividades desempenhadas por seus membros, também o corpo de uma comunidade precisa do comércio para a sua saúde. [...] Na realidade, com o comércio se consegue a paz e a concórdia entre vizinhos"[242].

A ideia de tolerância religiosa resultou diretamente na possibilidade de comércio com pessoas religiosas antagônicas sob o ponto de vista da crença e, por conseguinte resultou em desenvolvimento econômico. Outro destaque importante trazido com a liberdade religiosa no ambiente da Reforma protestante é o pensamento calvinista sobre a exaltação moral

[239] Em diversos tratados internacionais, a começar pela Declaração Universal dos Direitos do Homem de 1948, como estará demonstrado em tópico próprio.

[240] BURDEAU, 1979, p. 38 *apud* CHEHOUD, 2017, p. 23.

[241] MAGALHÃES FILHO, 2014, p. 176-7.

[242] ALTHUSIUS, 2003, ps. 199-200.

do trabalho secular, especialmente na medida que realizar um trabalho bem-feito representaria uma atitude de glorificação de Deus. O resultado seria, além de glorificar Deus, o desenvolvimento econômico e a liberdade econômica: "Por outro lado, a fim de alcançar aquela autoconfiança, uma intensa atividade secular era recomendada, como o meio mais adequado. Ela, e apenas ela, afugenta as dúvidas religiosas e dá a certeza da graça[243]".

Ou seja, o simples caminho da caridade trilhado pelos católicos, para os calvinistas não eram entendidos como sinal de salvação eterna. Esses sinais de salvação estavam na certeza de salvação (doutrina da predestinação), que se manifestava em um comportamento ético racional, manifestado no trabalho constante.

> Mas, o que era ainda mais importante: a avaliação religiosa do infatigável, constante e sistemático labor vocacional secular, como o mais alto instrumento de ascese e, ao mesmo tempo, como o mais seguro meio de prova da redenção da fé e do homem, deve ter sido presumivelmente a mais poderosa alavanca da expansão dessa concepção de vida, que aqui apontamos como espírito do capitalismo[244].

[243] WEBER, 2001, p. 61.

[244] Ibidem, p. 94.

4. CONCLUSÃO DA PRIMEIRA PARTE

A caminhada em busca de uma teoria da liberdade religiosa teve seu primeiro passo no estudo de seu objeto: a religião. Buscou-se, então, definir o conceito de religião sob o ponto de vista jurídico para então delimitar o âmbito de proteção da liberdade de crença e da liberdade religiosa. Três noções jurídicas de religião foram objeto da pesquisa. A primeira e a mais tradicional, o conceito substancial-objetivo, compreende como religião aquele grupo de religiosos que possui em sua constituição a conjugação de três elementos: divindade, moralidade e culto (a divindade como sendo a relação da pessoa religiosa com a transcendência, com seu Deus ou divindade; a moralidade decorre do sistema de valores morais cristalizado nos livros sagrados e códigos morais do referido grupo; por fim, o culto, como sendo o ápice dos dois primeiros elementos). O culto é o ato de adoração, individual ou coletivo, que afirma, por meio dos valores morais daquele grupo, o relacionamento com o sagrado. Presentes os três elementos, estar-se-ia diante de uma religião, detentora de todos os direitos decorrentes dos plexos da liberdade de crença e da religiosa.

O segundo conceito estudado foi o funcional-subjetivo, oriundo da doutrina e da jurisprudência norte-americana (1960), que tem como fim valorizar a compreensão individual do fiel. Ao invés da implementação dos elementos do conceito substancial-objetivo, a ênfase está na subjetividade moral-prática de cada um, a partir da sinceridade dos credos de cada um. Tal conceito deixou de ser utilizado por duas falhas que lhe são inerentes:

(1) a submissão daquele que se identifica como religioso de um minucioso exame de suas convicções a fim de perquirir a sinceridade de sua crença, o que resulta em uma clara interferência ao foro íntimo da crença ou, para evitar tal perquirição, (2) o operador do Direito poderá cair em um indesejável e incerto subjetivismo em aceitar qualquer crença como religiosa, ou como não religiosa, independentemente de quaisquer exigências objetiva, somente porque como religião foi identificada pelo fiel, possibilitando a má-fé no uso da função protetiva da liberdade religiosa.

Já o terceiro conceito identificado é o tipológico, em que não se busca uma definição dogmática fechada do que é religião, ao mesmo passo que estabelece critérios mínimos do que é religião a partir da semelhança das práticas e das liturgias do grupo investigado com as parecenças de família. Isto é, a necessidade de elementos como imanência/transcendência, profano/sagrado, quanto elementos comuns externos com as religiões tradicionais, tais como: existência de culto, idade da crença, número de aderentes, existência de clero ou sacerdotes *et cetera*.

Se no conceito substancial-objetivo muitas religiões minoritárias e novas religiões podem ficar de fora do âmbito de proteção das liberdades de crença e religiosa por não possuírem objetivamente um dos três elementos, no conceito funcional-subjetivo, grupos que não são religiosos podem gozar da mesma proteção, até mesmo de má-fé. O conceito tipológico resolve esse problema uma vez que combina os elementos objetivos do conceito "substancial-objetivo" com os elementos subjetivos atendíveis do conceito "funcional-subjetivo" de maneira equilibrada, não excluindo minorias religiosas nem ofendendo suas consciências.

Ao buscar o conceito jurídico de religião, observou-se que, na construção dos dois principais conceitos (substancial-objetivo e tipológico), o culto é marcante. Isso porque o culto é o principal elemento externo da maioria das religiões. A conclusão foi de que o conceito jurídico de religião mais acertado é aquele desenvolvido no conceito tipológico, apenas com o retoque no sentido de considerar o elemento "culto" como o primeiro e o principal elemento externo de uma religião. Sem esse, outros elementos de parecenças de família deverão ser buscados no objeto investigado.

Conceituado juridicamente o objeto da liberdade religiosa, o próximo passo foi na direção do estudo da própria liberdade e de seu desenvolvimento. De plano, pôde-se constatar que o conceito moderno de liberdade é totalmente distinto do praticado na antiguidade. Para os antigos, a liberdade era para poucos e guardava relação com a participação política, e não com a liberdade individual, da forma pensada hoje em dia. Foi Agostinho de Hipona, a partir das cartas do Apóstolo Paulo presentes na Bíblia, quem iniciou a construção da ideia de autonomia da vontade, como liberdade interior. O bispo cristão de Hipona desenhou o livre-arbítrio no sentido de que cada um possui uma faculdade interior de se relacionar ou não com Deus, a partir de condutas voltadas às virtudes ou aos vícios.

No início do Medievo, o papa Gelásio I distingue os poderes que deveriam ser exercidos pela Igreja e pelo Estado, dando início à ideia de liberdade individual, pelo menos em sua vertente negativa face ao Estado. Mesmo assim, durante todo o Medievo, as relações cesaropapistas e teocráticas entre a Igreja Católica e o Estado desconsideraram ao fato de que seus fiéis e súditos possuíam liberdade individual. A autonomia de Agostinho era uma liberdade interior e, no máximo, de fazer aquilo que a lei não proibia, desde que respeitada a autoridade eclesiástica, enquanto a distinção proposta por Gelásio I, na prática, institucionalizou a Igreja para que, com a *plenitudo postestis papal,* pudesse se envolver e muitas vezes ditar as regras em todas as esferas da vida humana.

Essa ideia permeou o Medievo, desembocando na Reforma Protestante. Dois séculos antes da Reforma, Ockham atribui externalidade à autonomia da vontade de Agostinho, permitindo oponibilidade à autoridade eclesiástica, contrariando o universalismo de Tomás de Aquino, pai da escolástica. As consequências são vistas na Reforma Protestante: Martinho Lutero, convocado pelo representante máximo do poder político, o Imperador Carlos V, é instado a abjurar suas crenças expostas no Castelo de Wintemberg. A resposta de Lutero ecoa até os dias de hoje: "não é sem perigo nem salutar agir contra a consciência", em outra versão: "Minha consciência é cativa da Palavra de Deus".

O caminho para o desenvolvimento das liberdades individuais estava aberto. Nele, Locke escreve a famosa Carta de Tolerância (1689) que restringe qualquer interferência do poder político no religioso. As pessoas possuem a liberdade de dispor de suas posses e crenças livremente, observando os limites da lei natural, conforme redesenhada por Grotius. A autonomia da vontade desemboca, por fim, no Direito de cada um viver conforme melhor lhe aprouver, elegendo seus representantes e cumprindo as leis emanadas apenas por eles.

Na continuidade, tratou-se de duas vertentes decorrentes da liberdade: a positiva e a negativa. O sentido primário da liberdade é a não interferência estatal ou de terceiros nas escolhas humanas. Essa é sua vertente negativa, isto é, a liberdade negativa implica em ausência de interferência e obstáculos para que os indivíduos possam fazer aquilo que quiserem. Evidentemente que existem limites e controle externo. Esses são dispostos por leis elaboradas pelos representantes de toda a comunidade.

Se as pessoas podem viver suas vidas sem obstáculos e interferências estatais, o segundo passo é gozarem da liberdade em sua vertente positiva. A liberdade positiva é a criação de um ambiente em que todos possuam condições mínimas de realizarem o que desejam. O foco da vertente ou da dimensão positiva da liberdade é a existência de condições que permitam a autodeterminação de cada um. As garantias constitucionais são bons exemplos de liberdades positivas, pois guardam relação com o direito de agir de cada um.

A conclusão é de que a liberdade, em qualquer de suas vertentes, resulta no reconhecimento estatal e dos demais entes da sociedade, que o ser humano é livre para viver sua vida conforme seus interesses e suas convicções. Quanto à religião, compete ao Estado assegurar o florescimento do fenômeno religioso enquanto fato social, não olvidando esforços na criação de um ambiente que permita o desenvolvimento plural das crenças de cada um (vertente positiva). A vertente negativa da liberdade religiosa, por sua vez, compreende a proteção daqueles que não creem, bem como o impedimento de interferências e colocações de obstáculos por parte do Estado ou de qualquer outro ente para os que creem.

O lastro histórico, que encerra a primeira parte da obra, evidencia a importância da religião para o homem e para a sociedade e da sua influência direta na construção das liberdades e, especificamente, da liberdade religiosa, o que restou demonstrado do Rolo de Ciro II (539 a. C), passando pelas cartas paulinas e pelos Evangelhos constantes da Bíblia, além de homens como Tertuliano, Lactâncio e Agostinho de Hipona na Antiguidade Tardia – documentos como os Éditos da Tolerância, de Milão, de Fide Católica, além do contexto pré-reforma protestante e da própria Reforma – e, por fim, os pensadores liberais como John Locke e as revoluções liberais.

SEGUNDA PARTE

A TEORÉTICA DA PROTEÇÃO À CRENÇA E A RELIGIÃO

1.
A LIBERDADE DE RELIGIÃO

É importante lembrar que diversos tratados internacionais, como será visto no tópico respectivo, usam o termo "religião" quando se reportam às liberdades de crença e religiosa. A título exemplificativo, o Pacto Internacional de Direitos Civis e Políticos (1966), consagra em seu artigo 18:

> 1. Toda pessoa terá direito à **liberdade** de pensamento, de consciência e de **religião**. Esse direito implicará a liberdade de ter ou adotar uma religião ou uma crença de sua escolha e a liberdade de professar sua religião ou crença, individual ou coletivamente, tanto pública como privadamente, por meio do culto, da celebração de ritos, de práticas e do ensino.
> 2. Ninguém poderá ser submetido a medidas coercitivas que possam restringir sua liberdade de ter ou de adotar uma religião ou crença de sua escolha (grifo nosso).

Quando os doutrinadores se reportam à liberdade de religião, muitas vezes, fazem-no de modo intercambiável com o termo crença. De outra banda, a liberdade de religião está mais vinculada às confissões religiosas e ao fenômeno religioso de maneira coletiva, enquanto a liberdade de crença está vinculada à liberdade individual de ter, não ter ou mudar de religião. A Declaração sobre a eliminação de todas as formas de intolerância e discriminação fundadas na religião ou nas convicções, proclamada pela Assembleia Geral das Nações Unidas a 25 de novembro de 1981 – Resolução 36/55 –, não utiliza a expressão "crença", mas "convicções", mantendo a expressão "religião". O artigo 6º da Declaração vem com a seguinte conceituação de liberdade de religião – por mais que o enunciado do artigo também refira às liberdades de consciência, pensamento e convicções:

> Conforme o "artigo 1º" da presente Declaração e sem prejuízo do disposto no "§3 do artigo 1º", o direito à liberdade de pensamento, de consciência, de religião ou de convicções compreenderá especialmente as seguintes liberdades:
>
> a) A de praticar o culto e a de celebrar reuniões sobre a religião ou as convicções, e de fundar e manter lugares para esses fins.
> b) A de fundar e manter instituições de beneficência ou humanitárias adequadas.
> c) A de confeccionar, adquirir e utilizar em quantidade suficiente os artigos e materiais necessários para os ritos e costumes de uma religião ou convicção.
> d) A de escrever, publicar e difundir publicações pertinentes a essas esferas.
> e) A de ensinar a religião ou as convicções em lugares aptos para esses fins.
> f) A de solicitar e receber contribuições voluntárias financeiras e de outro tipo de particulares e instituições.
> g) A de capacitar, nomear, eleger e designar por sucessão os dirigentes que correspondam segundo as necessidades e normas de qualquer religião ou convicção.
> h) A de observar dias de descanso e de comemorar festividades e cerimônias de acordo com os preceitos de uma religião ou convicção.
> i) A de estabelecer e manter comunicações com indivíduos e comunidades sobre questões de religião ou convicções no âmbito nacional ou internacional[245].

[245] NAÇÕES UNIDAS, 1981.

Nota-se que os itens elencados pela Declaração como ligados à liberdade de religião estão voltados à ação externa da fé, que geralmente está relacionada a uma confissão religiosa (religião) determinada, enquanto as convicções (crença) são de ação interna. Machado, ao lecionar que uma confissão religiosa sem registro junto à autoridade pública também é destinatária da liberdade religiosa, utiliza a expressão "liberdade de religião": "Significa isso que a confissão ou comunidade religiosa de facto, isto é, não reconhecida, não pode deparar com restrições ao exercício à liberdade de religião e de culto"[246].

Pode-se dizer que a liberdade de crença está ligada ao ato de crer e a liberdade religiosa ao ato de exercer tal crença – como veremos nos tópicos seguintes – enquanto a liberdade de religião seria a liberdade de aderir a crença. As três seriam as liberdades de crer, aderir e exercer, conforme vaticinou brilhantemente Cândido Alexandrino Barreto Neto em jantar com amigos no 2º Simpósio Brasileiro de Liberdade Religiosa ocorrido em Brasília, 2023.

Dessa forma, optou-se por usar as expressões que são clássicas na doutrina nacional e internacional no decorrer da presente obra: liberdade de crença e liberdade religiosa.

[246] MACHADO, 1996, ps. 243-4.

2.
AS LIBERDADES DE CRENÇA E DE CONSCIÊNCIA

A liberdade de crença pode ser conceituada como a garantia de que qualquer pessoa possa professar qualquer religião que deseje, manter-se nela, mudar de religião ou, por fim, não ter religião alguma, sendo este último aspecto – de não ter religião – muitas vezes considerado no âmbito de proteção da liberdade de consciência. Neste tópico, pretende-se aprofundar o âmbito de proteção da liberdade de crença, bem como demonstrar sua conexão com a liberdade de consciência, especialmente sua distinção da liberdade religiosa, por mais que exista uma unidade essencial entre ambas.

A liberdade de crença é aquela que protege as convicções de crença formuladas no íntimo da pessoa religiosa; por isso, de foro íntimo. A opção por determinado credo é engendrada no íntimo da pessoa humana, assim como a mudança para outra religião. O direito-garantia da liberdade de crença se ocupa no âmbito da proteção negativa, isto é, de não existir interferências do Estado – ou de qualquer outro ente – no credo de cada um. Dito de outra forma, o Estado e qualquer outro ente da sociedade têm a obrigação de se abster quanto à escolha religiosa de cada cidadão, não realizando qualquer ato que obrigue determinada pessoa a escolher esta ou aquela religião, assim como de mudar para esta ou aquela religião. Além disso, é possível dizer que a liberdade de crença possui uma vertente positiva no sentido de que o Estado e demais atores da sociedade devem zelar pelas melhores condições para que os direitos de ter ou de mudar de religião sejam plenamente exercidos.

Nesse passo, a liberdade de pensamento[247] e a liberdade de consciência são liberdades que protegem as convicções pessoais do ser humano, a exemplo da liberdade de crença. Hervada explica que a liberdade de pensamento protege o livre desenvolvimento das ideias e das convicções do ser humano, inclusive das ideologias, enquanto a liberdade de crença, diferentemente, protege o relacionamento que o fiel possui com o objeto de sua adoração e, com ele, exerce comunhão. Já a liberdade de consciência[248] é a consequência de ambas, ou seja, primeiro o ser humano firma suas convicções ou crenças, e estas formam sua consciência[249]. É "a partir desta [liberdade de crença] e da liberdade de pensamento que nascem as demais liberdades. Primeiro o homem crê e pensa, depois o homem defende sua crença, sua ideologia, locomove-se, trabalha, estuda, compra, vende, canta, pinta etc."[250].

Retomando a conceituação da liberdade de crença[251], o âmbito de sua proteção é o *forum internum* da pessoa humana[252], sendo essa proteção seu núcleo ou conteúdo essencial. Existe um impedimento ou obstáculo de que seja exercido qualquer tipo de pressão, direta ou indiretamente,

[247] Para Bonavides, Miranda e Walber, a liberdade de consciência se vincula à categoria geral da liberdade de pensamento, isso porque "a consciência é uma forma de autodeterminação, vinculada às escolhas mentais do indivíduo quanto à concepção do mundo e de seus valores, o que implica um universo de decisões formadas no foro íntimo" (2009, p. 101). Já Mendes e Branco entendem que a liberdade de consciência e a de pensamento se confundem: "A liberdade de consciência ou de pensamento tem que ver com a faculdade de o indivíduo formular juízos e ideias sobre si mesmo e sobre o meio externo que o circunda" (2021, p. 323).

[248] É a liberdade de consciência que protege aqueles que escolhem não seguir uma religião, ensina Bastos (2010, p. 300). Conclui Machado: "a liberdade religiosa, embora constitua o aspecto principal de mais ampla liberdade de consciência, não esgota todas as manifestações da liberdade de pensamento: o ateísmo começa onde acaba a religião" (1996, p. 222).

[249] ADRAGÃO, 2002, p. 111.

[250] VIEIRA; REGINA, 2021b, p. 517.

[251] Teraoka discorre que o conceito de *crença* é muito mais amplo do que o de *crença religiosa* em razão da possibilidade de se vislumbrar crenças desvinculadas aos aspectos religiosos (ideologias, filosofias etc.), sendo assim a liberdade de crença abrangeria também aspectos não religiosos (2010, p. 49), o que discordamos, como estará demonstrado na continuidade.

[252] É o que Leonardo Martins denomina de "crer em alguma coisa ou acreditar estar vinculado a um determinado sistema axiológico" (2008).

explícita ou implicitamente, para que o fiel escolha, mude ou deixe de ter determinada crença[253]. Lembrando dos ensinamentos de Hervada, não pode o Estado ou qualquer outro ente, grupo ou pessoa discordar da forma que um fiel se relaciona com sua divindade, exigir que se relacione de acordo com tal confissão religiosa ou cosmovisão ou, pior, impedir que se relacione.

O Direito fundamental à liberdade de crença cria uma espécie de campo de imunidade em torno da pessoa religiosa, permitindo que ela oriente sua vida conforme seus princípios e axiomas religiosos. Cada religião possui um sistema moral próprio que apresenta os postulados pelos quais o indivíduo deve se relacionar com a divindade e com o sobrenatural. Compete ao fiel, no âmbito de sua autonomia da vontade, aderir e orientar sua vida conforme esta ou aquela religião[254]. Nesse contexto, os poderes públicos e demais entes não devem interferir. A crença da pessoa religiosa é o núcleo da liberdade de crença, e é em torno desse núcleo que o campo de imunidade é estabelecido.

É o que Machado denomina de "esfera jurídico-subjetiva", na qual as opções tomadas nessa alçada são íntimas e pessoais. O edifício da liberdade de crença é construído externamente pela liberdade negativa, na qual aqueles que estão "de fora" do prédio não podem interferir em sua construção. A construção interna desse mesmo edifício é de alçada da liberdade positiva, na qual o ser humano pode se relacionar com a divindade de acordo com as suas convicções íntimas, emanadas da sua fé[255]. Afirma Machado:

> Assegura-se, no plano jurídico-subjetivo, a possibilidade que a cada pessoa assiste de, de acordo com os ditames da sua consciência, livre de qualquer pressão, livre de coação, tomar, de um modo responsável, as suas decisões éticas e existenciais. O indivíduo é livre de crer, ou não, na divindade, no sobrenatural, no transcendente, nos princípios básicos de uma religião determinada, de adoptar, ou não, uma visão mais ou menos compreensiva do mundo, que responda às suas questões últimas sobre o sentido da vida[256].

[253] MACHADO,1996, p. 220.
[254] CARVALHO, 2020, p. 30.
[255] MACHADO, 1996, ps. 220-1.
[256] Ibidem, p. 221.

Percebe-se que Machado elabora a liberdade de crença positiva do indivíduo a partir dos ditames da consciência, resultando no acréscimo daquele que não possui uma crença em seu âmbito de proteção. Tanto o indivíduo que possui quanto o que não possui uma crença formam suas consciências a partir do relacionamento com o sagrado ou de uma ideia/convicção de que o sagrado não existe. O resultado é criação da esfera jurídico-subjetiva de proteção da liberdade de crença: o "prédio" mencionado acima.

Tanto a liberdade de crença quanto a liberdade de consciência têm como objetivo final a garantia de externalização do foro interno do agente[257]. Dito de outra forma: o direito de ter ou de mudar de religião e explicitá-la na esfera pública decorre da experiência íntima do fiel, de sua crença. Da mesma forma, acontece na liberdade de consciência – o foro íntimo é a possibilidade de rejeição à resposta metafísica ou religiosa. A crença e a descrença se encontram no âmbito da liberdade de consciência, daí porque a liberdade religiosa seria o corolário de ambas, diz Machado: "a crença é apenas uma das alternativas possíveis que se colocam ao sujeito"[258].

Contudo, não se pode olvidar que a liberdade de consciência está presente ou, como leciona Miranda, é indissociável da liberdade de crença e da religiosa. Isso porque a liberdade de consciência é mais ampla e, além de compreender a liberdade de crença, compreende a liberdade dos ateus e dos agnósticos de não crer ou a liberdade de convicções de natureza não religiosa[259], porque o "ateísmo começa onde acaba a religião"[260].

[257] Ribeiro demonstra que a liberdade de crença possui um caráter privado, desdobrando--se, posteriormente, na esfera pública como seu corolário: "Seu caráter [da liberdade de crença] é essencialmente íntimo, ainda que, num segundo momento, para garantia dessa liberdade, ele se desdobre em outros direitos, como o da livre possibilidade do conhecimento religiosa, sem direções oficiais prévias, para que seja possível à fé individual prosseguir no seu desenvolvimento e, no seu conhecimento profundo, chegar à sua satisfação plena" (2002, p. 36).

[258] MACHADO, 1996, p. 194.

[259] MIRANDA, 1993, p. 365.

[260] MACHADO, 1996, p. 222.

A liberdade de consciência encerra maior amplitude por ser formada, na hipótese da pessoa religiosa, pela crença[261]. Lopes Praça[262] ensina que a liberdade de crença é o fundamento da liberdade de consciência, tendo em vista que o ser humano primeiro reclama o direito de formar livremente uma crença em Deus, sendo um "direito inteiramente interior que só governa as relações da minha vontade e da minha consciência". Ou seja, para Lopes Praça, a crença governa a consciência do crente. Na mesma toada, posiciona-se Adragão ao dizer que a crença do indivíduo, de uma forma ou de outra, condiciona e fundamenta a orientação da própria consciência e, citando Hugo de Azevedo, demonstra o porquê de tal liberdade ser primária a de consciência: "a consciência rege-se por algum sistema moral religioso ou de ética natural, pré-determinado"[263]. Arremata:

> O aspecto mais importante da questão doutrinal em análise é assim definir os termos da distinção entre a liberdade religiosa e a liberdade de consciência. A opção religiosa, num sentido ou noutro, condiciona a orientação geral da consciência: esta parece-nos ser, a benefício de maior desenvolvimento ulterior, a tese mais sugestiva[264].

Assim, demonstra-se o acerto de Hervada, no sentido de que a liberdade de consciência é a consequência de ambas, isto é, primeiro o ser humano firma suas convicções ou crenças, e essas formam sua consciência. Para os não crentes, o âmbito de proteção é o domínio da liberdade de consciência enquanto, para os crentes, o âmbito de proteção é o da liberdade de crença.

Volvendo à conceituação do direito à liberdade de crença, seu principal escopo é garantir que o fiel se relacione com o sagrado da forma que melhor lhe aprouver, inclusive com a possibilidade de, a qualquer tempo, alterar suas crenças e mudar de religião. Isto é, trata-se da "reversibilidade das opções de fé", que, em nome do princípio da "livre "revisibilidade

[261] "No entanto, é necessário, desde logo, ter em conta que o direito à liberdade de consciência, (o direito à objeção de consciência) revela não apenas no plano religioso, mas também nos domínios filosófico, ideológico, estético, etc." (MACHADO, 1996, p. 195).

[262] LOPES PRAÇA, J. J.. Direito Constitucional Português. Vol I, Coimbra: Universidade de Coimbra, 1997, p. 59 *apud* ADRAGÃO, 2002.

[263] ADRAGÃO, 2002, p. 415.

[264] Ibidem, p. 417.

da consciência", permite ao indivíduo revisitar suas crenças e mudar de religião conforme o imperativo de sua consciência[265].

De qualquer forma, a crença que o indivíduo possui resultará em conduta que não pode ser desvalorizada no campo constitucional de proteção. A primeira conduta, ainda no âmbito de proteção da liberdade de crença, é o próprio *belief*, isto é, a escolha por determinada religião, quer seja primariamente, quer seja alterando a existente. Essa externalização ainda se encontra no âmbito de proteção da liberdade de crença porque trata apenas da manifestação pública acerca da opção desta ou daquela religião. Seguem-se, além dessa manifestação, as demais que são protegidas no âmbito de proteção da liberdade religiosa e ligadas ao *action*, isto é, à defesa da crença escolhida, à busca de novos prosélitos, entre outros desdobramentos que serão vistos nos tópicos correspondentes à liberdade religiosa.

O *action* referido guarda relação com aquela ação da pessoa religiosa que tem como destinatário outra(s) pessoa(s), a comunidade religiosa, a sociedade ou o próprio Estado; por isso, desloca-se da área de proteção da liberdade de crença para a liberdade religiosa. De qualquer forma, não obstante qual o âmbito da proteção, existe uma unidade essencial entre *belief* e *action* que não pode ser desconsiderada[266]. Não existe crença que não resulte em uma conduta religiosa, e não existe conduta religiosa sem uma crença que a ampare; por isso, a essencialidade dessa unidade. Machado ensina: "As convicções religiosas [...] encerram, frequentemente, a assunção íntima e vital de um compromisso existencial e ético, com significativas repercussões comportamentais nos planos políticos, social, cultural, econômico etc."[267].

Em outras palavras, a ética religiosa move o religioso e nasce na intimidade da crença. Dessa forma, a proteção constitucional à crença não pode se limitar ao *belief*, ou seja, ao seu âmbito interno, deve também agregar o *action*, o âmbito externo, isto é, a sua decorrência. Adragão opta ainda pela unidade essencial entre crença e conduta religiosa, em que todas as dimensões da liberdade religiosa (que serão mais bem trabalhadas noutro

[265] MACHADO, 1996, p. 222.

[266] Ibdem, p. 222 e ADRAGÃO, 2002, p. 507.

[267] Ibdem, 1996, p. 223.

tópico) emanam dessa unidade essencial[268]. As liberdades de divulgação da crença, do proselitismo e do culto nascem dessa unidade entre o *belief* e o *action*.

É por isso que Ferreira Filho afirma que a liberdade religiosa decorre da liberdade de crença. A liberdade religiosa é uma expressão, uma manifestação do pensamento pelo qual "se extravasam as crenças mais íntimas"[269]. A crença deixa de ser meramente uma herança familiar, determinação estatal ou espacial em razão da religião do rei[270] para ser fruto da escolha individual. A liberdade de crença é essencialmente uma liberdade individual decorrente da autonomia da vontade, do livre-arbítrio agostiniano. A liberdade de crença precede a liberdade religiosa porque a crença abre caminho para a autodeterminação, que possibilita a eleição de um conjunto de valores como fundamento para qualquer decisão primária[271], revelando que todos os seres humanos devem gozar daquilo que Machado estabelece como "autonomia ética e existencial"[272] [273].

Uma demonstração de que a liberdade de crença precede e é autônoma em relação à liberdade religiosa é a própria história. No campo da construção histórica da própria liberdade, realizada no capítulo anterior, observa-se que o livre-arbítrio e a autonomia da vontade são anteriores às liberdades individuais, lembrando-se de que aquelas possuem como *locus* o foro íntimo das pessoas, assim como a liberdade de crença. Durante o Império Romano, especificamente nos séculos dos "Césares", nota-se que a liberdade de crença dos cristãos era mitigada, visto que eram tolerados, sendo perseguidos em momentos esporádicos[274], contudo a possibilidade

[268] ADRAGÃO, 2002, p. 507.

[269] FERREIRA FILHO, 2020, p. 261.

[270] Como nos explicam Augesberg e Korioth, as disputas religiosas, resultado da Reforma Protestante de 1517, tiveram seu fim apenas em 1648 com a Paz de Westfalia, a partir do princípio "*cuius regio, eius religio*" que garantiu aos líderes aristocráticos dos diferentes Estados separados dentro do Reich a *ius reformandi*, ou seja, o direito de escolher livremente sua própria confissão e assim determinar a confissão de seus cidadãos" (2010, p. 320-330, tradução nossa).

[271] BONAVIDES; MIRANDA; AGRA, 2009, p. 101.

[272] MACHADO, 1996, p. 195.

[273] Pontes de Miranda adota posição semelhante ao defender que a liberdade religiosa decorre da liberdade de pensamento (MIRANDA, 1979, p. 358).

[274] Ferreira e Durant demonstram, em suas respectivas obras "A Igreja Cristã na História: das Origens aos Dias Atuais" (2013) e "História da Civilização – VII" (1957), esse contexto de perseguições esporádicas aos cristãos nos três primeiros séculos do Império Romano.

de cultuar pública e coletivamente foi conquistada apenas a partir do Édito de Milão. Na mesma toada, Godoy[275] ensina que, apesar de a religião ter como núcleo ou elemento externo fundamental o culto, no Império Romano, houve liberdade de crença sem liberdade de culto.

De outra banda, Mendes e Branco discordam ensinando que a liberdade de crença é um dos desdobramentos do plexo de direitos da liberdade religiosa. Para eles, "na liberdade religiosa incluem-se a liberdade de crença, de aderir a alguma religião, e a liberdade do exercício do culto respectivo"[276].

Apesar da discordância de Mendes e Branco, a distinção do conteúdo das liberdades de crença e de religião resta clara até sob o ponto de vista prático. Algumas teocracias, como, por exemplo, o Paquistão, possuem a liberdade de crença prevista em seus textos constitucionais; todavia, os direitos ligados à liberdade religiosa tais, como o proselitismo e o culto, são fortemente mitigados[277]. Ou seja, as pessoas no Paquistão podem ter a religião que quiserem (*belief*), mas terão problemas ao mudar de religião e, especialmente, se praticarem seus dogmas publicamente (*action*).

[275] GODOY, 2001.

[276] MENDES; BRANCO, 2021. p. 327.

[277] Análise da ACN, entidade que atua em defesa da liberdade religiosa em todo o mundo: https://www.acn.org.br/analise-regional-oriente-medio-e-norte-da-africa. Mapa de perseguição religiosa elaborado pela ONG internacional "Portas Abertas": https://bit.ly/portasabertasmapamundial. Acesso em: 02 mar. 2022.

3.
AS CONEXÕES DA LIBERDADE RELIGIOSA

3.1. Dignidade da Pessoa Humana

A liberdade religiosa é consagrada na Constituição Brasileira de 1988 como um Direito fundamental, resguardada em todas as suas dimensões: a expressão, o culto e a liberdade de organização religiosa. Trata-se de uma liberdade ligada diretamente à dignidade da pessoa humana e inata ao homem, decorrente da importância da religião[278] ao ser humano, como necessidade antropológica[279] [280] sendo também essencial para a

[278] "A relevância jurídica do fato religioso está inscrita na relevância social. Como uma cascata, cada um desses aspectos nos leva ao seguinte: aspecto social, aspecto jurídico e aspecto – que estudaremos mais adiante – cívico ou político. Quanto a relevância jurídica do fato social religioso, é geralmente admitida como "*ubi societas ibi ius*": onde existe sociedade, existe o Direito, porque o Direito é aquele que estrutura o grupo social organizado. E se o fato religioso tem uma tradução social imediata, como vimos, dando origem a comunidades ou confissões religiosas, que adquiriram na história uma grande difusão, dotada de organização, atividades e meios, é evidente que ali pode e se faz presente a norma legal que regulamente esses aspectos" (BLANCO, V. 1, 1994, p. 31, tradução nossa).

[279] Aqui antropologia entendida como o estudo mais profundo do homem, em todas as suas dimensões, então a religião como necessidade antropológica seria nesse sentido, visto que responde as perguntas primordiais do homem: quem sou, para onde vou e por que estou aqui.

[280] ADRAGÃO, 2002, p. 217.

democracia. Para muitos, a *primus inter pares*[281], um legítimo *cluster right*[282], sendo amplamente exigível, independentemente se positivada ou não[283]. O Ministro do STF, André Mendonça, descortina a liberdade religiosa...

> Como um verdadeiro *cluster right,* ou um feixe agrupador de direitos, todos ligados ao fundamento da dignidade da pessoa humana – afinal, para a maior parte dos seres humanos, a religião, mais do que direito ou liberdade, é uma necessidade humana fundamental – a liberdade religiosa encontra na ordem jurídica sua necessária proteção, com a consequente delimitação das ações do Estado visando a garantia dos direitos nela agregados[284].

[281] "A este propósito, tornaram-se clássicas as considerações de Jemolo que, embora não creia que exista uma hierarquia das liberdades, admite que a afirmação, que frequentemente se ouve enunciar, da liberdade religiosa como a primeira entre as liberdades, possa ter algum fundamento. E esse fundamento reside, segundo o ilustre jurista, em dois argumentos: na importância desta liberdade para o homem religioso e na antiguidade da polêmica que sobre ela se estabeleceu. Escreve Jemolo: '[...] para o homem religioso nada conta mais do que este aspecto da vida, a possibilidade de comunicar com Deus nos modos que considera mais adequados'. Simultaneamente, ao homem verdadeiramente religioso, repugna a religião coagida, repugna a hipocrisia. A segunda razão apontada consiste na antiguidade e permanência da polêmica sobre a liberdade religiosa: a liberdade religiosa é a primeira liberdade em torno da qual, historicamente, se acende a polêmica: como já se referiu, o problema da liberdade religiosa data do surgimento do cristianismo, no final da Antiguidade" (ADRAGÃO, 2002, p. 217).

[282] Leciona Cortés que a liberdade religiosa é uma liberdade substancial no plexo de liberdades civis fundamentais, sendo a raiz de todos os direitos básicos e inalienáveis do ser humano (1986, p. 108). Por seu turno, Machado afirma que a liberdade religiosa é central no sistema político de qualquer democracia e estruturante do Estado Constitucional Moderno (MACHADO, Tempestade perfeita? Hostilidade à liberdade religiosa no pensamento teorético-jurídico", in: MAZZUOLI; SORIANO, 2009, p. 113). Weingartner Neto assevera: "Nesta sede, pretende-se plantar as bases do conceito jurídico da liberdade religiosa pensada como um direito complexo (um *cluster right*) de vertentes subjetivas (titulares pessoas físicas e jurídicas) e objetivas – que se reveste, assim, de dimensões negativas e positivas e vincula os órgãos estatais e os particulares, sendo importante diferenciá-la do direito fundamental matricial da liberdade de consciência" (2006, p. 243). Para Oliveira: "A liberdade religiosa e sua expressão através dos simbolismos inerentes a cada uma delas é um dos direitos mais fundamentais do ser humano, pois está relacionada não somente ao modo como a pessoa estabelece uma ligação do divino com a vida terrena, mas, sobretudo, a uma ponte para o mundo transcendente" (2018, p. 76).

[283] SILVA, 2016, p. 18.

[284] MENDONÇA, 2022, p. 210.

Aliás, a explicação ofertada pelo Ministro do STF, André Mendonça, sobre o porquê a liberdade religiosa possui a alcunha de "a primeira das liberdades" é digna de nota e de ser reproduzida na íntegra. Sob o ponto de vista histórico e sociológico a religião é uma necessidade humana fundamental e, assim, o ser humano em maior ou menor intensidade possui necessidades transcendentais:

> Nisto reside a explicação do título desse texto, ou seja, de se estar diante não apenas de um direito – que também é uma necessidade – de natureza fundamental, mas de uma liberdade desde sempre buscada pelos seres humanos. Oportuno advertir, contudo, que o qualificativo não traduz qualquer perspectiva de hierarquia constitucional entre os direitos fundamentais, até porque tal hierarquização acabaria por desnaturá-los completamente, desfigurando, inclusive, a própria harmonia do complexo normativo constitucional.
>
> Assim, quando a doutrina utiliza a expressão "primeira liberdade", além da alusão clara à primeira emenda ao texto constitucional norte-americano, também se remete para a essencialidade da religião para a sociedade e, por extensão lógica, para o legítimo reconhecimento deste anseio humano, alçando a liberdade religiosa a uma posição historicamente destacada em relação às demais liberdades[285].

Antes de adentrar na conceituação e no âmbito de proteção da liberdade religiosa, faz-se necessário demonstrar sua direta conexão com o princípio da dignidade da pessoa humana, conforme ensinamentos de unânime doutrina e jurisprudência[286]. Souza demonstra que a liberdade religiosa é uma liberdade vinculada diretamente à pessoa humana oponível ao Estado, o qual deve apenas respeitá-la. A fundamentalidade e a essencialidade da conexão da espiritualidade com a dignidade humana resultam no tratamento garantista esposado nos mais diversos sistemas constitucionais e tratados internacionais[287]. A própria religião é antecedente a qualquer ideia de Estado[288] e contemporânea ao surgimento da

[285] Ibidem, 2022, p. 215-6.

[286] MACHADO, 1996, p. 192.

[287] SOUZA, 2021, p. 51.

[288] "Das primeiras sociedades primitivas até Sócrates, a religião e o secular eram uma coisa só. Para as primeiras sociedades primitivas, como por exemplo as de agricultores, o ato de arar e

humanidade, sendo sua preservação o objeto último da liberdade religiosa, devendo o Estado apenas reconhecer e garantir sua fruição.

Álvarez, ao analisar o exercício da liberdade religiosa nos espaços públicos, demonstra sua ligação direta com à dignidade da pessoa humana, visto ser um elemento essencial da identidade do ser humano[289]. Isso acontece porque a religião oferece ao fiel respostas para as perguntas essenciais da vida, remetendo tais assertivas à divindade cultuada e ao modo de vida que esse mesmo fiel vai seguir daí em diante[290]. Por esse motivo, a liberdade religiosa "não impede a colaboração com confissões religiosas, em benefício do interesse público"[291]. Isto é, a liberdade religiosa serve como propulsor para o bem comum, que é objetivo primaz do interesse público e um desdobramento da dignidade da pessoa humana.

A compreensão sobre origem, vocação, profissão, família, procriação, política, cidadania e, sobretudo, a segurança para decidir o caminho a ser tomado em cada uma dessas áreas é o ambiente sinônimo de dignidade da pessoa humana. O papel da liberdade religiosa é de proteger o *action* (externalização) da crença que oferece sentido para a fruição e a efetivação dos demais direitos. Isso significa que, por fornecer acepção para essas áreas essenciais na existência humana, a liberdade religiosa faz parte do âmago do ser humano[292]. Quando ela é desrespeitada, a substância da pessoa religiosa é atacada, e consequentemente a sua dignidade é ultrajada[293].

A dignidade da pessoa humana flui do valor intrínseco do ser humano, que possui um fim nele mesmo[294]. "É porque o homem possui esse valor

cultivar a terra era sagrado em si, assim como, para as sociedades de caçadores e coletores, o ato de caçar e coletar o alimento também o era. Não existia sequer uma distinção. Os atos mais simples da vida humana eram sagrados. O fato é que a completude da vida dessas pessoas estava visceralmente ligada à sua religião" (VIEIRA; REGINA, 2021, p. 40).

289 ALVAREZ, 2010, p. 29.

290 Além de exercer o "papel de procurar confortar o homem diante da certeza da morte, dando-lhe o caminho para se alcançar a salvação, a vida eterna, por meio da fé" (CHEHOUD, 2017, p. 25).

291 MENDES; BRANCO, 2021, p. 143.

292 "A liberdade religiosa está absolutamente relacionada com a dignidade da pessoa humana e com a cidadania. Cidadania, segundo a clássica definição de Hannah Arendt, é o "direito de ter direito"" (CHEHOUD, 2017, p. 96).

293 MAZZUOLI; SORIANO, 2009, ps. 130-7.

294 Kant afirma que o ser humano não pode ser usado como meio, sendo um fim em si mesmo: "Agora eu afirmo: o homem — e, de uma maneira geral, todo o ser racional — existe como

interno que tem direito às liberdades civis fundamentais, às liberdades políticas e aos direitos sociais"[295]. Sarlet, citando Paulo Bonavides, conclui: "Princípio supremo no trono da hierarquia das normas; esse princípio não deve ser outro senão aquele em que todos os ângulos éticos da personalidade se acham consubstanciados"[296].

No séc. V, o Papa São Leão Magno[297] sustentou que os seres humanos são detentores de dignidade pelo fato de Deus tê-los criado a Sua imagem e semelhança e "que, ao tornar-se homem dignificou a natureza humana, além de revigorar a relação entre o homem e Deus mediante a voluntária crucificação de Jesus Cristo" (p. 35). Machado revela que foi a partir da leitura dos primeiros capítulos de Gênesis, primeiro livro da Bíblia, que John Locke extrai a exegese de que naturalmente todos os seres humanos, homens e mulheres, possuem dignidade, lançando bases, a partir dessa premissa do contrato social e da democracia moderna. "A Bíblia é o escrito da antiguidade onde a mulher é tratada com a maior dignidade e elevação, surgindo numa relação de paridade e complementariedade na relação com o homem"[298].

Os clássicos Boécio e Tomás de Aquino[299] demonstram que a dignidade da pessoa humana, além de estar ligada à racionalidade do homem pelo fato de ser o único ser vivo detentor de razão, está ligada ao fato de o ser

fim em si mesmo, e não apenas como meio para uso arbitrário desta ou daquela vontade. Em todas as suas ações, pelo contrário, tanto nas direcionadas a ele mesmo como nas que o são a outros seres racionais, deve ser ele sempre considerado simultaneamente como fim" (KANT, 2004, p. 52). Continua: "Todos os seres racionais estão, pois, submetidos a essa lei que ordena que cada um deles jamais se trate a si mesmo ou aos outros simplesmente como meios, mas sempre simultaneamente como fins em si" (p. 60). Da mesma forma, afirma Silva: "A dignidade é atributo intrínseco, da essência, da pessoa humana, único ser que compreende valor interno, superior a qualquer preço, que não admite substituição equivalente. Assim, a dignidade entranha e se confunde com a própria natureza do ser humano" (2009, p. 48). "O princípio da dignidade da pessoa humana resulta da compreensão de que cada ser humano existe como um fim em si mesmo" (SANTOS JR., 2007, p. 44).

295 VIEIRA; REGINA, 2021, p. 236.

296 SARLET, 2019, p. 88.

297 O primeiro "Papa Leão" da história da Igreja Católica Apostólica Romana.

298 MACHADO, 2013, p. 36.

299 "No período da Idade Média, Anicio Manlio Severino Boécio, cujo pensamento foi (em parte) posteriormente retomado por São Tomás de Aquino, formulou, para a época, um novo conceito de pessoa e acabou por influenciar a noção contemporânea de dignidade da pessoa

humano participar do divino, tendo sido criado a imagem e semelhança de Deus. Leciona Boécio:

> E ela (Filosofia) disse: achas que este mundo é conduzido por fatos acidentais e governado pela Fortuna, ou achas que é governado por uma Razão? Eu (Boécio) respondi: seria impossível crer que universo tão bem ordenado fosse movido pelo cego acaso: sei que Deus preside aos destinados à Sua obra, e nunca me desapegarei dessa verdade[300].

Completa Tomás de Aquino:

> O homem é considerado imagem de Deus, não pelo corpo, mas pelo que o torna mais excelente que os outros animais; por isso, a Escritura, depois de ter dito (Gn I, 26): Façamos o homem à nossa imagem e semelhança, acrescenta: O qual presida aos peixes do mar etc. Ora, o homem é mais excelente que todos os animais, pela razão e pelo intelecto. Donde, pelo intelecto e pela razão, que são incorpóreos, é a imagem de Deus[301].

Machado[302] lança luzes à concepção judaico-cristã[303] de que o homem é digno por ser portador do *Imago Dei*, como ensinado por Boécio e Tomás de Aquino; entretanto, é cuidadoso ao lembrar que o conceito da dignidade humana sofreu impactos da neutralidade confessional, da racionalização e da secularização[304]. Em suma, o conceito de dignidade da pessoa humana não deve ser utilizado como se fosse propriedade de

humana ao definir pessoa como substância individual de natureza racional" (SARLET, 2019, p. 35).

300 BOÉCIO, 2019, p. 20.

301 TOMÁS DE AQUINO, 1980, p. 23.

302 MACHADO, 1996, p. 193.

303 "A visão judaica de um Deus único e racional, do qual o ser humano é imagem e semelhança, garantia a possibilidade de conhecer a verdade, séculos antes de começar a filosofia grega" (COELHO, 2022, p. 18).

304 "É bom lembrar que, embora a ideia de dignidade humana tenha sido inicialmente construída a partir da doutrina cristã de que todos os homens são iguais perante Deus, com o decorrer dos tempos veio a ganhar foros de autonomia em relação à concepção teológica, passando a ser afirmada em outras bases, tais como a razão humana ou evolução do processo histórico" (SANTOS JR., 2017, p. 49).

uma única religião, devendo admitir o maior número de pessoas em uma comunidade jurídico-política que tenha a pluralidade como garantia constitucional[305] e a liberdade de escolha como guia para a decisão de qual religião seguir. Apesar da raiz cristã da ideia de dignidade da pessoa humana, ela não é um monopólio dos que professam a religião cristã, mas de todos os seres humanos.

Contudo, o fato é que a própria construção do princípio da dignidade da pessoa humana está ligada a uma cosmovisão religiosa, o que, *per se*, demonstra a íntima relação entre religião e dignidade da pessoa humana[306]. Chehoud lembra que "a liberdade religiosa, essencial à vida de cada pessoa e à sobrevivência da sociedade, até de forma a se evitar o caos, é Direito fundamental[307], absolutamente conectado à dignidade humana"[308].

> Ou seja, existem direitos mais vinculados à dignidade da pessoa e ao livre desenvolvimento de sua personalidade. Nesse sentido, parece claro que, entre os direitos mais diretamente vinculados à dignidade humana, o direito à liberdade religiosa não pode ser omitido[309].

[305] "A liberdade religiosa é, aliás, condição *sine qua non* de qualquer sistema político pluralista e não se dá onde o pluralismo não é possível" (ADRAGÃO, 2002, p. 410).

[306] "Historicamente, a dignidade da pessoa humana encontra-se ligada ao Cristianismo. Sua fundamentação está amparada no fato de que o homem foi criado à imagem e à semelhança de Deus" (SILVA NETO, 2020, p. 130). Miranda, em sua obra seminal "Direitos Fundamentais", indica o porquê de a dignidade da pessoa humana se encontrar intimamente ligada ao Cristianismo, verticalizando ainda mais nos motivos teológico-religiosos do que foi revelado em Sarlet: "É com o Cristianismo que todos os seres humanos, só por o serem e sem acepção de condições, são considerados pessoas dotadas de um eminente valor. Criados à imagem e à semelhança de Deus, todos os homens e mulheres são chamados à salvação através de Jesus que, por eles, verteu o Seu sangue. Criados à imagem e à semelhança de Deus, todos têm uma liberdade irrenunciável que nenhuma sujeição política ou social pode destruir" (2019, p. 20).

[307] "Hoje, a liberdade religiosa é direito fundamental da pessoa humana, consagrado nas constituições dos diversos estados democráticos e também nos principais tratados internacionais de direitos humanos. Assim, não se trata apenas de direito natural, sem força jurídica vinculante. É conquista sem a qual não pode haver paz social e a convivência harmoniosa entre as diversas concepções religiosas existentes na sociedade, incluindo ateus e agnósticos" (SORIANO, 2009, p. 165).

[308] CHEHOUD, 2017, p. 20.

[309] ÁLVAREZ, 2010, p. 29, tradução nossa.

Não há dignidade humana, sem o exercício pleno das liberdades de crença e religiosa.

3.2. Liberdade de Expressão

Ao passo que a liberdade de crença protege o *belief* – o Direito de crer/não crer/manter e mudar de crença –, a liberdade religiosa é o *action*, isto é, a exteriorização do *belief*, desdobrando-se nas dimensões protetivas à expressão, ao proselitismo, ao ensino, à assistência, ao culto e à organização religiosa. Todos esses desdobramentos estão diretamente ligados à liberdade de crença e, com ela, formam a unidade essencial entre o *belief* e o *action* ensinados por Machado e mencionados nos tópicos anteriores.

Os desdobramentos da liberdade religiosa dependem de outra liberdade para se efetivar no mundo dos fatos, qual seja a liberdade de expressão. Assim como a liberdade de pensamento e a liberdade de consciência são importantes liberdades de foro íntimo para o perfeito exercício da liberdade de crença, a liberdade de expressão se apresenta como "uma forma de operacionalização e externalização daquelas liberdades e dá ensejo a especializar-se a liberdade religiosa como *locus* fundamental da consciência e da expressão religiosa"[310]. A liberdade de expressão se torna uma espécie de ponte para o exercício da religiosidade humana, visto que a expressão é um dos meios para o fim da fé. Dito de outra forma: a liberdade de expressão é uma espécie de "liberdade meio" para o exercício da liberdade religiosa.

A liberdade religiosa vai além de sua vertente negativa, que guarda relação com a exigência de o Estado (ou qualquer outro ente) não impor qualquer religião ou impedir alguém de mudar de religião, para a vertente positiva em que o Estado deve permitir e garantir que o fiel expresse livremente sua fé e cumpra os deveres inerentes a ela, tanto em matéria de culto, proselitismo e ensino[311]. Na ADI de nº 2566, o STF comungou do mesmo entendimento:

> AÇÃO DIRETA DE INCONSTITUCIONALIDADE. DIREITO CONSTITUCIONAL. LEI N. 9.612/98. RÁDIODIFUSÃO COMUNITÁRIA. PROBIÇÃO DO PROSELITISMO. INCONSTITUCIONALIDADE. PROCEDÊNCIA DA AÇÃO DIRETA. 1. A liberdade de expressão representa

[310] SOUZA, 2021, p. 38.

[311] MIRANDA, 1993, p. 359.

tanto o direito de não ser arbitrariamente privado ou impedido de manifestar seu próprio pensamento quanto o direito coletivo de receber informações e de conhecer a expressão do pensamento alheio. 2. Por ser um instrumento para a garantia de outros direitos, a jurisprudência do Supremo Tribunal Federal reconhece a primazia da liberdade de expressão. 3. A liberdade religiosa não é exercível apenas em privado, mas também no espaço público, e inclui o direito de tentar convencer os outros, por meio do ensinamento, a mudar de religião. O discurso proselitista é, pois, inerente à liberdade de expressão religiosa. Precedentes. 4. A liberdade política pressupõe a livre manifestação do pensamento e a formulação de discurso persuasivo e o uso dos argumentos críticos. Consenso e debate público informado pressupõem a livre troca de ideias e não apenas a divulgação de informações. 5. O artigo 220 da Constituição Federal expressamente consagra a liberdade de expressão sob qualquer forma, processo ou veículo, hipótese que inclui o serviço de radiodifusão comunitária. 6. Viola a Constituição Federal a proibição de veiculação de discurso proselitista em serviço de radiodifusão comunitária. 7. Ação direta julgada procedente (BRASIL, STF, 2018).

A liberdade de expressão do fiel é fundamental para que ele possa viver a vida conforme seus preceitos, bem como ser respeitado na esfera pública. A exposição dos credos e dogmas da pessoa religiosa, por meio da liberdade de expressão mitiga a intolerância, violência e o ódio, que muitas vezes acontecem pelo desconhecimento e ignorância.[312]

> A própria Constituição Federal coloca como inviolável a liberdade de consciência e de crença, sendo assegurado o livre exercício dos cultos religiosos e garantida, na forma da lei, a proteção aos locais de culto e a suas liturgias, razão pela qual o Estado deve promover o amplo conhecimento de toda e qualquer manifestação para buscar, indistintamente, o cumprimento dos Fundamentos da República e da liberdade de expressão[313].

Desta forma, a conexão da liberdade religiosa com a liberdade de expressão é essencial para que possa ser exercida com efetividade. O sistema político em que a liberdade de expressão é mitigada, certamente a liberdade religiosa será prejudicada.

312 SGRIGNOLLI; PADIN, 2020, p. 43.

313 Ibidem.

4.
AS FUNÇÕES DA LIBERDADE RELIGIOSA

4.1. Dimensão objetiva da liberdade religiosa – função estruturante

O religioso é um cidadão que integra a sociedade política[314]; a liberdade religiosa exerce o papel garantidor de que ele não terá seus direitos civis e políticos limitados em razão da sua fé.

A liberdade religiosa, além de seu natural viés protetivo, resulta na viabilização de um ecossistema variado de crenças e credos, não sendo possível "ignorar as repercussões da liberdade religiosa em diversos aspectos da vida social"[315]. O que, de certa forma, remete à dimensão positiva de liberdade[316]: a perspectiva da liberdade religiosa como uma expressão da lei natural, já que implica em uma espécie de extensão da própria

[314] Ensina Maritain: "O homem é, simultaneamente, membro do corpo político e dessa sociedade supratemporal que é a Igreja, caso participe da Igreja. Sua personalidade ficaria dividida em duas partes se sua participação temporal fosse secionada de sua participação espiritual. As duas participações têm de estar sempre em conexão e contato. Ora, um contato e uma conexão reais ou representam um contato e uma conexão de antagonismo ou então constituem um contato e uma conexão de auxílio mútuo" (1966, p. 174).

[315] ADRAGÃO, 2002, p. 185.

[316] No mesmo diapasão, Gaitotti Silva diz: "Há desta forma, uma dimensão positiva da liberdade de religião, segundo o qual o Estado deve assegurar a permanência de um espaço para o desenvolvimento adequado de todas as confissões religiosas. Cumpre a ele empreender esforços e zelar para que haja essa condição estrutural propícia ao desenvolvimento pluralístico das convicções pessoais sobre religião e fé" (2016, p. 1010).

existência humana. Trata-se de uma modalidade de lei que representa a constituição do homem, bem como a natureza extrínseca do seu ser, assim como a liberdade religiosa se refere à dimensão externa do ato de crer (HERVADA, 2013, p. 356).

A ação humana do *homo religiosus* é decorrente dos próprios dogmas[317] da fé respectiva, por conseguinte, supera a simples manifestação e divulgação da crença. Nesse sentido, a liberdade religiosa não deve ser entendida apenas como "um direito fundamental, mas também como um princípio constitucional que expande seus efeitos mais além de uma ou outra disciplina jurídica para impregnar a vida pública e as instituições estatais"[318] ou, como ensinam Viladrich e Ortiz, "um princípio de organização social e de configuração política, porque contém uma ideia ou definição de Estado"[319].

O plexo de direitos decorrentes da liberdade religiosa assegura a todos o gozo de direitos civis e políticos[320], além, é claro, da possibilidade de conformar suas consciências e ações de acordo com a doutrina professada[321]. O magistério de Miranda é assertivo: "Sem plena liberdade religiosa em todas as suas dimensões — compatível com diversos tipos jurídicos de relações das confissões religiosas com o Estado — não há plena liberdade cultural, nem plena liberdade política"[322]. Na obra "Laicidade Colaborativa Brasileira", em coautoria com Regina, dizemos:

> [...] todas as atividades que o ser humano realiza ou em que deposita suas esperanças, aquela que define sua relação com Deus lhe é a mais sagrada, ocupando um lugar privilegiado. O encontro da pessoa humana com a Pessoa Divina requer um espaço de liberdade que transcende a existência do próprio Estado e sua estrutura. Se o Estado não conseguir respeitar esse primeiro âmbito de liberdade, nascente no coração de cada um, não há outro espaço da vida humana que não sofrerá diretamente a intromissão estatal. Ou seja,

[317] A "moralidade" do tripé divindade/moralidade/culto do conceito substancial-objetivo de religião.

[318] ÁLVAREZ, 2010, p. 34.

[319] VILADRICH; ORTIZ, 1996 *apud* ADRAGÃO, 2002, p. 248.

[320] CHEHOUD, 2017, p. 96.

[321] COLLAÇO, 1918, ps. 660-2.

[322] MIRANDA, 1993, 248.

se o Estado conquistar o espaço sagrado da relação Deus-Homem, terá toda a atividade humana aos seus pés[323].

No mesmo diapasão, Rubio López afirma que, onde a liberdade religiosa é negada, todas as outras liberdades civis fundamentais "desaparecem diante da sombra crescente do Estado, e todo o edifício das liberdades é alterado. Mais ainda, anulado esse espaço de primeira imunidade, o Estado é tentado a usurpar o lugar de Deus e se torna instrumento de manipulação e opressão"[324].

A liberdade religiosa é uma das características de um Estado democrático e plural, visto que possui o condão de reconhecer e proteger a diversidade religiosa existente e o consequente pluralismo de ideias daí decorrente[325]. A partir dessa ideia, Adragão[326] desenvolve o pensamento de que a liberdade religiosa tem um caráter essencial para a própria existência de um sistema político pluralista, o que tornaria a liberdade religiosa em um direito absoluto. O fundamento de Adragão está na doutrina do ordenamento jurídico português que afiança os direitos fundamentais presentes no art. 19 da Constituição Portuguesa como absolutos, incluindo o ponto 6 que protege a liberdade de consciência e de religião[327]. Contudo, o próprio Adragão reconhece que a liberdade religiosa está sujeita a limites[328], na mesma toada de entendimento de Mill[329] e Sousa Franco[330]. Para esses, a autoproteção e a promoção da ordem pública são a tônica para colocar limites em uma liberdade.

Posto isso, a liberdade religiosa não possui apenas a função de garantir a manifestação e a divulgação religiosa e a realização dos cultos,

[323] VIEIRA; REGINA, 2021, p. 139.

[324] RUBIO LOPEZ, 2006, p. 578, tradução nossa.

[325] BLANCO, 1993, p. 155.

[326] ADRAGÃO, 2002, p. 410.

[327] "A declaração do estado de sítio ou do estado de emergência em nenhum caso pode afetar os direitos à vida, à integridade pessoal, à identidade pessoal, à capacidade civil e à cidadania, a não retroatividade da lei criminal, o direito de defesa dos arguidos e a liberdade de consciência e de religião" (PORTUGAL, 1976).

[328] ADRAGÃO, 2002, p. 411.

[329] MILL, 2017, p. 82.

[330] SOUSA FRANCO, 1967, p. 129.

conforme suas liturgias[331], visto que também possui "uma função ativa, dirigida a conformar o próprio espírito do ordenamento do Estado"[332]. A liberdade religiosa e as demais liberdades são o centro do ordenamento constitucional de qualquer Estado nacional, superando a ideia passiva de tutelar direitos e garantias individuais para ser um elemento estruturante do próprio Estado (ibidem)[333]. Souza ensina que a dimensão objetiva da liberdade religiosa representa um "verdadeiro princípio objetivo informador, conformador e limitador das tarefas do Estado e da vida em comunidade"[334], isso porque a "sua força de elemento de garantia institucional do ordenamento jurídico reforça a relevância do fenômeno religioso para todos os âmbitos da vida conectados a valores albergados ao patamar constitucional"[335]. O próprio STF, na ADI 4439 de relatoria do Ministro Ayres Britto, asseverou a dimensão objetiva da liberdade religiosa como estrutural do Estado:

> A relação entre o Estado e as religiões, histórica, jurídica e culturalmente, é um dos mais importantes temas estruturais do Estado. A interpretação da Carta Magna brasileira, que, mantendo a nossa tradição republicana de ampla

[331] Teraoka categoriza a liberdade religiosa relativamente aos a) indivíduos, b) às organizações religiosas e c) ao Estado. A proteção à crença e à religiosidade da pessoa humana é o aspecto individual da liberdade religiosa. O aspecto estatal se traduz na separação Igreja e Estado e todos os instrumentos estatais que criam o âmbito de não interferência, tal como a imunidade tributária religiosa. Por fim, os aspectos coletivos da liberdade religiosa se revelam na proteção ao proselitismo, na livre organização religiosa, entre outros (2010, p. 60).

[332] LO CASTRO, p. 32.

[333] Lembrando de John Locke, para quem a liberdade está ligada à própria natureza da pessoa humana, despojá-la dela, seria como retirar do ser humano sua condição humana: "O poder absoluto arbitrário ou o governo sem leis fixas estabelecidas não se harmonizam com os fins da sociedade e do governo, por cujas vantagens os homens abandonam a liberdade do estado de natureza, se não fosse para preservar-lhes a vida, liberdade e a propriedade, e para garantir-lhes, com suas normas estabelecidas de direito e de propriedade, a paz e a tranquilidade. Não é viável imaginar que quisessem, posto que pudessem fazê-lo, conceder a um ou mais homens um poder arbitrário sobre as pessoas e propriedades, que pusesse nas mãos do magistrado as força para executar tiranicamente a própria vontade. Fazer isso, seria colocar-se em condição pior que o estado de natureza, quando tinham ao menos a liberdade de defender o próprio direito contra as agressões e dispunham da mesma força para sustentá-lo, fosse tal direito atacado por um só homem ou por muitos" (2006, p. 101).

[334] SOUZA, 2021, p. 54).

[335] Ibidem.

liberdade religiosa, consagrou a inviolabilidade de crença e cultos religiosos, deve ser realizada em sua dupla acepção: (a) proteger o indivíduo e as diversas confissões religiosas de quaisquer intervenções ou mandamentos estatais; (b) assegurar a laicidade do Estado, prevendo total liberdade de atuação estatal em relação aos dogmas e princípios religiosos[336].

Isso posto, a primeira função da liberdade religiosa é de ordenar e estruturar o próprio sistema político em que se encontra, sendo seu princípio ativo no sentido de:

1. Garantir o pluralismo de ideias emanado de um ecossistema variado de crenças, fundamento de qualquer democracia plural e inclusiva.
2. Ser um princípio de organização social e de configuração política, porque contém uma ideia ou uma definição de Estado oriundo da cosmovisão e dos sistemas de valores das confissões religiosas.
3. Potencializar o exercício e o gozo dos direitos civis e políticos. A pessoa religiosa que possui os âmbitos de sua crença e seu exercício protegidos exerce os direitos civis e políticos com a tranquilidade de que aquilo que lhe é mais sagrado não será tolhido nem violado pelo Estado.
4. Ser a pedra nodal do sistema de liberdades, visto que, se o ser humano tem negado seu direito mais íntimo de crer e de exercer sua crença pelo Estado, todas as outras liberdades serão prejudicadas, seja diretamente pelo Estado, seja pela aniquilação da autonomia da vontade da pessoa religiosa de exercê-los.

Na mesma toada, leciona o Ministro do STF, André Mendonça:

> A uma só vez, ela é garantidora (i) da soberania do povo brasileiro, unido em torno de valores amalgamados pela rica tradição e história, contributo, diga-se, de todas as confissões de fé e prática religiosa que aqui coexistem; (ii) da cidadania, pois a religião e seu âmbito de proteção permitem a plenitude da participação do indivíduo nas "coisas da cidade", inclusive porque o bem comum é virtude a ser buscada e exercida por todos aqui e agora; (iii) da dignidade da pessoa humana, pois não há vida digna sem que as necessidades

[336] BRASIL, 2012.

humanas fundamentais sejam satisfeitas, e a fé e a questão existencial estão entre elas; (iv) dos valores sociais do trabalho e da livre iniciativa, que não aconteceriam caso não fossem expressões de uma moralidade que molda o ocidente há cerca de dois milênios; e (v) do pluralismo político, uma vez que as diferentes crenças moldam diferentes visões de mundo, evitando-se o monismo de ideias que pode levar ao controle e dominação. Nesse sentido, a liberdade religiosa passa a ser um cluster dos próprios fundamentos constitucionais da República e da ordem democrática e constitucional[337].

4.2. Dimensão subjetiva da liberdade religiosa – função protetiva

A dimensão subjetiva da liberdade religiosa é revelada no âmbito de sua proteção, daí decorre sua função protetiva. Trata-se de direito público subjetivo fundamental, conferindo direitos e poderes ao seu titular, com o consequente livre exercício, tanto na vertente positiva quanto na negativa da liberdade, em um espaço de não interferência estatal ou de outros entes, grupos[338] e pessoas[339]. Da teocracia imposta pela religião dominante e das consequentes perseguições às minorias religiosas declaradas heréticas pelo princípio *cuius regio eius religio*, em que a religião de todos deveria ser a do príncipe[340], a luta sempre foi constante pelo direito de crer e, notadamente, de expressar e viver conforme essa crença; portanto, a liberdade religiosa deve sempre ser interpretada e aplicada nos termos mais abertos e inclusivos possíveis[341].

A generalidade do âmbito da proteção da liberdade religiosa é fundamental para albergar todos aqueles que possuem uma crença, razão pela

[337] MENDONÇA, 2022, p. 224-5.

[338] Esses outros "grupos e pessoas" podem ser, como ensina Machado, evidenciados na constante luta de minorias religiosas contra a "coligação teológica-política" dominante (p. 200).

[339] SOUZA, 2021, p. 54.

[340] Magalhães Filho traz uma importante contribuição para a concepção do princípio "*cuius regio eius religio*" a partir da escola alemã: "Os alemães distinguem a *Volkskirche* (igreja-povo) e a *Gemeindekirche* (igreja-comunidade). [...] A adesão [*Volkskirche*] de seus membros é forçada por uma autoridade social (cristandade) ou garantida pela coesão social (sociedade rural). A segunda [*Gemeindekirche*] é de adesão voluntária. A *Gemeindekirche* não se funde com o Estado e libera-se de motivações cosmológicas" (2014, p. 151). De certa forma, a *Volkskirche* dos alemães além de guardar relação com o princípio *cuis regio eius religio*, guarda com o *libertas ecclesiae*. Continua Magalhães Filho: "A *Volkskirche* está em decomposição desde a Idade Média. O seu fim é o término da cristandade ou da era constantiniana" (2014, p. 151).

[341] SOUZA, 2021, p. 200.

qual a importância da definição de religião foi trabalhada no capítulo anterior. Quem é protegido pela liberdade religiosa? Os adeptos das religiões dominantes e/ou tradicionais ou todos aqueles que se declaram religiosos? Por certo, o conceito tipológico de religião responde a essa pergunta. O âmbito da proteção da liberdade religiosa tutela "todas as formas de experiência religiosa individual e coletiva, tanto maioritárias como minoritárias, sendo certa que estas últimas devem ser objeto de uma particular atenção, porque situadas numa posição de maior vulnerabilidade"[342].

O fenômeno religioso deverá ser analisado de maneira compreensiva para que o plexo de direitos decorrentes da liberdade religiosa seja plenamente exercido por seus titulares. Adragão enumera quatro elementos importantes para tal compreensão:

1. A liberdade religiosa visa, em primeiro lugar, uma liberdade de relação com uma autoridade transcendente, isto é, com a divindade suprema. A este respeito, anota-se que, "se todas as ideias religiosas são convicções, nem todas as convicções são de natureza religiosa (ateísmo, agnoscitícismo, naturalismo, ideologias políticas etc.).
2. A liberdade religiosa visa, seguidamente, um ato de fé pessoal, que não pode ser determinado coletivamente, como nos tempos da *cuius regios, eius religio*.
3. Para que seja pessoal, é necessário que este ato de fé seja emitido livremente.
4. Este ato de fé pessoal e livre na transcendência divina deve poder também exprimir-se publicamente[343].

O importante é encontrar na religião minoritária que reclama a proteção da liberdade religiosa os elementos considerados típicos do fenômeno religioso, especialmente dentro do tronco de "parecenças de família" que mais se identifica. Uma vez verificado que tal candidata à religião se configura como tal, deverá ser tutelada em todos os desdobramentos da liberdade religiosa, começando pela proteção ao culto. O culto é um elemento substancial da religião, considerado, inclusive, uma das condições para uma religião ser acatada como tal por meio do conceito

342 Ibidem, ps. 200-1.

343 ADRAGÃO, 2002, ps. 182-3.

jurídico de religião substancial-objetivo. Para o conceito tipológico, o culto é um dos elementos externos mais comuns nas parecenças de família, sendo reconhecidamente um alicerce da religião a ser protegido pela liberdade religiosa. "Com efeito a prática religiosa conhece no exercício e ato de culto (*exercitium religionis*) um dos seus elementos fundamentais. A liberdade religiosa implica a liberdade de atividade cultual"[344], tendo por núcleo essencial o culto[345], que é um elemento típico do fenômeno religioso[346].

Adragão, citando outros importantes autores, afirma: "Como se depreende da análise da noção de religião, dimensão essencial da liberdade religiosa é a liberdade de culto (GOMES CANOTILHO/JÓNATAS MACHADO): como refere MARQUES DOS SANTOS, a liberdade religiosa não é concebível sem a liberdade de culto"[347]. Na continuidade, Adragão lança luzes ao parecer de Antunes Varela e Blanco de Morais em que estabelece que a definição de uma confissão religiosa passa por quatro elementos: o institucional (organização institucional), o humano (presença de fiéis), o doutrinário (a ideia de moralidade) e, por fim, a existência do culto, por meio de rituais e práticas litúrgicas ligadas ao elemento doutrinário[348]. Arremata: "O conceito de confissão religiosa remete necessariamente para o conceito de religião: por isso é que, como o próprio autor afirma, a sua *diferentia specifica* é o culto". Nota-se que o conceito que Adragão traz é o substancial-objetivo; todavia, de qualquer sorte, demonstra-se a substancialidade do culto sendo "um dos elementos geralmente considerados típicos do fenômeno religioso"[349].

A liberdade de culto é um dos desdobramentos da liberdade de crença, sendo a externalização[350] vívida da crença íntima. Chehoud corrobora a

[344] MACHADO, 1996, p. 229,

[345] "A liberdade de culto está para a liberdade religiosa como a liberdade de pesquisa científica para a liberdade de pesquisar científico" (MIRANDA, 2002, p. 473).

[346] ADRAGÃO, 2002, p. 406.

[347] Ibidem, p. 419.

[348] Ibidem, ps. 424-5.

[349] Ibidem, p. 406.

[350] Gaiotti Silva corrobora com esse entendimento, além de acrescentar que a liberdade de culto é a liberdade religiosa coletiva, fundamentado em Francisco de Paula Vera Urbano. O único retoque é no sentido de que o culto também pode ser derivado de um comportamento individual, como abordado nesta obra. Leciona Silva: "A liberdade de culto, para ele, decorre

importância da liberdade de culto ao observar que a religião não se resume a um corpo de doutrina que se encerra no intelecto do ser humano, mas cruza a razão e se ramifica nas práticas de culto e demais cerimônias religiosas[351]. O culto pode ser compreendido[352] por comportamentos individuais e/ou coletivos, mais ou menos religiosamente motivados e ritualizados, tais como: orações, certas formas de meditação e jejum, leituras e estudos de livros sagrados, homílias, pregações, procissões etc.[353]. Para Adragão, o culto é "a consecução de um conjunto de atividades rituais ou manifestações litúrgicas ligadas à doutrina religiosa perfilhada"[354].

De tais conceituações, decorre a substancialidade do fator moral e doutrinário das religiões e, por consequência, do direito ao ensino e ao proselitismo. Da mesma forma, o culto se reflete como núcleo essencial[355] de proteção da liberdade religiosa, pois é substancial e central à crença. Dito isso, o Estado deve se abster de perturbar e embaraçar o funciona-

da necessidade humana de manifestar externamente seu pensamento e sentimento religioso, buscando não somente uma satisfação emocional, mas também uma inclusão social, e, por essa razão, a liberdade de culto não é apenas um acidente, mas, sim, necessária para a liberdade religiosa, ou seja, pode-se dizer que a liberdade de culto é a liberdade religiosa coletiva. Para o direito, a liberdade de culto somente é objeto no que se refere ao externo, e não ao obséquio interno da fé". (2016, p. 22).

"O culto é a manifestação externa da crença, em reuniões públicas. É a manifestação da religião, através de adorações, venerações e liturgias públicas. Abrange os cultos internos (celebrados em templos) e externos (procissões, quermesses, caminhadas, etc.)" (TERAOKA, 2010, p. 50-1).

351 CHEHOUD, 2017, p. 61.

352 MACHADO,1996, p. 230.

353 Na mesma toada leciona Silva Neto: "Por consequência, sabendo-se ser inseparável a liberdade religiosa do livre exercício do culto e das liturgias, a norma constitucional amplia a proteção à liberdade de religião para assegurar à pessoa a livre escolha da forma como poderá adorar a divindade: cantando, dançando, meditando, tocando instrumentos" (2020, p. 38).

354 ADRAGÃO, 2002, p. 435.

355 Perazzo entende que o culto é substancial à religião, sendo um de seus elementos fundamentais: "A prática religiosa conhece no exercício de atos de culto um dos seus elementos fundamentais. É na celebração do culto que se exteriorizam os rituais característicos de cada religião. Quem tem o direito tem que ter os meios de exercer esse direito. O exercício da liberdade de culto consiste no direito de prestar homenagem ou honrar, adorar e servir às divindades que melhor pareça a cada um, celebrando seus rituais, o que também envolve a construção de templos. Inclui, ainda, o direito de recolhimento de contribuição dos seus fiéis ou adeptos" (2015, p. 31).

mento dos cultos, incluindo, nessa abstenção, os momentos anteriores e posteriores ao culto[356], entendidos como preparativos ao culto, e o próprio deslocamento dos fiéis.

Outro desdobramento da liberdade religiosa que também possui caráter de substancialidade para o exercício pleno da crença é a garantia de que os fiéis poderão estudar, ensinar, manifestar, divulgar e viver de acordo com os dogmas, os princípios e as verdades oriundos de seus textos sagrados e, a partir disso, buscar prosélitos.

A liberdade do ensino religioso é tão importante que é a partir dela que a própria crença se forma. O próprio culto, outro elemento fundamental da religião, possui conexão direta com o ensino religioso. Isso porque as liturgias de um culto são decorrência da própria doutrina religiosa perfilhada. Da mesma forma, o direito ao proselitismo é um elemento caracterizador essencial das maiores religiões, inclusive fundamenta o direito de "mudar de religião", assegurado em todos os tratados internacionais que falam sobre o tema[357]. A título exemplificativo, observa-se que, para o Cristianismo, as Testemunhas de Jeová e a Igreja de Jesus Cristo dos Santos dos Últimos Dias (mórmons), o proselitismo é imperativo, trata-se de uma ordem, um mandamento decorrente de seus livros sagrados.

Aliás, comumente em países que adotam uma religião oficial ou se unem com ela, como os países islâmicos, o primeiro desdobramento da liberdade religiosa que deixa de ter proteção é o do proselitismo[358]. O segundo desdobramento da liberdade religiosa que deixa de ser protegido é o direito de expressão da crença, para, ao fim, os cultos serem restringidos. Verifica-se que a "trindade" substancial da liberdade religiosa é atacada: expressão da fé, proselitismo e culto, todos emanados da crença e do ensino religioso.

Cumpre trazer à tona a observação de Machado[359] quanto ao direito de proselitismo: "é certo que o proselitismo, que consideramos ser uma dimensão essencial e ineliminável do fenômeno religioso, deve fazer-se

[356] MACHADO, 1996, p. 232.

[357] "Algumas religiões se fundamentam completamente no proselitismo, na necessidade de convencer e trazer fiéis para o centro da comunidade. É o caso, como já dito, dos protestantes, especialmente os evangélicos neopentecostais e também dos adeptos do Islamismo" (PASCHOAL, 2017, p. 104).

[358] MACHADO, 1996, ps. 226-7.

[359] Ibidem, p. 228.

dentro do respeito e do princípio da tolerância, no respeito escrupuloso pelos direitos fundamentais de todos os cidadãos"[360]. A conformação deve ser aos direitos fundamentais e, sobretudo, à dignidade da pessoa humana.

Ainda quanto o direito ao ensino religioso, é importante frisar sua presença na abrangência protetiva da liberdade religiosa[361]. O ato de contar a história e os dogmas de uma determinada religião é tão importante quanto a própria profissão de fé. Ademais, é por meio do ensino que a fé professada é preservada no tempo, ou que o fiel é levado realizar a respectiva profissão de fé. Mais ainda: o ensino é o combustível da crença no sentido de que a manifestação pública religiosa do fiel é oriunda, na maioria das vezes, dele.

4.2.1. Os destinatários da liberdade religiosa

Miranda ensina em sua obra "Direitos Fundamentais" que a liberdade religiosa é uma liberdade possuidora de duplo conteúdo: individual e institucional, que operam simultaneamente. O direito de ter uma religião revela seu conteúdo individual, ao mesmo passo que pode ser praticada em conjunto com os que professem a mesma fé, expressando seu conteúdo institucional[362]. Em suas palavras: "São direitos de exercício individual e coletivo simultaneamente [...] a liberdade de religião e de culto"[363]. Para Miranda, a liberdade religiosa possui uma dimensão social e outra institucional, com diferentes níveis de conteúdo: individual, institucional, garantia de ambos e os direitos conexos ou complementares[364].

[360] Mill, no clássico "Sobre a Liberdade", admite a necessidade de moderação na emissão da opinião, mas não sem antes demonstrar o perigo da "censura da moderação" nas hipóteses de opiniões que não são dominantes: "Em geral, as opiniões contrárias às comumente dominantes só podem ser ouvidas através de uma moderação deliberada da linguagem, e o mais cauteloso evitar de ofensas desnecessárias, uma estratégia de que não se podem desviar sem começar logo a perder terreno: ao passo que o uso da vituperação desmedida por parte da opinião prevalecente impede de facto as pessoas de professar opiniões contrárias e de escutar aqueles que as professam. Por isso, a bem da verdade e da justiça, é muito mais importante restringir a utilização da linguagem vituperativa por parte das opiniões prevalecentes do que por parte das opiniões não prevalecentes" (2015, p. 103).

[361] BRANCO; JACOBINA, 2016, p. 11.

[362] MIRANDA, 2018, p. 135.

[363] Ibidem, p. 140.

[364] MIRANDA, 1993, p. 366.

Os direitos à liberdade religiosa que apresentam conteúdo individual são precisamente os direitos individuais de consciência, crença e culto, com ampla liberdade de manifestação do credo, separada ou conjuntamente, pública ou privadamente, seja pela prática, seja pelo culto, seja pelos ritos. Daí decorre que ninguém pode ser perseguido nem privado de direitos em razão de seus credos. Além disso, o fiel possui o direito ao silêncio referente às suas práticas religiosas, sendo garantidas também a objeção de consciência e a objeção militar[365].

No plano institucional, Miranda elenca o princípio da laicidade estatal e da autodeterminação das organizações religiosas, além da garantia do ensino religioso, bem como da divulgação das crenças pelo rádio, pela imprensa e pela televisão. Os direitos conexos à liberdade religiosa são aqueles referentes à privacidade do credo, à diversidade da celebração do casamento com a garantia de seus efeitos civis, ao direito dos pais de educarem seus filhos conforme suas orientações religiosas e, por fim, ao dever do Estado em não afetar o pluralismo religioso com programas educacionais que sejam confessionais, isso no ensino público, devendo, no ensino privado, ser garantida a possibilidade da criação de escolas de ensino confessional[366].

Jonatas Machado, por sua vez, divide o conteúdo da liberdade religiosa como sendo individual e coletivo, não seguindo a ideia de simultaneidade de Jorge Miranda. Os direitos decorrentes do *cluster right* da liberdade religiosa de conteúdo individual, além do Direito individual de crer, desenvolvido no tópico antecedente, somam-se à liberdade de divulgação de crenças, de culto e de privacidade[367] – direitos que Jorge Miranda denomina "direitos dos cidadãos"[368].

O segundo direito de conteúdo individual presente no plexo de direitos da liberdade religiosa é o direito da divulgação das crenças, que consiste em uma garantia de o fiel se manifestar e difundir sua fé[369]; logo, trata-se

[365] Ibidem, p. 366.

[366] Ibidem, ps. 367-8.

[367] MACHADO, 1996, ps. 220-234.

[368] MIRANDA, 2018, p. 133.

[369] Gaiotti, citando Francisco Vera, denomina a liberdade de manifestar e difundir a fé, além de buscar prosélitos, como "a liberdade de apostolado", com duas dimensões: a interna, destinada às pessoas da mesma profissão de fé (aqui, entra o ensino), e a segunda dimensão, a externa, com a finalidade de alcançar prosélitos (2016, p. 22).

da faceta positiva da liberdade religiosa. A difusão da fé é o meio pelo qual o proselitismo é exercido, sendo impulsionado pelo aspecto moral e sagrado da fé perfilhada, possuindo caráter substancial para o religioso. Trata-se de um direito individual crucial para o exercício da liberdade religiosa que sofreu diversas restrições ao longo dos séculos em razão do sistema teocrático de relação Igreja e Estado[370], ou em razão do princípio *cuius regio eius religio*[371].

A liberdade de culto, já tratada anteriormente, é a terceira liberdade que Machado entende como sendo de conteúdo individual, em que os atos cultuais são compreendidos como comportamentos individuais, por mais que possam ser exercidos de forma coletiva. O culto, inclusive comunitário, é o resultado do impulso do fiel de cultuar à divindade em questão por meio ritualista e de liturgias oriundas da respectiva doutrina.

O primeiro aspecto do direito individual da liberdade de culto é o de que o Estado não pode proibir nem obrigar uma religião[372]. Exemplo é o caso julgado pela Suprema Corte dos EUA, identificado como *Zorach vs. Clauson, 343, U.S., 306 e 314* (1952). A Suprema Corte decidiu que "o governo deve ser neutro quando se trata de competição entre seitas. Não pode impor qualquer seita sobre qualquer pessoa. Não pode tornar a observância religiosa obrigatória. Não pode coagir ninguém a frequentar uma igreja para observar um feriado religioso ou receber instrução religiosa"[373].

O segundo aspecto da liberdade de culto é o dever estatal de que, além de se abster (liberdade negativa) de interferir, impedir ou perturbar o culto, o Estado deve prevenir e reprimir tais atos, seja pelo poder de polícia, seja mediante leis nesse sentido[374]. Trata-se de um dever estatal, de uma dimensão positiva da liberdade religiosa. Um bom exemplo é o do fiel segregado por cumprimento de pena ou por doença. Nesse caso, o Estado deve garantir que esse fiel tenha seus atos de culto assegurados, mediante a presença de seu líder religioso, assegurado constitucionalmente, por meio

370 Essa liberdade religiosa individual ainda encontra sérias restrições nos países islâmicos atualmente, os quais possuem um sistema teocrático de relação dos poderes religioso e político.

371 MACHADO, 1996, ps. 225-6.

372 Ibidem, p. 230.

373 Ibidem, p. 230, tradução nossa.

374 Ibidem, p. 231.

da liberdade de culto, que é o terceiro aspecto de conteúdo individual da liberdade de culto[375].

O quarto direito de conteúdo individual que se extrai da liberdade religiosa é o da privacidade. O direito à privacidade religiosa está ancorado na própria consciência e na crença do fiel, protegido pelas liberdades de crença e consciência. O direito do crente de se abster de falar, ou o denominado "direito ao silêncio" (*Schweigerrech*), visa salvaguardar uma reserva pessoal de convicções religiosas (Gomes Canotilho e Vital Moreira) oponível a entidades públicas e privadas[376]. Assim, o "Estado não pode investigar quaisquer traços informacionais, documentais ou testemunhais indicativos das crenças de alguém que se recusa a revelá-las"[377].

Além dos quatro direitos de conteúdo individuais, a titularidade da liberdade religiosa não se limita às pessoas físicas, estendendo-se às pessoas jurídicas, ou seja, às organizações religiosas. Essa titularidade – no escopo do plexo de direitos da liberdade religiosa das organizações religiosas – é possuidora de conteúdo coletivo, de particular importância para o fenômeno religioso[378]. São os denominados "direitos subjetivos das pessoas jurídicas" nos ensinamentos de Souza[379].

No exercício da crença, é comum a aderência a uma comunidade moral de natureza religiosa por parte do fiel. O direito do crente de aderir a essa comunidade religiosa é um direito garantido pela liberdade religiosa, assim como a própria comunidade possui o direito de se organizar juridicamente. Para Chehoud, a liberdade da organização religiosa[380] é o "terceiro componente fundamental da liberdade religiosa"[381] e consiste na liberdade que as igrejas possuem de se estabelecerem na sociedade política e de se relacionarem com o Estado e os demais entes da sociedade.

375 Ibidem, p. 232.

376 Ibidem, p. 233.

377 Ibidem, p. 234.

378 Ibidem, p. 235.

379 SOUZA, 2021, p. 58.

380 "Liberdade de organização religiosa: essa liberdade diz respeito à possibilidade de estabelecimento e organização das igrejas e suas relações com o Estado" (SILVA, 1999, p. 253).

381 CHEHOUD, 2017, p. 63.

O caráter social[382] do fenômeno religioso remete o indivíduo a viver em comunidade. O ditado "nenhum homem é uma ilha" é mais do que apropriado no meio religioso. O fiel, ao crer, geralmente exerce sua crença com outros por meio de liturgias próprias, as quais são organizadas por meio da comunidade moral, daí a importância do Direito dessa comunidade de se organizar conforme suas práticas litúrgicas por meio de um código moral e um regimento interno, dotados de personalidade jurídica própria.

Pode-se dizer que seria uma aplicação da *libertas eclesiae* para além da Igreja católica, alcançando todo e qualquer credo que pretenda se organizar com autodeterminação. "É hoje um dado adquirido que a um amplo reconhecimento da liberdade religiosa deve corresponder um igualmente amplo reconhecimento da liberdade de associação e das associações religiosas"[383].

A esfera de proteção da liberdade religiosa de conteúdo coletivo das organizações religiosas não compreende apenas os grandes templos ou aquelas instituições que são antigas e internacionais, "dotadas de doutrinas e ritos elaborados, de um elevado número de membros, etc., mas todos os grupos que sustentem crenças religiosas em comum, que sejam portadores de uma própria e original concepção religiosa do mundo"[384], mesmo que tenham uma organização e estruturação internas incipiente.

O que realmente importa para estar sob o manto da proteção é "ser uma confissão religiosa", sem a necessidade de perquirições sob o ponto de vista histórico e teológico. Para determinado grupo de pessoas ser considerado uma confissão religiosa, é necessário, além dos elementos do conceito tipológico de religião, possuir uma faceta associativa. Essa faceta significa que esse determinado grupo de pessoas está irmanado na mesma crença religiosa e se encontra organizado de modo institucional. Percebe-se uma dupla valência: associativa e institucional[385]. A liberdade de auto-organização das igrejas é o efeito da convergência da liberdade

[382] "O fenômeno religioso possui um caráter eminentemente social, sendo assim, deve existir respeito pela autonomia das formações sociais. O principal fundamento para a garantia da liberdade religiosa às confissões e comunidades religiosas decorre do seu necessário escoramento nas convicções da consciência individual" (PERAZZO, 2015, p. 33).

[383] MACHADO, 1996, p. 236.

[384] Ibidem, p. 238.

[385] Ibidem, p. 239.

religiosa com a liberdade de associação que consiste na autocompreensão e na autodeterminação das confissões religiosas (instituições)[386].

Outra vez o conceito tipológico é importante, porquanto os termos devem ser amplos e nunca se socorrerem aos aspectos subjetivos, sob pena de interferência no livre mercado das crenças. A autocompreensão e a autodeterminação são centrais para o direito coletivo de proteção à liberdade religiosa das organizações religiosas. A compreensão coletiva implica no "direito geral de autodeterminação, que compreende a autocompreensão, a autodefinição, a auto-organização, a autoadministração, a autojurisdição, a autodissolução"[387].

Nota-se a fruição da dimensão positiva da liberdade religiosa porque é apenas em um ambiente que tenha condições para a autodeterminação que se torna possível a existência de um credo organizado segundo os seus dogmas, até mesmo de organização jurídica, como vemos no artigo 44, § 1º do Código Civil Brasileiro[388] e ensinado por Miranda[389] ou, em suas próprias palavras: "A liberdade religiosa é também a liberdade das confissões religiosas"[390].

Assim, partindo da premissa do conceito tipológico para o conceito de confissão religiosa, as organizações religiosas podem invocar o direito à liberdade religiosa da mesma forma que os indivíduos. A igualdade no âmbito da proteção à liberdade religiosa, somada à laicidade estatal, implica o reconhecimento da autodeterminação às organizações religiosas. A autodeterminação garante que as confissões religiosas disciplinem seus códigos morais e sua estruturação interna (tais como Estatuto e/ou Constituição social e Regimento Interno) sem qualquer interferência do Estado. Isto é, o Estado não pode criar requisitos legais para que

[386] CHEHOUD, 2017, p. 65.

[387] ADRAGÃO, 2002, p. 418. Destaque para os "direitos de autocompreensão, autodefinição, auto-organização, autoadministração, autojurisdição e autodissolução" (MACHADO, 1996, p. 246).

[388] "Art. 44 [...] § 1 o São livres a criação, a organização, a estruturação interna e o funcionamento das organizações religiosas, sendo vedado ao poder público negar-lhes reconhecimento ou registro dos atos constitutivos e necessários ao seu funcionamento" (Código Civil, BRASIL, 2002).

[389] MIRANDA, 2018, p. 134.

[390] MIRANDA, 1993, p. 359.

um determinado grupo de fiéis tenha reconhecida a devida personalidade jurídica perseguida.

O máximo que a lei pode exigir[391] nos documentos constitutivos das organizações religiosas é a presença de elementos formais que apontem a possibilidade de identificação da respectiva confissão na sociedade política, a forma de representação e de extinção. A lei deve sempre ter como objetivo principal maximizar a liberdade religiosa e não o contrário; menos ainda subordinar o reconhecimento ao cumprimento de qualquer medida que altere ou impacte no conteúdo das proposições de fé[392].

Os requisitos devem, por um lado, permitir a mínima institucionalização possível da respectiva organização e, por outro, garantir sua autocompreensão e autodeterminação[393]. Cumpre ressaltar que a autocompreensão e a autodeterminação das confissões religiosas também devem respeitar as liberdades civis fundamentais e o princípio da dignidade da pessoa humana[394]:

> Conclui-se que a admissão e demissão de membros é de livre estipulação nas normas canônicas de cada confissão religiosa, mas não pode colidir com o Estado Constitucional Brasileiro, pois este que lhe garante sua validade jurídica, assim como o sistema de crenças lhe empresta sua validade moral e ética. Os princípios constitucionais da isonomia, dignidade da pessoa

[391] O CCB, nessa toada, exige: "Art. 46. O registro declarará: I – a denominação, os fins, a sede, o tempo de duração e o fundo social, quando houver; II – o nome e a individualização dos fundadores ou instituidores, e dos diretores; III – o modo por que se administra e representa, ativa e passivamente, judicial e extrajudicialmente; IV – se o ato constitutivo é reformável no tocante à administração, e de que modo; V – se os membros respondem, ou não, subsidiariamente, pelas obrigações sociais; VI – as condições de extinção da pessoa jurídica e o destino do seu patrimônio, nesse caso" (BRASIL, 2002).

[392] "O respeito pela autonomia das confissões religiosas não implica qualquer juízo de mérito sobre a substância teológica intrínseca [...] No âmbito dessa margem de autonomia, encontram-se vedadas todas as interferências dos poderes públicos, de natureza legislativa, administrativa e judicial. As confissões religiosas resolverão as suas disputas doutrinárias, organizatórias e funcionais, sem qualquer subordinação ao cumprimento de linhas estaduais predeterminadas, mais ou menos uniformizadas ou estereotipadas" (MACHADO, 1996, p. 247).

[393] MACHADO, 1996, p. 244.

[394] "Este direito deve exercer-se, evidentemente, em conformidade com os princípios fundamentais da ordem constitucional" (MACHADO, 1996, 246).

humana, contraditório e ampla defesa, comuns em ambas as ordens, material e espiritual, devem ser observados e garantidos[395].

As questões religiosas pertencem à jurisdição religiosa. "Trata-se de delimitar um círculo vital (*lebenskreise*), protegido mediante o reconhecimento de um complexo de direitos de natureza negativa"[396]. Por outro lado, também garante que o poder político não possui supremacia em relação à autoridade religiosa naquilo que é de sua competência, ou seja, a compreensão da ordem espiritual que resulta em autocompreensão, autodefinição, autoadministração, autojurisdição e autodissolução.

A definição da doutrina religiosa, o grau de vinculação dos dogmas, a forma de liturgia e as funções do culto, os requisitos para a admissão dos fiéis, a estruturação, a hierarquia e a governança interna, os processos de formulação e exteriorização das crenças, as formas de financiamento e despesas, a criação de novas unidades religiosas, a escolha do clero (sacerdotes/líderes), o ensino religioso e o currículo próprio, o processo eclesiástico de disciplina e excomunhão de fiéis, a realização de atividades sociais e educacionais etc. são todas de reserva absoluta das organizações religiosas, mesmo que não sejam altamente juridificadas ou institucionalizadas. Ao Estado compete:

> [...] apenas reconhecer a relevância das decisões dos órgãos confessionais competentes, de acordo com as normas internas que os vinculem. Note-se, porém, que do ponto de vista pessoal a autonomia das comunidades religiosas se circunscreve ao número de seus membros, isto é, aos indivíduos que voluntariamente se colocaram, e enquanto se colocarem sob sua jurisdição[397].

Outra situação que é importante ressaltar é de que as organizações religiosas (confissões religiosas) são destinatárias da proteção da liberdade religiosa de conteúdo coletivo, antes mesmo de estarem formalmente constituídas – o que no Brasil acontece com o registro do Estatuto Social e posterior cadastro nacional de pessoas jurídicas junto à Receita Federal

395 VIEIRA; REGINA, 2023, p. 344.

396 MACHADO, 1996, p. 246.

397 Ibidem, ps. 247-8.

do Brasil[398]. "A religião, o grupo religioso, é o sujeito institucional da liberdade religiosa"[399]. Ensina Machado:

> Significa isto que a confissão ou comunidade religiosa de facto, isto é, não reconhecida, não pode deparar com restrições ao exercício à liberdade de religião e de culto. Por outro lado, qualquer formação social e natureza religiosa pode contar com a proteção jurídico-estadual desde o seu surgimento, independentemente de sua antiguidade, ou da sua maior ou menos consistência numérica. Neste sentido preciso, utilizando uma linguagem que os cristãos conhecem bem, deve entender-se que *onde dois ou três estiverem reunidos em nome da religião, aí estará a proteção da liberdade religiosa coletiva*[400].

Por derradeiro, quando o âmbito de proteção subjetiva da liberdade religiosa falha e os seus destinatários são lesados, o Direito Penal Brasileiro possui a resposta ao tutelar tais agressões no Código Penal e em lei especial. O CP, além de tutelar a crença, tutela o culto, as liturgias e os símbolos religiosos. Prescreve o artigo 208:

> Art. 208 – Escarnecer de alguém publicamente, por motivo de crença ou função religiosa; **impedir ou perturbar cerimônia ou prática de culto religioso; vilipendiar publicamente ato ou objeto de culto religioso:**
> Pena – detenção, de um mês a um ano, ou multa.

[398] "Não é o Cadastro Nacional de Pessoas Jurídicas, todavia, o ato inaugural das pessoas jurídicas em solo brasileiro. A 'Certidão de Nascimento' da pessoa jurídica brasileira é seu ato constitutivo e, em se tratando de organizações religiosas, seu Estatuto Social. Senão vejamos: Art. 45. Começa a existência legal das pessoas jurídicas de Direito privado com a inscrição do ato constitutivo no respectivo registro, precedida, quando necessário, de autorização ou aprovação do Poder Executivo, averbando-se no registro todas as alterações por que passar o ato constitutivo. A lei civil é clara e precisa: "Começa a existência legal das pessoas jurídicas de Direito privado com a inscrição do ato constitutivo" no Registro de Pessoas Jurídicas" (VIEIRA; REGINA, 2023, p. 290). "Importante frisar: o que nasce legalmente com o registro de seu ato constitutivo é a organização religiosa; o culto e a fé são precedentes, sempre. Inclusive uma vez fundada pelo grupo de fiéis e o ato de constituição da organização religiosa estiver devidamente criado, a organização religiosa já nasceu de fato e depende do registro do Cartório para nascer de direito. É a "existência legal" prevista no texto do art. 45 do Código Civil, já citado" (p. 303).

[399] ADRAGÃO, 2002, p. 423.

[400] MACHADO, 1996, ps. 243-4.

> Parágrafo único – Se há emprego de violência, a pena é aumentada de um terço, sem prejuízo da correspondente à violência.

Por se tratar de um tipo penal pluri ou multinuclear, o artigo 208 tutela diversas situações. Além da crença, em seu foro íntimo, tutela a vítima na situação em que a cerimônia ou o culto religioso lhe são impedidos ou perturbados. Destaca-se que o simples fato de perturbar uma cerimônia religiosa ou prática cultual é passível de detenção, o que se harmoniza com a laicidade colaborativa brasileira. Isto é: além da vedação do Estado brasileiro em todos os níveis da federação e esfera de poderes institucionais de não poderem interferir na prática religiosa, devem protegê-la, punindo penalmente aqueles que interferem.

Outro tipo penal previsto é o vilipêndio público a ato ou objeto de culto religioso. Essa tutela se dá em razão da sacralidade que envolve determinado objeto ou símbolo para a pessoa religiosa. Muitas vezes, o que pode ser um simples objeto para alguém pode ser o depósito das esperanças do fiel. É possível que o objeto seja tanto o caminho quanto o elo do relacionamento da pessoa religiosa com a sua divindade, transitando nos três elementos do conceito substancial-objetivo de religião. Sendo assim, o objeto está tanto na relação do fiel com a divindade quanto no próprio culto, a partir de comandos estabelecidos em seus livros sagrados (moralidade), ou seja, presente nos três elementos indispensáveis para o tripé DMC, razão de proteção na esfera penal.

Na prática religiosa, o símbolo é uma forma de comunicação com o divino. Essa sacralização do símbolo (deidades) se dá por meio da consagração de objetos, práticas comportamentais, indumentárias, locais de cultos e de outras diversas formas. Sob esse prisma, o objeto adquire, para determinados grupos de pessoas ou sociedade, um valor de representação do sagrado, do transcendente, da sabedoria[401].

Outro dispositivo penal que tutela os interesses da pessoa religiosa porventura vítima de ofensa na externalização da sua fé é a Lei 7.716/89, conhecida como “Lei do Racismo”. Essa lei tutela as violações muito mais relacionadas ao *belief* (liberdade de crença) do que ao *action* (liberdade religiosa) propriamente dito. De outra banda, a lei tipifica situação em que

[401] OLIVEIRA, 2018, p. 19.

alguém poderia ser impedido de acessar determinado local ou cargo em razão de sua religião, como, por exemplo, o tipo penal previsto no art. 3º:

> Art. 3º Impedir ou obstar o acesso de alguém, devidamente habilitado, a qualquer cargo da Administração Direta ou Indireta, bem como das concessionárias de serviços públicos.
>
> Pena: reclusão de dois a cinco anos.
>
> Parágrafo único. Incorre na mesma pena quem, por motivo de discriminação de raça, cor, etnia, religião ou procedência nacional, obstar a promoção funcional[402].

A tutela penal é da proteção da religião do crente, mas também de sua livre manifestação. O direito do fiel de não ter seu acesso a qualquer local negado em razão de sua religião decorre do próprio direito de ter uma religião. Da mesma forma, exercendo um cargo público ou estando em determinado local já acessado, terá o direito de externar sua religião, inclusive exercendo o proselitismo. Assim, o *action*, ou seja, a liberdade religiosa, também é tutelado pela Lei do Racismo.

[402] BRASIL, 1989.

5.
CONCLUSÃO DA SEGUNDA PARTE

Uma vez que o conceito geral de liberdade e de suas vertentes negativa ou positiva foi definido, assim como o objeto de proteção das liberdades de crença e religiosa, a segunda parte da obra tratou da conceituação jurídica dessas, bem como suas conexões e funções.

A investigação se iniciou pela definição da liberdade de crença, que é a garantia que cada um possui de professar qualquer religião que desejar, mudar de religião ou não ter religião alguma. A liberdade de crença protege as convicções religiosas que são formadas no íntimo das pessoas, nesse sentido, ocupa-se de impedir qualquer interferência estatal ou de outro ente nesse processo de formação de convicção. O Estado deve se abster quanto à escolha pessoal da fé professada por cada um e, ao mesmo passo, construir um espaço plural e democrático para que todos possuam condições de ter, mudar ou não ter religião.

Demonstrou-se que o âmbito de proteção da liberdade de crença é o foro interno, que se caracteriza como núcleo. O foro interno é protegido no sentido de existir um impedimento de que seja exercido qualquer tipo de pressão externa direta ou indireta para que o fiel mude ou altere aquilo que acredita, dito de outra forma: o fiel pode orientar sua vida conforme os princípios e os dogmas de sua religião. A relação do crente com o sagrado é fruto dos valores da respectiva religião, amalgamado no nível da geração de um compromisso de consciência.

A liberdade de crença é o *belief*, a primeira conduta daquele que opta por ser religioso ou por aderir a uma crença. Essa adesão invariavelmente será pública, e o Estado tem o dever de proteger essa publicidade e garanti-la. Entretanto, a pessoa religiosa, além de manifestar publicamente sua fé, endereça seus atos a outra pessoa, à comunidade em que está inserida e aos demais entes da sociedade. É o *action* da crença. Nessa ocasião, o âmbito de proteção se descola do *belief* para o *action*. Não existe crença que não resulte em uma conduta religiosa, e não existe conduta religiosa sem uma crença que a ampare. Existe uma unidade essencial entre a liberdade de crença e a liberdade religiosa. Assim sendo, a proteção constitucional à crença não se limita ao *belief* (âmbito interno), devendo agregar o *action* (âmbito externo), que é sua decorrência.

A conclusão é de que a liberdade de crença é autônoma e precedente em relação à liberdade religiosa, sendo decorrente diretamente da liberdade interior agostiniana. O Estado, primeiramente, não pode interferir na crença das pessoas (vertente negativa da liberdade) e depois deve garantir que seja exercida em sua integralidade (vertente positiva da liberdade).

Antes de adentrar na liberdade religiosa em si, foi importante lançar luzes sobre suas conexões com a Dignidade da Pessoa Humana e com a Liberdade de Expressão. Da mesma forma que a liberdade de crença está diretamente ligada à dignidade da pessoa humana, também está a sua externalização. A crença vivida por meio da ação humana é o campo de atuação da liberdade religiosa, é por isso que ela e seus desdobramentos se conectam com a dignidade da pessoa humana. A religião é inata ao homem e antecedente à própria ideia de Estado, e a proteção de seu exercício por meio da manifestação pública, proselitismo, ensino e culto.

A própria identidade do indivíduo passa pela resposta às perguntas essenciais da vida, que geralmente remetem ao transcendental ou originam-se dele. Por outro lado, a própria conceituação da dignidade da pessoa humana passa pela religião, visto que sua origem está no cristianismo e no *imago Dei*, isto é, o homem tem um valor em si mesmo porque foi criado a imagem e semelhança de Deus. Evidentemente que a dignidade humana se trata de um valor universal, mas seu berço está no cristianismo.

As funções da liberdade religiosa foram tratadas no tópico seguinte e divididas em função estruturante e protetiva. Primeiramente, tratou-se da dimensão objetiva da liberdade religiosa, como função estruturante da sociedade. A partir da liberdade religiosa, é possível a obtenção de uma comunidade plural e inclusiva, garantidora da pluralidade de ideias e da liberdade de expressão. A liberdade religiosa, ao proteger o exercício e a externalização da crença, impede o avanço estatal em áreas que não são de sua competência. Se as manifestações públicas de fé puderem ser reguladas pelo Estado, todo o mais, em tese, também poderá ser, violando diretamente as demais liberdades civis fundamentais, essenciais para qualquer regime democrático. Uma democracia plural tem como centro e elemento estruturante as liberdades, sendo a religiosa uma das principais.

Na sequência, foi abordada a função protetiva da liberdade religiosa: a dimensão subjetiva. Na dimensão subjetiva, encontram-se o plexo de direitos da liberdade religiosa e a proteção dos direitos dos fiéis. O primeiro ponto importante observado é que a liberdade religiosa deve possuir generalidade, protegendo todas as pessoas que se identificam como religiosas. Observa-se a importância da noção jurídica de religião, pois nela está a resposta de quem deve ser protegido. A organização, a presença de fiéis, uma moralidade (doutrinas) mínima e a existência de culto são elementos comuns para se identificar uma religião e, por consequência, protegê-la, juntamente com seus fiéis.

Observou-se que o culto é um elemento comum na maioria das religiões, podendo ser praticado por meio de comportamentos individuais ou coletivos, mais ou menos ritualizados, tendo como fim a adoração. A liberdade de culto desponta como nuclear a liberdade religiosa, porque protege exatamente um dos principais elementos da religião, que é o culto. A doutrina de uma religião é outro aspecto fundamental, visto que objetiva e informa as práticas ritualísticas do próprio culto e a de como o fiel deverá viver sua vida. Daí decorre a importância da liberdade de ensino religioso e do proselitismo. A primeira é estruturante da religião, e a segunda a mantém viva.

A proteção dos fiéis, por meio da liberdade religiosa, possui duplo conteúdo: individual e coletivo. De conteúdo individual, estão os direitos ao culto, à privacidade, à divulgação das crenças e ao proselitismo. A liberdade de culto é entendida como um direito de conteúdo individual porque protege a ação humana em si, mesmo que os atos cultuais sejam exercidos de modo coletivo geralmente. O culto acontece pela soma dos impulsos de cada fiel. Ainda no culto, restou demonstrado que sua liberdade está relacionada com a vedação estatal de interferir, impedir ou perturbá-lo, inclusive protegendo-o contra terceiros. O direito à privacidade é o direito que o fiel tem de se abster de falar sobre seus dogmas, enquanto a manifestação de crença e o proselitismo é exatamente o contrário.

No conteúdo coletivo, destacou-se a proteção da liberdade religiosa às organizações religiosas, sobretudo o direito de se organizarem a partir dos princípios da autocompreensão e da autodeterminação, dos quais decorrem a autodefinição, a auto-organização, a autoadministração, a autojurisdição e a autodissolução. Percebeu-se que a proteção de cunho coletivo e institucional da liberdade religiosa emana-se da ideia do que é religião e, a partir dessa ideia, do dever estatal de não interferir (liberdade negativa) e de assegurar sua ocorrência (liberdade positiva). Na liberdade de organização religiosa a fruição das duas vertentes da liberdade religiosa se encontra. As organizações religiosas podem se organizar livremente sem interferências estatais em suas normas internas e, em razão disso, possuem melhores condições de crescerem enquanto instituição e atenderem seus fiéis, assegurando suas liberdades de culto, manifestação, proselitismo e ensino religioso.

Ainda, os plexos de direitos da liberdade de crença e religiosa possuem tutela penal quando violados, sobretudo a liberdade de culto, presente no núcleo do artigo 208 do Código Penal, demonstrando, mais uma vez, a substancialidade do culto para a religião e o ordenamento pátrio.

TERCEIRA PARTE

O AMBIENTE DA LIBERDADE RELIGIOSA

1.
O ESTADO LAICO E AS SUAS VARIAÇÕES

Para a investigação da liberdade religiosa, foi dedicado um tópico sobre sua digressão histórica que, de certa forma, também contemplou a história da laicidade. Assim sendo, até para evitar prolixidade e afastamento do tema principal da presente pesquisa, o conceito de Estado laico será enfrentado sob o ponto de vista atual, salvo uma brevíssima retomada de sua construção constitucional no Estado nacional português e brasileiro para fins didáticos. Por outro lado, o rastreamento do termo "laico" por Ollero Tassara é digno de nota. Segundo Ollero, a origem do termo *laico* é encontrada na Grécia, sendo ligada a *laos* (povo). Então laico estaria identificado com o que é popular, alheio à Administração Pública. Sob essa perspectiva histórica, um Estado laico seria "aquele que permite aos leigos viverem em paz". Dito de outra forma: o Estado (*polis*) não deveria se meter na vida dos cidadãos, inclusive em seus credos[403].

Nos dias de hoje, o significado de Estado laico não foge muito à conclusão de Ollero Tassara, pois laicidade indica à separação entre o poder religioso e o poder político, entre o fenômeno religioso e o Estado. Dessa forma, a laicidade implica em um sistema previsto constitucional e legalmente em

[403] TASSARA, 2014, p. 11.

determinado Estado e que tem como principal característica a separação entre esse Estado e as confissões religiosas[404] ali existentes.

Entretanto, tal sistema não é estanque, alterando-se conforme as dinâmicas social, cultural e religiosa de cada Estado nacional. As "variações" referidas no título do presente tópico guardam relação com essas dinâmicas. A verdade é que cada Estado soberano possui sua forma de relação com o sagrado e o fenômeno religioso, inclusive os que escolhem o sistema da laicidade[405]. Estado laico nos Estados Unidos não é a mesma coisa que Estado laico na Itália, e são essas variações que serão demonstradas a seguir.

O "Estado laico" pode ter características que o designam como *simpliciter* (tradicional), benevolente, cooperativo ou colaborativo[406].

404 "O Estado laico é tão somente um Estado em que as instituições públicas e religiosas não se confundem, tendo configurações próprias" (MARTINS, 2021, p. 5).

405 Para Ranquetat Jr.: "Há em realidade não uma laicidade, mas laicidades, diversas e variadas, que estão intimamente relacionadas com a particular história religiosa, política e jurídica de cada nação. Nesse sentido, existem múltiplos e distintos padrões de laicidade e, por consequência, diversificados arranjos nas relações entre Estado e religião" (2016, p. 316).

406 O jurista e professor titular de Direito Público, Filosofia do Direito e Teoria Geral do Estado na Universidade de Heidelberg, Winfried Brugger, ao analisar as variações da relação entre Estado e Igreja (2010), discrimina a existência de seis sistemas principais: **1. Hostilidade entre Estado e Igreja**. É aquele sistema em que um regime político nacional é instituído de forma antirreligiosa, no sentido de marginalizar a religião ou mesmo eliminá-la. Um exemplo é da Albânia de 1976, art. 37 de sua Constituição: O Estado não reconhece nenhum tipo de religião, apoia e desenvolve a propaganda ateísta a fim de inculcar nos homens a ideologia científico-materialista. Isso aconteceu igualmente nos regimes comunistas. Por fim, Brugger lembra que a França é frequentemente mencionada no contexto de hostilidade à religião. **2. Separação Rígida na Teoria e na Prática**. Modelo oriundo da doutrina norte-americana em que existe uma separação rígida entre Estado e Igreja, em que um "muro" os separa – "wall of separation". Esse sistema se orienta contra um convívio espacial entre Estado e Igreja, um exemplo seria o ensino religioso em escolas públicas. A separação rígida se refere a mensagens estatais e localidades (públicas vs. construções religiosas), sendo inconstitucional a convergência e apoios diretos, indiretos, fortes ou fracos a qualquer organização religiosa. **3. Separação Rígida na Teoria, Acomodação na Prática**. Nesse modelo, os efeitos da separação são levados em conta para não prejudicar a efetividade da liberdade religiosa, em suas dimensões positiva e negativa. "A Suprema Corte desenvolveu, contudo, em 1971, o denominado teste 'Lemon', que especifica três elementos para a especificação das exigências da cláusula de não instituição: 'Primeiramente, a lei precisa ter uma finalidade legislativa secular; em segundo lugar, o cerne ou o efeito primário precisa ser tal que não promova, nem prejudique a religião; por fim, a lei não pode conduzir a um excessivo amalgamento

Ao investigar as características da relação entre o Estado e a Igreja em determinado Estado nacional, é possível concluir qual é o sistema adotado. Algumas características são comuns para qualquer sistema que se identifique como laico, outras estão presentes apenas em um ou outro sistema. Tradicionalmente, a laicidade possui duas características: separação e liberdade[407]. A partir da análise de alguns sistemas e, especialmente, dos existentes em Portugal, Espanha, Itália e Brasil, nota-se a presença das

entre governo e religião.' Haverá inconstitucionalidade se só um dos critérios também não for satisfeito" (p. 20). **4. Divisão e Cooperação.** No quarto modelo encontrado por Brugger, o muro de separação instituído pelos norte-americanos não existe, sendo permitido que Estado e Igreja cooperem entre si, inclusive se acomodem na sociedade política. Cita seu país de origem, a Alemanha, como exemplo. O Estado constitucional alemão proíbe a instituição de uma Igreja Estatal ao mesmo passo que permite aula de religião nas escolas públicas e a exigência de tributos como auxílios às confissões religiosas que cumprem os requisitos constitucionais para tal. Na obra "A laicidade colaborativa brasileira: da aurora da civilização à Constituição Brasileira de 1988", em coautoria com Jean Regina, também indico a Alemanha como um exemplo de Estado Laico Colaborativo, apesar do tratamento não igualitário com todas as confissões religiosas existentes em seu território (2021, p. 196-208). A laicidade brasileira se enquadra melhor nesse tipo trazido por Brugger, como restará demonstrado. **5. Unidade Formal da Igreja e do Estado com Divisão de Conteúdo.** Nesse sistema, adequam-se os Estados Confessionais e as teocracias cesaropapistas ou cesaristas. Existe uma convergência formal e organizacional do Estado com determinada Igreja: como Igreja Estatal ou como credo oficial. Percebe-se cinco características nesse sistema: "(1) Ambas as entidades configuram basicamente suas próprias organizações. (2) Elas buscam diferentes objetivos (bem-estar versus salvação). (3) Elas chegam às suas próprias decisões. (4) A Igreja não é um poder do Estado no sentido estrito, não pode, portanto, exercitar qualquer coação dura do ponto de vista externo. (5) A liberdade de crença e de religião de todos os fiéis e infiéis é fundamentalmente respeitada" (p. 21). Reino Unido, Grécia e Israel são exemplos. **6. Unidade Material e Formal entre Igreja e Estado.** É o modelo de teocracia pura e total confusão entre os poderes político e religioso: "Neste modelo, a Igreja estatal ou a religião nacional não é simplesmente constituída simbólica, formal e, em algumas poucas áreas, "suavemente", ela também está associada ao poder do Estado. Ao contrário, existe uma conexão ampla das mensagens práticas e formas de organização com o poder do Estado. Assim, aproximamo-nos de uma teocracia, em que não se aplica mais o modelo de separação e de divisão: O imperativo jurídico é, portanto, em muitos casos, o imperativo religioso e, tendencialmente, a violação jurídica também é um pecado. A coação externa e interna podem se interligar e a sua intensidade aumentar" (p. 22). Os Estados Islâmicos são exemplos desse sistema. Nossa preferência foi em analisar as variações da laicidade de acordo com as características encontradas nos quatro primeiros sistemas de Bruguer, acima reproduzidos, até para facilitar a compreensão e a identificação da opção brasileira.

[407] HOFFMAN, 2012, p. 7.

características da separação e da liberdade, mas também de outras. Ainda assim, as características nucleares não ultrapassam o número de cinco, quais sejam:

1. *Separação* dos poderes religioso e temporal ou político — separação;
2. *Liberdade* de atuação de cada poder, cada um em sua ordem (esfera de competência) — liberdade;
3. *Benevolência* estatal com o fenômeno religioso e com as organizações religiosas, em razão de sua importância — benevolência;
4. *Colaboração* entre os poderes, ou seja, entre a Igreja e o Estado — colaboração;
5. Os segundo, terceiro e quarto requisitos (características) tenham como destinatário toda e qualquer crença, ou seja, *igual consideração* com todos os credos e confissões[408].

A *separação* e a *liberdade*[409], como dito, são características encontradas em qualquer Estado laico, todavia, as demais características conjuntamente são encontradas apenas na laicidade colaborativa brasileira, "até porque a relação da Igreja com o Estado é dinâmica, e sua fluidez decorre da cultura do povo em que está inserida, bem como da própria religião que a forma"[410]. O fato é que "não existe um modelo universal de laicidade a ser adotado por todo país que assim se declare"[411]. A seguir, a relação entre o Estado e o fenômeno religioso será mais bem investigada a partir de casos concretos.

Os países escolhidos para tal análise, de alguma forma, guardam relação com o Brasil - seja porque influenciaram diretamente o modelo brasileiro, como os Estados Unidos e Portugal; seja por influências indiretas e semelhanças, como Espanha e Itália; seja pelo que o modelo brasileiro

[408] VIEIRA; REGINA, 2021, p. 157.

[409] "De acordo com o princípio da autonomia, é verdade ao Estado interferir na Igreja, e, por sua vez, a Igreja é proibida de imiscuir-se no Estado" (RANQUETAT JR., 2016, p. 52).

[410] VIEIRA; REGINA, 2021, p. 39.

[411] COELI DE SOUZA, 2019, p. 54. Já para Abbate, "uma definição clara e consensual de laicidade, no sentido jurídico, não é possível extrair de algum ordenamento positivo, tratando-se de uma noção, além de, por si só, mutável, condicionada pela evolução do contexto sociopolítico" (2008, p. 82).

não é, caso francês. O aprofundamento se dará nos países que possuem um sistema semelhante ao brasileiro, quais sejam: Portugal, Espanha e Itália – além da França, que possui uma laicidade totalmente diversa, abrindo-se caminho para que as características da laicidade sejam mais bem trabalhadas, demonstrando-se o ambiente existente no Brasil para o exercício da liberdade religiosa.

A laicidade *simpliciter* ou tradicional é encontrada nos Estados Unidos da América ou no Chile, sendo o sistema em que o Estado se orienta no sentido de não interferir nas confissões religiosas existentes em seu território e na religiosidade das pessoas. Bacelar Gouveia ensina que, no Estado laico *simpliciter*, existe um sistema de "separação neutral, em que o Estado não intervém em atividades conjuntamente com as confissões religiosas"[412].

Para os norte-americanos, a laicidade se formou a partir da necessidade de uma separação rígida entre os poderes político e religioso, sem a qual seria inviável assegurar ampla liberdade de crença e de consciência para todos[413]. Diferentemente da França, para os norte-americanos, o modelo de separação Igreja-Estado tinha como principal objetivo o bom convívio entre as comunidades religiosas existentes nos EUA[414]. James Madison (um dos pais fundadores dos EUA), chega a dizer: "A segurança dos direitos civis deve ser igual à da liberdade religiosa. Consiste, em um caso, na multiplicidade de interesses e, no outro, na multiplicidade de seitas"[415]. A laicidade *tradicional* possui como características a *separação* entre os poderes político e religioso e o coroamento da liberdade religiosa marcada pela autonomia dos poderes. Dito de outra forma: cada poder (religioso e político) é separado e possui *liberdade* de atuação dentro de sua esfera de competência.

Outro sistema de laicidade existente é aquele dotado das três primeiras características aludidas: separação, liberdade e *benevolência*. O Estado laico *benevolente* se expressa constitucional e legalmente de modo *benevolente* (positivo) com a religião. É o caso do Paraguai que prevê em sua Constituição nacional que "ninguém pode ser incomodado, investigado

412 BACELAR GOUVEIA, 2012, p. 26.

413 MACHADO, 1996, p. 81.

414 OBEID, 2013, p. 29.

415 MACHADO, 1996, p. 82.

ou forçado a testemunhar por causa de suas crenças[416]". Outro sistema conhecido na Europa é o colaborativo ou cooperativo, como preferem os europeus[417].

Para Ranquetat Jr., o sistema cooperativo se orienta pelo princípio da cooperação entre o poder político e o religioso, destacando a independência de ambos. Todavia a independência e a separação não são rígidas, conforme o modelo norte-americano, tendo em vista que os poderes devem colaborar entre si em prol da realização integral do homem, relacionando-se de modo benevolente (outra característica), concorde e harmônico[418].

[416] Artigo 24. LIBERDADE RELIGIOSA E IDEOLÓGICA. A liberdade religiosa, a liberdade de culto e a ideologia são reconhecidas sem outras limitações além das estabelecidas nesta Constituição e na lei. Nenhuma confissão será oficial. As relações do Estado com a Igreja Católica são baseadas na independência, na cooperação e na autonomia. A independência e a autonomia das igrejas e confissões religiosas estão garantidas sem outras limitações além das impostas nesta Constituição e nas leis. Ninguém pode ser incomodado, investigado nem forçado a testemunhar por causa de suas crenças ou sua ideologia (tradução nossa). PARAGUAY, **Constitucíon de la República del Paraguay**. Convención Nacional Constituyente, Assunción, 1992. Disponível em: https://siteal.iiep.unesco.org/sites/default/files/sit_accion_files/py_3054.pdf. Acesso em: 03 jan. 2022.

[417] GOUVEIA, 2012, p. 26 e ADRAGÃO, 2002, p. 261.

[418] RANQUETAT JR, 2016, p. 53.

2.
O SISTEMA DE LAICIDADE EM PORTUGAL, ESPANHA E ITÁLIA

Alguns países europeus, dentre eles Portugal, Espanha e Itália[419], elegeram em seus respectivos textos constitucionais um modelo cooperativo de laicidade que muito se aproxima do brasileiro[420]. Em qualquer desses países, é facilmente verificável as características da separação, da liberdade, da benevolência e da colaboração em suas relações com as organizações religiosas e com o fenômeno religioso. A dificuldade maior se encontra na característica da *igual consideração* para com todas as organizações religiosas, seja por benefícios exclusivos concedidos à Igreja Católica, seja em

[419] Alemanha também é um desses países, conforme observamos em: "A laicidade colaborativa brasileira: da aurora da civilização à Constituição brasileira de 1988", São Paulo: Edições Vida Nova, 2021.

[420] Para Seferjan (2012) e Machado (1996) os países de forte tradição religiosa possuem um sistema concordatário de relação da Igreja com o Estado, pois envolve diversas prestações estatais e financeiras dirigidas às confissões religiosas dominantes, além da possibilidade de realização de convênios entre Estado e confissões religiosas, o que colocaria em xeque a liberdade religiosa no sentido de esta depender do convênio para ser efetiva (SEFERJAN, 2012, p. 59). Como estará demonstrado a seguir, assistem razão ao argumento da não observância de igual consideração entre as mais variadas confissões religiosas e credos, por outro lado, essa característica isolada não possui o condão de eliminar as demais características da laicidade, a ponto de subvertê-la em outro sistema, o concordatário, como Seferjan propõe.

razão da existência de certos requisitos de tempo e tamanho para que uma comunidade religiosa alcance determinado benefício.

Lembra Miranda que a "separação não determina necessariamente desconhecimento da realidade social e cultural religiosa, nem relega as confissões religiosas para a esfera privada"[421]. Ou seja, para Miranda, os benefícios exclusivos são justificados em razão da grande identificação social e cultural que alguns países possuem com o catolicismo romano.

Por outro lado, a existência de diversas confissões religiosas e consequentes atividades no seio da sociedade política, inclusive de auxílio ao Estado, não podem ser ignoradas ou colocadas em segundo plano. Na verdade, deve ser uma mola de propulsão para que se firmem laços de colaboração das mais diversas igrejas com o Estado e nos mais distintos domínios[422]. Como ensina Bacelar Gouveia: "separação cooperativa, em que o Estado colabora com as atividades desenvolvidas pelas confissões religiosas, havendo uma identidade de afins"[423]. A seguir, será verificado, mesmo que *en passant,* a presença ou não, das cinco características apontadas acima, com maior rigor na República Portuguesa, por motivos óbvios.

2.1. Portugal

A laicidade portuguesa passou por um processo de evolução que, em muitos aspectos, possui contornos pedagógicos no sentido de demonstrar como a religião e o Estado podem conviver sem que um cause opressão ao outro. Evidentemente que essa convivência pacífica não foi uma realidade desde as primeiras constituições do país. O "alargamento da liberdade e da igualdade no domínio da religião"[424] foi se consolidando aos poucos e não significa que, no processo, alguns erros não foram cometidos.

Apesar do pensamento liberal e republicano que ecoava na Europa do início do séc. XIX por meio das revoluções inglesa, norte-americana e francesa – apoiadas no pensamento de Locke, Montesquieu e Rosseau – e que implicaram nos planos teorético-político e jurídico-constitucional a valorização das liberdades individuais, sobretudo, da liberdade religiosa e da laicidade, os constituintes portugueses de 1822 deixaram de lado

421 MIRANDA, 2014, p. 6.

422 Ibidem.

423 BACELAR GOUVEIA, 2012, p. 26.

424 MIRANDA, 1993, p. 356.

a laicidade[425] para adotar um confessionalismo regalista nos moldes da Constituição Imperial do Brasil de 1824. Sob o ponto de vista da influência liberal, adotaram a separação dos poderes, os direitos fundamentais e a democracia representativa[426]. O texto constitucional português de 1822 expressava o constitucionalismo moderno, resultado da revolução liberal do Porto, ocorrida dois anos antes, no mesmo ano que o Tribunal do Santo Ofício foi extinto das terras portuguesas[427].

A Constituição portuguesa de 1822 declarava o catolicismo como religião oficial da nação e permitia apenas aos estrangeiros o exercício de cultos de outras religiões, desde que fosse de maneira particular (art. 25º). Percebe-se o sistema eleito pelo Estado: confessional, com proibição da dimensão externa da liberdade religiosa aos estrangeiros, isto é, nenhuma das características da laicidade presentes, nem mesmo a primeira e comum a todas: a *separação*.

O *status quo* se mantém com as Constituições de 1826[428] e 1838[429], dando continuidade ao mesmo modelo da monarquia liberal anterior[430].

425 Canas explica esse fenômeno em razão do fato de que os conflitos entre católicos e protestantes não adentraram em Portugal, sobretudo as ideias de separação da Igreja do Estado de Lutero, Calvino e outros. Ensina o professor: "La Reforma y los conflitos entre católicos y protestantes, apenas alcanzaron a Portugal. Las ideas de Lutero, Calvino, y otros, no fueron populares ni em la Corte ni entre la población. Do ahí que no resulte sorprendente que la primera Constituicón portuguesa promulgada em 1822 como consecuencia de la revolución liberal e inspirada em tales ideales, declare, em su artículo 25, que "la religión de la nación portuguesa es la católica" (1996, p. 262). Tradução nossa: "A Reforma e os conflitos entre católicos e protestantes mal chegaram a Portugal. As ideias de Lutero, Calvino e outros não eram populares nem na corte, nem entre a população. Assim, não é de estranhar que a primeira Constituição Portuguesa promulgada em 1822 como consequência da revolução liberal e inspirada em tais ideais declare, no seu artigo 25.º, que "a religião da nação portuguesa é a católica".

426 MACHADO, 1996, ps. 108-109.

427 OBEID, 2013, p. 36.

428 "Mantêm-se entretanto, na Carta, as consequências da confessionalidade já assinaladas na Constituição de 1822: as obrigações de juramento religioso do rei antes da aclamação, do herdeiro presuntivo ao atingir 14 anos, do regente e da regência e dos conselheiros de Estado, antes de tomares posse (arts. 76º, 79º, 97º e 109º, respectivamente): todos eles se comprometiam a mantar a religião católica, apostólica, romana" (ADRAGÃO, 2002, p. 300).

429 "Mantêm-se, na Lei Fundamental de 1838, os reflexos da confessionalidade do regime já apontados" (ADRAGÃO, 2002, p. 301).

430 MIRANDA, 2014, p. 8.

"Assim, nem a Carta Constitucional de 1826, cuja vigência se estende até à implantação da República, nem a Constituição de 1838 modificará substancialmente o 'estado das coisas'. O espírito confessional do Estado permanece inalterado"[431]. Miranda demonstra o regalismo português nas Constituições de 1822, 1826 e 1838:

> Mantinham a interferência do Rei na designação dos Bispos (art. 123º V da Constituição de 1822; art. 75º, § 2º, da Carta; art. 82º IV da Constituição de 1838) e previam o Beneplácito Régio (arts. 123º XII, 75º, § 14º, e 82º XII, respectivamente). A Constituição de 1822 prescrevia a celebração de missa na abertura das assembleias de voto (art. 53º) e o juramento religioso dos Deputados (art. 78º). E o Ato Adicional à Carta de 1885 declarava o Patriarca de Lisboa e os Arcebispos e Bispos membros vitalícios da Câmara dos Pares (art. 6º, § 2)[432].

Como se pode notar, as três constituições tinham em comum a *união*[433] entre o Estado e a Igreja Católica, as demais confissões religiosas e os demais credos eram meramente tolerados. Após o advento da Proclamação da República de 1910, o governo provisório de Teófilo Braga trouxe a chamada Lei de Separação[434] (20.04.1911) que, apesar dos artigos defendendo a liberdade de consciência (artigo 1º), a vedação à perseguição religiosa (art. 2º) e a liberdade de culto público para qualquer religião (art. 8º), não descrevia o cenário prático português que mostrou um espírito inicial com teor laicista[435] semelhante ao modelo francês já

431 MACHADO, 1996, p. 112.

432 MIRANDA, 2014, p. 9.

433 "No sistema da união, situa-se o modelo confessional em que o Estado apoia um determinado credo ou confissão religiosa e com este(a) mantém relações jurídicas" (VIEIRA; REGINA, 2021, p. 108). Mesmo posicionamento de Silva: "Na hipótese da *união*, verificam-se relações jurídicas entre o Estado e determinada Igreja no concernente à sua organização e funcionamento, como, por exemplo, a participação daquele na designação dos ministros religiosos e sua remuneração. Foi o sistema do Brasil Império" (1999, p. 253).

434 Lavra de Afonso Costa.

435 Percebe-se a inspiração da Lei de Separação portuguesa na lei francesa de 09 de dezembro de 1905, conforme explica Adragão (2002, p. 322). No mesmo sentido, Canas: "La revolución republicana de 1910, fue también una revolución religiosa. Una de las decisiones más significativas de los nuevos governantes republicanos fu ela proclamación del princípio de separación entre la Iglesia y el Estado, obviamente inspirada en la ley francesa de 1905.

que contou com casos de perseguição a católicos e tinha, nada menos, que um Ministro da Justiça e dos Cultos. Foi um momento com avanços em alguns artigos e retrocessos[436] na prática e em outros artigos da mesma lei, como observa Miranda:

> Por um lado, garantiu formalmente a liberdade de consciência e de crença e a igualdade política e civil de todos os cultos (art. 3º, nºs 4 e 5); por outro lado, adotou medidas restritivas da atividade das confissões religiosas, dirigidas especialmente contra a Igreja Católica. [...] estabelecia-se que o ensino ministrado nos estabelecimentos públicos e particulares fiscalizados pelo Estado seria neutro em matéria religiosa (art. 3º, nº 10) e mantinha-se «a legislação em vigor que extinguiu e dissolveu em Portugal a Companhia de Jesus, as sociedades nela filiadas e todas as congregações religiosas e ordens monásticas» (art. 3º, nº 12)[437].

A lei da separação de 1911 estabelece a *separação*, primeira característica de um Estado laico, entretanto, como visto, nenhuma das outras características são encontradas, nem ao menos a da *liberdade* de atuação.

La Constitución de 1911 confirmaría este princípio. Debido a algunos impulsos radicales jacobinos y, probablemente, también a cierto conservadurismo de la Iglesia católica, el princípio de separación no se interpreto como imperativo de neutralidad de las instituciones estatales hacia la Iglesia. Separación, em muchos ascpetos, significó oposición. En vez de ser neutral, el Estado adoptó a menudo una actitud negativa hacia la religión y la existencia de Dios y se involucró en uma pugna constante com la Iglesia católica". (1996, 263). Tradução nossa: "A revolução republicana de 1910 também foi uma revolução religiosa. Uma das decisões mais significativas dos novos governantes republicanos foi a proclamação do princípio da separação entre Igreja e Estado, obviamente inspirado na lei francesa de 1905. A Constituição de 1911 confirmaria esse princípio. Devido a alguns impulsos jacobinos radicais e provavelmente também a certo conservadorismo da Igreja Católica, o princípio da separação não foi interpretado como um imperativo de neutralidade das instituições do Estado em relação à Igreja. Separação, em muitos aspectos, significou oposição. Em vez de ser neutro, o Estado muitas vezes adotou uma atitude negativa em relação à religião e à existência de Deus e se envolveu em uma luta constante com a Igreja Católica."

436 "A febril produção legislativa em matéria religiosa, entre 1910 e 1911, deve assim ser interpretada como instrumento, mais do que motor, desta campanha de perseguição religiosa; conheceria o seu momento mais estruturado na Lei da Separação" (ADRAGÃO, 2002, p. 320). Na sequência, Adragão descreve 14 leis publicadas na época, nesse sentido (p. 320-322).

437 MIRANDA, 2014, p. 10.

O caminho para a chegada do modelo constitucional atual português ainda passaria por algumas fases, sucedido pelo período autoritário de 1933 que, apesar do modelo de governo, adotou em sua Constituição a inviolabilidade de crenças no ponto 3º do artigo 8º, a proteção aos locais de culto no art. 47º e o princípio das organizações religiosas junto com a corroboração da liberdade de culto público no art. 45º (PORTUGAL, 1933). A Constituição de 1933 representou um avanço na construção da laicidade portuguesa e de sua liberdade religiosa (ADRAGÃO, 2002, p. 334). Adragão demonstra algumas originalidades desta Carta:

- Reconhecimento da liberdade religiosa também na sua dimensão institucional da liberdade de organização de todas as religiões (art. 45º), com definição conjunta da posição da Igreja Católica e das outras confissões religiosas, sem embargo da alusão expressa à primeira, da ressalva das Concordatas relativas ao Padroado do Oriente e das relações diplomáticas Santa Sé-Portugal (art. 46º).
- Consignação do princípio da separação Igreja-Estado na Lei Fundamental (art. 46º), pela primeira vez na história constitucional portuguesa.
- Proibição de destinação pelo Estado, a outro fim, de templos, edifícios, dependências ou objetos de culto afetos a uma religião (art. 47º) (ps. 334-5).

De 1940 até a Constituição Portuguesa de 1976, o desenvolvimento da laicidade portuguesa foi avançando – a começar pelo desaparecimento dos "ressaibos laicistas e antirreligiosos"[438], seguido da celebração de Portugal com a Santa Sé em 1940 de uma concordata[439] que reconheceu a personalidade jurídica da Igreja Católica Apostólica Romana e a proteção ao Direito Canônico Católico contra qualquer arbitrariedade por parte do Estado (VATICANO, 1940). Com a revisão constitucional de 1951, a religião católica passa a ser reconhecida como religião da nação portuguesa e não do Estado Português, fugindo do sistema confessional de relação Estado e Igreja, o que Adragão chamou de "confessionalidade

[438] MIRANDA, 1993, p. 363.

[439] "A Concordata de 1940 significou, entretanto, a resolução do conflito entre a Santa Sé e o Estado Português, aberto pela I República" (MIRANDA, 1993, p. 336).

sociológica"[440]. Miranda demonstra a diferenciação de tratamento entre a Igreja Católica e as demais confissões religiosas:

> [...] 1º) enquanto que as relações entre a Igreja Católica e o Estado seriam objeto de concordatas e outros acordos com a Santa Sé, as relações com as outras confissões religiosas dependeriam da lei, a qual regularia «as manifestações exteriores» dos respectivos cultos; 2º) enquanto que a personalidade jurídica das associações e organizações católicas continuava a ser reconhecida ope legis, a das associações e organizações doutras confissões apenas podia ser reconhecida; 3º) às confissões não católicas ligava-se a proibição da «difusão de doutrinas contrárias à ordem estabelecida» (§ único do art. 46º)[441].

Percebe-se, a presença de três fases da relação Igreja e Estado de 1933 a 1976. A primeira fase – e mais semelhante com a fase atual – foi inaugurada pela Constituição e encontrou seu fim na revisão constitucional de 1951. Nessa fase, observa-se as características de *separação, liberdade* de atuação, *benevolência* e, de certa forma até, *igual consideração* entre todas as organizações religiosas. Já a segunda fase é marcada pelo apaziguamento e pela aproximação com a religião católica, em decorrência dos excessos da 1ª República. A igualdade das confissões religiosas é posta de lado em benefício da Igreja Católica Romana, considerada a religião da nação portuguesa, deixando de lado a característica da *igual consideração.* Por fim, a terceira fase é posterior ao ano de 1971 e é inaugurada com a Lei da liberdade religiosa de nº 4/71, tentando resolver o problema da igualdade das demais confissões[442], todavia com moldes bem restritivos[443].

A promulgação da Constituição de 1976 consolidou as raízes do sistema cooperativo de laicidade em Portugal, firmando o princípio da

[440] ADRAGÃO, 2002, p. 336.

[441] MIRANDA, 2014, p. 11.

[442] "En 1971, durane la "etapa liberal" del régimen, la Ley 4/71 intentó mitigar este sistema de privilegio extendiendo algunos derechos intitucionales a otras confessiones, y algunos derechos civiles a sus membros. Pero no los mismos derechos que disfrutaba la Iglesia católica" (CANAS, 1996, p. 264.) Tradução nossa: "Em 1971, durante a "fase liberal" do regime, a Lei 4/71 tentou mitigar esse sistema de privilégios estendendo alguns direitos institucionais a outras confissões e alguns direitos civis aos seus membros. Mas não os mesmos direitos de que gozava a Igreja Católica."

[443] MIRANDA, 1993, ps. 363-4.

igualdade (art. 13[444]); a não limitação da liberdade de consciência e de religião em decretação de estado de sítio ou emergência (art. 19, nº 6); a proteção da fé religiosa em relação aos ataques cibernéticos (art. 35[445]); proteção à dimensão interna e externa da crença (art. 41[446]) e, por fim, a proteção dos direitos do trabalhador que não podem ser privados em razão de sua fé (art. 59, nº 1[447]). Assevera Miranda:

> Finalmente, a Constituição de 1976 vem garantir a liberdade religiosa sem acepção de confissões e sem quaisquer limites específicos. É um estádio mais avançado do que os sucessivos regimes anteriores de união, de neutralidade laicista de relação preferencial com a Igreja Católica, e a separação serve essencialmente de garantia da liberdade e da igualdade[448].

[444] Artigo 13.º [...] 2. Ninguém pode ser privilegiado, beneficiado, prejudicado, privado de qualquer direito ou isento de qualquer dever em razão de ascendência, sexo, raça, língua, território de origem, religião, convicções políticas ou ideológicas, instrução, situação econômica, condição social ou orientação sexual (PORTUGAL, 1976).

[445] Artigo 35.º [...] 3. A informática não pode ser utilizada para tratamento de dados referentes a convicções filosóficas ou políticas, filiação partidária ou sindical, fé religiosa, vida privada e origem étnica, salvo mediante consentimento expresso do titular, autorização prevista por lei com garantias de não discriminação ou para processamento de dados estatísticos não individualmente identificáveis (PORTUGAL, 1976).

[446] Artigo 41.º Liberdade de consciência, de religião e de culto
1. A liberdade de consciência, de religião e de culto é inviolável.
2. Ninguém pode ser perseguido, privado de direitos ou isento de obrigações ou deveres cívicos por causa das suas convicções ou prática religiosa.
3. Ninguém pode ser perguntado por qualquer autoridade acerca das suas convicções ou prática religiosa, salvo para recolha de dados estatísticos não individualmente identificáveis, nem ser prejudicado por se recusar a responder.
4. As igrejas e outras comunidades religiosas estão separadas do Estado e são livres na sua organização e no exercício das suas funções e do culto.
5. É garantida a liberdade de ensino de qualquer religião praticado no âmbito da respetiva confissão, bem como a utilização de meios de comunicação social próprios para o prosseguimento das suas atividades.
6. É garantido o direito à objeção de consciência, nos termos da lei (PORTUGAL, 1976).

[447] Artigo 59.º (...) 1. Todos os trabalhadores, sem distinção de idade, sexo, raça, cidadania, território de origem, religião, convicções políticas ou ideológicas, têm direito (PORTUGAL, 1976).

[448] MIRANDA, 1993, p. 364.

Bacelar Gouveia, por sua vez, ressalta que o sistema atual de liberdade religiosa português, além de ser um direito garantia no sentido de direito público subjetivo, é uma liberdade na acepção de direito objetivo, ou seja, ordenador da sociedade e, por isso, não poderia ser afetado na vigência do estado de exceção constitucional[449].

> Art. 19.º (...) 6. A declaração do estado de sítio ou do estado de emergência em nenhum caso pode afetar os direitos à vida, à integridade pessoal, à identidade pessoal, à capacidade civil e à cidadania, a não retroatividade da lei criminal, o direito de defesa dos arguidos e a liberdade de consciência e de religião[450].

Por derradeiro, a Lei da Liberdade Religiosa de nº 4/71 foi substituída pela Lei nº 16/2001, de mesmo nome, que prevê expressamente a cooperação do Estado com as organizações religiosas, tendo como objetivo o bem comum:

> Artigo 5.º — Princípio da cooperação
> O Estado cooperará com as igrejas e comunidades religiosas radicadas em Portugal, tendo em consideração a sua representatividade, com vista designadamente à promoção dos direitos humanos, do desenvolvimento integral de cada pessoa e dos valores da paz, da liberdade, da solidariedade e da tolerância[451].

A República portuguesa possui um sistema de laicidade com as características de *separação, liberdade, benevolência e colaboração*, conforme pode ser verificado em diversos artigos da Lei da Liberdade Religiosa. A característica da *separação* pode ser observada nos artigos 41, item 4 e 3º e 4º, enquanto a característica da *liberdade* de atuação de cada poder (religioso e político), dentro de sua respectiva esfera de competência, no mesmo artigo 41, item 4 e nos artigos 3º, 9º. A benevolência e a colaboração também podem ser encontradas na lei citada, especificamente nos artigos 41, itens 2, 3, 5, 6; 19, item 1; 6º, 8º e do 10º ao 19º e nos artigos

[449] BACELAR GOUVEIRA, 2012, p. 32.

[450] PORTUGAL, 1976.

[451] Disponível em: https://bit.ly/3FZUk1N. Acesso em: 13 dez. 2021.

5º e do 20º ao 25º e 28º, respectivamente. Os artigos citados da Lei da Liberdade Religiosa são apenas a título exemplificativo, tendo em vista que todos os artigos dessa lei demonstram de uma forma ou de outra as quatro características mencionadas.

A única das cinco características de uma laicidade colaborativa não encontrada no sistema português foi a característica da *igual consideração,* resquício de sua longa caminhada de excessos e acertos com a Igreja Católica. Um exemplo é a restituição do IVA[452] apenas e tão somente à Igreja Católica, conforme previsto no Decreto-Lei 20/90, alterado pela Lei 52-C/96, Decreto-Lei 323/98, Lei 30-C/2000 e pelo Decreto-Lei 238/2006. *Per se*, tal atitude demonstra a falta desse quesito[453]. A própria Lei da Liberdade Religiosa prevê diferenças de tratamento entre Igrejas com menos de 60 anos de existência e 30 anos de presença em Portugal[454]. Conclui-se que o sistema de laicidade português é colaborativo, no entanto, não com todas as religiões, faltando-lhe a característica da *igual consideração.*

[452] Imposto sobre valor acrescentado, veja mais em: https://sites.google.com/site/portugaltax/iva.

[453] "La Iglesia católica todavia disfruta de privilégios no garantizados a las demás confessiones, y que el Estado português opta aún por cumplir tareas propias de la confessión religiosa mayoritaria" (CANAS, 1996, p. 266). Tradução nossa: "A Igreja Católica ainda goza de privilégios que não são garantidos às outras confissões, e que o Estado Português ainda opta por cumprir tarefas próprias da confissão religiosa maioritária."

[454] Artigo 37.º Igrejas e comunidades religiosas radicadas no País

1 – Consideram-se radicadas no País as igrejas e comunidades religiosas inscritas com garantia de duração, sendo a qualificação atestada pelo membro do Governo competente em razão da matéria, em vista do número de crentes e da história da sua existência em Portugal, depois de ouvir a Comissão da Liberdade Religiosa.

2 – O atestado não poderá ser requerido antes de 30 anos de presença social organizada no País, salvo se se tratar de igreja ou comunidade religiosa fundada no estrangeiro há mais de 60 anos. O atestado é averbado no registo.

3 – O requerimento do atestado será instruído com a prova dos factos que o fundamentam, aplicando-se o disposto no artigo 38.º

Artigo 45.º Acordos entre igrejas ou comunidades religiosas e o Estado

As igrejas ou comunidades religiosas radicadas no País ou as federações em que as mesmas se integram podem propor a celebração de acordos com o Estado sobre matérias de interesse comum. Lei 16/2001, disponível em: https://bit.ly/3FZUk1N. Acesso em: 13 dez. 2021.

2.2. Espanha

A Espanha é formada por uma sociedade política de maioria monoconfessional católica, com cerca de mais de 90% de sua população[455]. Como demonstra Ibán: "Em suma, a única organização religiosa com forte presença na Espanha (historicamente parte de um monopólio quase absoluto) é a Igreja Católica[456]", o que influencia diretamente na construção de sua laicidade.

O sistema da laicidade espanhol está consolidado na Constituição que foi sancionada pelo Rei Don Juan Carlos I em 27 de dezembro de 1978. O artigo 16 declara que a religião não terá caráter oficial; contudo, destaca a cooperação do Estado com a Igreja católica, nominando-a. Araújo denomina a Constituição Espanhola como uma Constituição Aconfessional, ou seja, "que não adota ou reconhece nenhuma religião como oficial, ainda que possa ter acordos de colaboração ou ajuda econômica com algumas instituições religiosas"[457].

Adragão, por seu turno, explica que a Constituição de 1978 abriu um processo de desconfessionalização[458] do Estado Constitucional Espanhol, realizando a transição de um sistema confessional com cooperação tão somente à fé católica para uma tentativa de relação de *igual consideração* com todas as confissões religiosas, coroando a liberdade religiosa. É o que Ollero Tassara denomina da laicidade positiva:

> A laicidade positiva consagrada em nossa Constituição implica, ao contrário, o reconhecimento efetivo da liberdade religiosa como direito fundamental do cidadão, a cujo serviço o Estado deve manter as consequentes relações de cooperação com as confissões. Na realidade, o secularismo não se opõe à cooperação com as confissões, mas ao clericalismo[459].

[455] ADRAGÃO, 2002, p. 232.

[456] Original: "En resumen, la única organización religiosa con una fuerte implantación en España (históricamente parte de un monopolio casi absoluto) es la Iglesia católica" (IBÁN, 1996, p. 93).

[457] ARAUJO, 2014, p. 11.

[458] Nesse processo de "desconfessionalização", Haddad exalta com um dos principais pontos a manutenção da "essência cristã, manifestada pela adoção dos valores essenciais da filosofia e da moral cristã, e pelo respeito para com a crença católica, da grande maioria dos espanhóis" (1981, p. 115).

[459] TASSARA, 2018, p. 11.

O artigo 16 da Constituição Espanhola prescreve:

> Artigo 16
> 1. É garantida a liberdade ideológica, religiosa e de culto dos indivíduos e das comunidades sem mais limitação, nas suas manifestações, que a necessária para a manutenção da ordem pública protegida por lei.
> 2. Ninguém será obrigado a declarar sobre a sua ideologia, religião ou crenças.
> 3. Nenhuma confissão terá carácter estatal. Os poderes públicos terão em conta as crenças religiosas da sociedade espanhola e manterão as necessárias relações de cooperação com a Igreja Católica e as demais confissões[460].

A Espanha, a exemplo de Portugal, possui um Estatuto próprio da Liberdade Religiosa: a Lei Orgânica de nº 7/1980 que prevê uma série de garantias, especialmente:

> Artigo 2º.
> Um. A liberdade de religião e culto garantida pela Constituição inclui, com a consequente imunidade de coerção, o direito de toda pessoa a:
>
> a) O direito de professar crenças religiosas livremente escolhidas ou o direito de não professar nenhuma, que inclui também o direito de mudar a confissão ou abandonar a que foi professada.
> b) O direito à prática de atos de culto, entre os quais devemos citar o direito de receber assistência religiosa, comemorar suas festas e celebrar seus ritos, bem como não ser obrigado a praticar nenhum tipo de culto.
> c) O direito de receber e transmitir ensino religioso e informações de todos os tipos, incluindo o direito de escolher uma educação religiosa e moral que esteja de acordo com suas próprias convicções.
> d) O direito de se reunir e manifestar publicamente para fins religiosos, bem como o direito de se associar para desenvolver este tipo de atividade.
>
> Dois. Também inclui a lei das Igrejas, Confissões e Comunidades religiosas para estabelecer locais de culto ou reunião para fins religiosos, para designar

460 ESPANHA, 1978.

e treinar a seus ministros, para divulgar e propagar seu próprio credo, e para manter relações com suas próprias organizações ou com outras confissões religiosas, seja em território nacional, seja no estrangeiro[461].

Como se infere nos artigos citados, o sistema de laicidade escolhido e implantado na Espanha, além das características da *separação* dos poderes político e religioso e da *liberdade* de atuação das igrejas em seu domínio espiritual e de culto (regulação interna), possui um olhar *benevolente* ou positivo – como ensina Ollero Tassara[462] – e *colaborativo* para com o fenômeno religioso. Por conseguinte, uma estrutura identificada com a laicidade cooperativa, sendo o termo extraído da literalidade do ponto 3 do artigo 16: "cooperação com a Igreja Católica e as demais confissões", o que, aliás, foi inovador sob o ponto de vista do Direito Constitucional:

> A cooperação entre o Estado e as confissões religiosas é, na Constituição Espanhola de 1978, um mandato constitucional genérico, o que constitui um elemento inovador: as Constituições alemã e italiana, que também contemplam este princípio, fazem-no de modo não imperativo, mas indicativo, pressupondo um estado de coisas já existente[463].

Para os juristas espanhóis Viladrich e Ortiz, "a liberdade religiosa, além de ser um Direito fundamental, é também um princípio de organização social e de configuração política, porque contém uma ideia ou definição de Estado"[464], o que *per se* demonstra a importância que os espanhóis emprestam à liberdade religiosa, coroada pelos 12 artigos principiológicos[465] da Lei Orgânica da Liberdade Religiosa (LOLR).

De outra banda, o sistema cooperativo espanhol prevê a existência de duas vias para a cooperação do Poder Público. A primeira é a via de cooperação com a fé católica romana, por meio da Igreja Católica Romana, enquanto a segunda via é a utilizada para as demais religiões. Tal postura

461 ESPANHA, 1980, tradução nossa.

462 TASSARA, 2009, p. 206.

463 ADRAGÃO, 2002, p. 261.

464 VILADRICH; ORTIZ *apud* ADRAGÃO, 2002, p. 248,

465 "A curta extensão da LOLR é chamativa: consta de apenas doze preceitos, o que indica que o legislador teve em vista: uma declaração de princípios" (ADRAGÃO, 2002, p. 237).

demonstra uma espécie de confessionalidade sociológica do Estado Espanhol[466].

O jurista espanhol Ibán revela que o constituinte originário espanhol, ao buscar uma saída do Estado confessional sem estremecer as relações com a Igreja Católica, firmou dois compromissos: o primeiro de considerar digno de proteção o fenômeno religioso que se aproxima do católico ou lhe é similar, além do próprio catolicismo, e o segundo compromisso de auxiliar as confissões religiosas (católica e similares) em seus fins. Tais compromissos, para Ibán, nada mais são do que o reflexo de um Estado confessional subjacente[467].

Ainda, quando a Constituição espanhola afirma em seu artigo 16.3 que manterá "as necessárias relações de cooperação com a Igreja Católica e as demais confissões", especifica que a cooperação se dará com a Igreja Católica, impondo outros requisitos complementares para as demais confissões religiosas, tais como: registro, número de crentes e 'raízes bem estabelecidas na Espanha' (Artigo 7º da LOLR). Como ensina Adragão, desde o ano de 1980, apenas três organizações religiosas possuem esse *status* e conseguiram firmar convênios de colaboração com o Poder Público espanhol, quais sejam: Federação de Entidades Evangélicas da Espanha; Federação de Comunidades Israelitas da Espanha e Comissão Islâmica da Espanha[468].

À vista disso, Ollero Tassara critica o afastamento da laicidade espanhola da característica da *igual consideração* ao privilegiar religiões majoritárias em detrimento de religiões minoritárias, por mais que o artigo 9.2[469] da Constituição Espanhola possa resolver esse problema por meio de ações estatais afirmativas[470].

[466] CALSING; SANTOS; SANTOS, 2017, p. 377.

[467] IBAN, 1996, p. 101.

[468] ADRAGÃO, 2002, p. 239.

[469] Artigo 9.º 2. Corresponde aos poderes públicos promover as condições para que a liberdade e a igualdade do indivíduo e dos grupos em que se integram sejam reais e efectivas; remover os obstáculos que impeçam ou dificultem a sua plenitude e facilitar a participação de todos os cidadãos na vida política, económica, cultural e social (ESPANHA, 1978).

[470] TASSARA, 2009, p. 206.

2.3. Itália

O sistema italiano de laicidade também adota um perfil cooperativo, no qual se identificam semelhanças com a laicidade colaborativa brasileira, tal como a portuguesa e a espanhola. A religião é uma realidade na vida dos italianos, levando em conta que a história do cristianismo passa por Roma. Não é à toa que a maioria dos italianos se declaram católicos, e quase 90% das crianças estudam em escolas confessionais católicas, particulares ou públicas. Isso, sem esquecer que é o direito romano "a realidade jurídica mais próxima na história humana, do próprio direito natural"[471].

A base do direito natural, apesar do recorte de Grotius referido na primeira parte da obra, está na ideia de que é graças ao fato de os seres humanos terem sidos criados à imagem e à semelhança de uma divindade dotada de verdade, infalibilidade, poder, sapiência, providência e onisciência[472] que os indivíduos são dotados de direitos e garantias fundamentais.

Pela proximidade do direito romano com o direito natural e pela vontade popular majoritariamente cristã representada pelo constituinte originário italiano de 1948, o resultado foi a escolha de um sistema de laicidade que reconhece a importância do fenômeno religioso para a humanidade. Destarte o exercício de crença é protegido, independentemente de qual seja (art. 3º); o princípio da liberdade religiosa é entronizado (art. 8º); a liberdade de crença individual e coletiva, inclusive de propaganda e exercício de culto privado ou público é afirmada (art. 19º); e, por fim, a Constituição estabelece o princípio de não discriminação legislativa e fiscal na forma de organização, funcionamento e estrutura interna das organizações religiosas (art. 20).

Um exemplo da laicidade positiva vigente no Estado Italiano pode ser verificado na sentença constitucional nº 203/1989 da Corte Italiana envolvendo o ensino confessional católico nas escolas. Restou decidido que "a laicidade é um princípio supremo e decorrente da Constituição. A sentença garantiu que a laicidade italiana [...] não implica na adoção de um modelo de indiferença das religiões"[473]. Em 2017, a República Italiana adiciona mais um documento importante à sua realidade jurídica, a *Carta dei valori della cittananza e dell'integrazione* (Carta de Valores de Cidadania

[471] BOBBIO; MATTEUCCI; PASQUINO, 2010, ps. 294-5.

[472] BROTERO, 1829, p. 7.

[473] RODRIGUES, 2017, p. 2.

e Integração), que dedica um capítulo inteiro para discorrer sobre a laicidade.

Neste capítulo, a plena liberdade religiosa é enfatizada, bem como a igualdade das confissões religiosas perante a lei e a igualdade de condições jurídicas entre todas as organizações religiosas[474]. O art. 20 da Constituição Italiana afirma que: "O caráter eclesiástico e o fim religioso ou de culto de uma associação ou instituição não podem ser causa de especiais restrições legislativas, nem de especiais ônus fiscais por sua constituição, capacidade jurídica ou de qualquer forma de atividade". As características da benevolência e da colaboração são expressas nesse dispositivo, assegurando a vertente positiva da liberdade religiosa. O texto magno italiano veda que o Estado, por seu parlamento, crie qualquer lei restritiva às organizações religiosas. Instrui Adragão:

> A originalidade italiana também se exprime na garantia constitucional expressa no princípio da bilateralidade normativa em matéria religiosa: a elaboração da legislação sobre liberdade religiosa deve ser pactuada com as confissões religiosas, suas destinatárias. Esse princípio é fruto de um entendimento mais aprofundado da liberdade das confissões religiosas e da relação que deve existir entre elas e o poder político[475].

Por outro lado, por mais que o artigo 3º da Constituição Italiana preveja a igualdade entre todas as crenças, o artigo 7º[476] possui uma norma específica destinada à Igreja Católica. Ferrari ensina:

[474] "A Carta dei valori della cittadinanza e dell'integrazione possibilita o reconhecimento da igualdade e da liberdade de todas as diferentes manifestações religiosas, o diálogo inter-religioso e intercultural, a liberdade de seguir ou não seguir uma determinada religião, a liberdade de discussão com base em questões religiosas e o respeito aos diversos símbolos religiosos. Trata-se de um grande avanço, já que não há uma lei na Itália que possa regular o direito de liberdade religiosa, o princípio da laicidade do Estado e as relações entre o Estado e as diferentes manifestações religiosas" (RODRIGUES, 2017, p. 2).

[475] ADRAGÃO, 2017, p. 62.

[476] Art. 7º. O Estado e a Igreja Católica são, cada um na própria esfera, independentes e soberanos. As relações entre ambos são regulamentadas pelos Pactos Lateranenses. As modificações dos Pactos, concordadas pelas duas partes, não requerem procedimento de revisão constitucional (ITALIA, 1948).

> De acordo com o art. 7 da Constituição, o Acordo de Villa Madama entre o Estado italiano e a Igreja Católica foi estipulado em 1984, que substituiu a Concordata de Latrão de 1929. Esse Acordo foi seguido por outros acordos específicos relativos à disciplina de entidades e bens eclesiásticos (1984), ensino da religião católica em escolas públicas (1985), feriados religiosos (1985) e assistência religiosa à polícia (1990) (1996, p. 175, tradução nossa)[477].

Existe um acordo específico com a Igreja que é o Villa Madama, entretanto, nada impede que as demais confissões religiosas possam firmar acordos e convênios com o Estado Italiano, conforme dispõe o art. 8º da Constituição[478], sãos os convênios denominados de *intese*. É de se destacar que poucas *inteses* foram firmadas até os dias de hoje: a) Mesa Valdense (1984); b) Igrejas Adventistas do Sétimo Dia (1986); c) Assembleias de Deus (1986); d) União das Comunidades Judaicas (1987); e) União Cristã Evangélica Batista (1993); f) Igreja Evangélica Luterana (1993). Trata-se de uma espécie de segundo nível de relação do Estado com tais religiões, distinto em direitos do nível primeiro que é o da Villa Madama. Por fim, as igrejas e os credos que não possuem *inteses* firmadas com o Estado são submetidos à Lei nº 1.159, de 24 de junho de 1929[479].

Observa-se que "no topo, encontra-se a Igreja Católica, que goza de uma posição preferencial, em razão de número de fiéis e da sua importância na história. A sua posição é garantida pelo acordo Villa Madama" (ADRAGÃO, 2002, p. 211). Ferrari adverte que o sistema italiano de laicidade, "na verdade, foi configurado como um sistema de três

[477] Original: "De conformidad con el art. 7 de la Constitución, se ha estipulado, en el año 1984, el Acuerdo de Villa Madma entre el Estado italiano y la Iglesia católica, que ha substituido al Concordato lateranese de 1929. A este Acuerdo han seguido otros convenios específicos relativos a la disciplina de los entes y bienes eclesiásticos (1984), a la enseñaza de la relgión católica en la escuelas públicas (1985), a las festividades religiosas (1985) y a la asistencia religiosa al cuerpo de policía (1990) (FERRARI, 1996, p. 175).

[478] Art. 8 Todas as confissões religiosas são igualmente livres perante a lei. As confissões religiosas diversas da católica têm direito de se organizar conforme os próprios estatutos, desde que não contrastem com o ordenamento jurídico italiano. As relações delas com o Estado são regulamentadas por lei, com base nos acordos com as respetivas representações (ITALIA, 1948).

[479] FERRARI, 1996, ps. 175-6.

níveis"[480] (1996, p. 177). Isto é, no primeiro nível, está a Igreja Católica, no segundo nível, seis grupos religiosos presentes há muito tempo na Itália (citados acima) e um terceiro grupo formado pelos credos relativamente recentes, pouco numerosos e que possuem doutrinas e práticas mais contrastantes com a exegese italiana sobre ordem pública, que é o caso, por exemplo, dos Testemunhas de Jeová e Mulçumanos. Estes grupos são regidos pela Lei 1.159/1929, que possui normas de Direito Comum às associações, com exclusão de diversos benefícios que os demais grupos religiosos possuem em matéria de financiamento, educação e de assistência religiosa (p. 177)[481].

A laicidade italiana separa os poderes político do religioso mantendo a colaboração entre eles e a liberdade de atuação de cada um com uma postura benevolente (positiva no dizer de Ollero Tassara), por parte do Estado, com o fenômeno religioso. Como se percebe, a característica da *igual consideração* não é encontrada no Estado laico italiano, como ensinam Ferrari, Adragão, Sánchez, Espiga e Navarro[482]. O especial tratamento dedicado à Igreja católica, apesar de sua relevância histórica e numérica, principalmente em razão do tratamento meramente associativo para religiões minoritárias e que não se encontram no tronco das parecenças de família do cristianismo[483], rechaça a igual consideração.

[480] "De echo, viene configurándose como un sistema de tres niveles" (FERRARI, 1996, p. 177).

[481] Mesmo entendimento de Adragão (2002, p. 211-2).

[482] "O subsistema jurídico constituído pela proteção da liberdade religiosa, no âmbito das liberdades em geral, privilegia, em certa medida, as organizações religiosas mais representativas denominadas confissões religiosas, conforme determinado pelos artigos 7º e 8º do mesmo texto constitucional." "El subsistema jurídico conformado por la protección de la libertad religiosa, dentro de las libertades en general, privilegia, en certa medida, a las organizaciones religiosas más representativas denominadas confesiones religiosas, según determinan los artículos 7 y 8 del mismo texto constitucional" (SÁNCHEZ; ESPIGA; NAVARRO, 2015, p. 85, tradução nossa).

[483] Rhonheimer ensina que é característica do laicismo, e não da laicidade, negar a tradição católica e o próprio cristianismo. Para ele, a cultura, o direito e a filosofia ocidental estão impregnados do espírito cristão, razão pela qual, *per se*, a relação do Estado com a religião, inclusive o cristianismo em geral e o catolicismo em particular, deve sempre levar isso em conta (2009, p. 23-30). O que, por outro lado, não justifica o tratamento meramente associativo dispensado às religiões minoritárias pelo Estado Italiano.

Os três países analisados se relacionam com o fenômeno religioso por meio de uma postura positiva e colaborativa, com textos constitucionais anteriores à Constituição Brasileira de 1988; sendo assim, influências diretas ao constituinte brasileiro. Por outro lado, é notória a influência do Direito Francês no Direito Brasileiro, ***o que não ocorreu*** *na questão envolvendo* ***a laicidade estatal e a liberdade religiosa****, conforme será demonstrado no próximo tópico.*

3.
O LAICISMO

Muito diferente do conceito de laicidade, o laicismo é uma espécie que tem por definição o combate à religião na esfera pública[484], valendo-se dos instrumentos do Estado para retirar do espaço público e coibir expressões externas de qualquer religião. Trata-se de um sistema que vai além da separação, configurando-se como um verdadeiro cenário de colisão originado da pretensão estatal de promover "a maior distância possível entre Estado e Igreja"[485]. Em contrapartida, a laicidade é a separação lícita e necessária entre os poderes religioso e político, sendo o laicismo seu oposto, isto é, a privatização da fé por meio de uma separação completa e absoluta[486].

A superação do *ancien régime* (antigo regime) francês é um dos cenários dos quais o laicismo se originou. Os poderes, as tradições, os usos e os costumes da sociedade francesa de 1790 estavam próximos de sua abolição com o advento da Revolução Francesa. Os ideais da Revolução Francesa de um "anticlericalismo que justifica e sustenta uma tendência à laicização do Estado e da sociedade, dos costumes e da mentalidade"[487] resultou no

[484] Trata-se de uma verdadeira "luta contra a religião e contra todas as formas de manifestação da religião na esfera pública" (MACHADO, 2013, p. 22).

[485] BRUGGER, 2010, p. 18.

[486] RANQUETAT JR., 2016, p. 53.

[487] BOBBIO; MATTEUCCI; PASQUINO, 2010, p. 32.

"surgimento, se não do ateísmo, pelo menos de uma certa indiferença religiosa"[488].

Em Tocqueville – que estava vivendo os primeiros efeitos da revolução francesa –, é possível vislumbrar uma discordância do pensamento posterior de Bobbio no que concerne a afirmação "pelo menos de uma certa indiferença religiosa". Tocqueville expõe que "uma das primeiras iniciativas da Revolução Francesa foi atacar a Igreja e, entre as paixões que nasceram dessa revolução, a primeira que se acendeu e a última que se extinguiu foi a paixão irreligiosa"[489]. Isto é, não se tratava de "certa indiferença religiosa", mas de perseguição. O historiador Dawson chega à mesma conclusão ao lembrar que o absolutismo do método de Rosseau e o racionalismo da época "se uniram na Revolução Francesa numa tentativa de varrer o passado e construir uma sociedade perfeita sobre as fundações da pura doutrina"[490]. Nessa toada de "varrer o passado", a religião estava junto.

A partir da Revolução Francesa, o laicismo se enraizou no movimento republicano europeu, tendo como objetivo estabelecer um corte radical com os modelos de unidade político-religiosos dos respectivos regimes anteriores (*ancien régime*), substituindo-os por uma abordagem crítico-racional, entronizando a deusa razão, como literalmente fora feito na França. Isso posto, não bastaria destronar os monarcas, o corte deveria ser mais profundo na direção de desmantelar as estruturas existentes, especialmente as institucionais[491]. O laicismo seria a verdade libertadora, e não a teologia, como era proclamado no *ancien régime*[492]. Para Machado, "a luta

[488] Ibidem, p. 31.

[489] TOCQUEVILLE, 2017, p. 53.

[490] TOCQUEVILLE, 2010, p. 105.

[491] Obeid ensina que o laicismo da França revolucionária se imiscuiu até no sacerdócio dos padres católicos e, por fim, foi proscrita: "A constituição civil do clero reduziu o número de bispos e padres, vinculou-os à máquina administrativa, como funcionários públicos, e estabeleceu eleição dos clérigos, obrigando-os a prestar um juramento de respeito às leis francesas, renunciando à autoridade papal. Na sequência dos acontecimentos, a Constituição da República Francesa de 1791 estabeleceu a exclusividade do matrimônio civil. Na fase mais radical da revolução, a Igreja Católica seria proscrita pelo governo jacobino, com a proclamação da religião da razão e do calendário revolucionário" (2013, p. 26).

[492] "Para o pensamento revolucionário, a religião institucionalizada tradicional é considerada opressora do espírito humano e contrária ao pensamento iluminado pela razão, devendo ser activamente combatida por um sistema público de educação laica. Por isso ele introduz uma laicidade de combate, intolerante e hostil para com a religião" (MACHADO, 2013, p. 22).

pelos valores da autonomia individual vai assumir uma maior virulência e constituir-se, em boa medida, como uma luta contra a religião e contra todas as formas de manifestação da religião na esfera pública"[493].

Todavia o ambiente de luta do laiscimo, por se afirmar como a verdade que liberta, era totalmente permeado por uma religiosidade que possuía de fato esse assento na sociedade política à época. A verdade que libertava, para aquela sociedade e suas estruturas, era a verdade da teologia. Assim, o laicismo acabou se traduzindo como o movimento que empurrou a religião como verdade do espaço público, muitas vezes até mesmo com atitudes hostis. O objetivo final era a secularização de toda a sociedade[494]. Esse foi o espírito que formou o laicismo e o move até os dias de hoje, com maior ou menor intensidade.

Se na laicidade, em qualquer uma de suas variações, a separação dos poderes político e religioso e a liberdade de atuação desses poderes são as características principais, no laicismo, o poder religioso não possui autonomia no espaço público e ainda é regulado no espaço privado, o que afronta exatamente tais características. Como ensina Ollero Tassara: "o termo laicidade positiva foi utilizado na doutrina espanhola e italiana para se referir ao Estado que deve colaborar com as confissões religiosas. Esta forma de entender a laicidade deixa clara sua oposição ao laicismo"[495]. Assevera Miranda:

> Laicidade significa não assunção de tarefas religiosas pelo Estado e neutralidade, sem impedir o reconhecimento do papel da religião e dos diversos cultos. Laicismo significa desconfiança ou repúdio da religião como expressão comunitária e, porque imbuído de pressupostos filosóficos ou ideológicos (o positivismo, o cientificismo, o livre pensamento ou outros), acaba por pôr em causa o próprio princípio da laicidade[496].

A oposição à laicidade é claramente identificada quando a característica da *separação* é desrespeitada pelo Poder Público por meio de ações afirmativas que empurram a religião para o espaço privado, em um cenário no qual "o Estado assume a competência regulamentar para a aplicação

[493] MACHADO, 2013, p. 22.

[494] MACHADO, 1996, ps. 306-7.

[495] TASSARA, 2018, p. 50.

[496] MIRANDA, 2014, p. 7.

de sua moral geral ou de seus valores constitucionais em face dos valores das diversas comunidades religiosas"[497]. Essa particularidade faz com que o laicismo também seja conhecido como "laicismo de combate". No laicismo, não há nenhum acordo ou intermediação institucional entre o Estado e a religião, esferas que possuem fontes de moral diferenciadas, mas que apenas o desiderato de que o Estado tem o poder de determinar o expurgo da religião, traduzido na mitigação da dimensão externa da crença. O objetivo do movimento laicista é a promoção da secularização como regra de comportamento público, como indica Gellner:

> [...] em termos gerais, a tese da secularização mantém-se, de fato, firme. Alguns regimes políticos estão abertamente associados a ideologias secularistas e antirreligiosas, enquanto outros estão oficialmente desvinculados da religião, praticando o secularismo mais por defeito do que por afirmação ativa. [...] A observância e a prática religiosa são reduzidas e os seus eventuais níveis elevados ficam a dever-se, com frequência [sic], ao cariz eminentemente social e não transcendente dos conteúdos religiosos. A doutrina formal é, por isso, ignorada, sendo a participação encarada como uma celebração da comunidade e não como convicção. Os assuntos religiosos raramente merecem destaque[498].

Pode-se dizer que o laicismo perde o aspecto de um sistema de relação entre as igrejas e o Estado para adotar uma posição de movimento ideológico[499], político e social ou, até mesmo, "uma forma fundamentalista de religião secular e tem algo como uma nova forma de confessionalismo[500]". Gamper demonstra que, diferentemente das democracias liberais, o laicismo decide pelo cidadão que a religião não é importante e, por isso, não deve ser externada no espaço público[501].

[497] BRUGGER, 2010, p. 20.

[498] GELLNER, 1994, p. 16.

[499] "O laicismo é uma ideologia totalitária contra toda e qualquer manifestação religiosa no campo público" (PERAZZO, 2015, p. 49). "Desse modo concebo o laicismo e/ou o secularismo como uma ideologia, uma visão do mundo alternativa às religiões históricas. Por consequência, esse projeto político advoga uma revolução cultural, e assim uma total transformação da ordem social e das mentalidades" (RANQUETAT JR, 2016, p. 46).

[500] "Una forma fundamentalista de religión secular y tiene algo de nueva forma de confessionalismo" (ÁLVAREZ, 2010, p. 55).

[501] GAMPER, 2016, ps. 26-63.

Contudo, mesmo que se compreenda o laicismo como um sistema, trata-se de um sistema negativo de relação Estado e religião; um sistema que tem como objetivo principal mitigar a expressão pública da religião, afetando a liberdade religiosa[502] em sua dimensão externa, no seu *action*. Brugger, ao analisar os sistemas de relação entre o Estado e a Igreja, identifica na hostilidade do laicismo uma infringência à liberdade religiosa, visto que as religiões devem possuir espaço de desenvolvimento. Se o Estado não permite o espaço de desenvolvimento das religiões, acaba por ocupá-lo, invadindo a ordem da transcendência, amalgamando em si a imanência e a transcendência, tornando-se o deus-Estado[503].

O resultado é o esvaziamento do caráter transcendental, somado a um esfriamento do exercício da fé[504] e de uma mitigação da liberdade religiosa, já que ocasiona uma "ruptura arbitrária e artificial do elo essencial que une toda a atividade com a ordem teonômica"[505]. Isso ocorre, pois, ao fazer uso dos locais base de formação do pensamento humano, como a escola e a cultura (por exemplo), para propagar o laicismo, torna algo natural do próprio pensamento humano, evitando-se que seja alvo de questionamentos por parte dos cidadãos. É o que Brechón observa como a metodologia da laicidade agressiva que envolve:

> [...] exterminar a religião, fazer desaparecer da vida social e erradicá-la das consciências individuais. Daí a importância da laicização da escola. Esta laicidade de combate substitui a religião divina por uma religião secular, com os seus grupos de pensamento e seus rituais. Certas crenças são enaltecidas: a razão, o progresso, o bem da humanidade, a livre discussão[506].

Esse processo de expurgo da religião também contribuiu para formação de modelos de governo que impõem uma visão estatal para áreas além

[502] Para Tavares, o laicismo implica em "um juízo de valor negativo, pelo Estado, em relação às posturas de fé. Baseado, historicamente, no racionalismo e cientificismo, é hostil à liberdade de religião plena nas suas práticas" (2010, p. 632).

[503] BRUGGER, 2010, p. 24.

[504] "No laicismo, a religião tem um valor negativo, existindo intolerância ao cunho religioso das pessoas, independentemente de sua crença. O laicismo não permite que as pessoas processem a sua fé" (HOFFMAN, 2012, p. 7).

[505] CIFUENTES, 1989, p. 158.

[506] BRÉCHON, 1995, p. 5, tradução nossa.

da religião. Se um Estado é capaz de interferir e ditar regras no fluxo das expressões religiosas, também pode fincar determinações para a economia e a vida social, como faz o comunismo, por exemplo.

> O laicismo europeu foi um laicismo antirreligioso e beligerante, ou pelo menos anticlerical; acabou desenvolvendo uma visão de mundo alternativa que entrou em competição direta com a visão religiosa de mundo. Sua expressão histórica máxima foi a ideologia comunista, que afetou especialmente os territórios em que o comunismo foi imposto como forma política[507].

O laicismo resulta na violação da liberdade religiosa como consequência da confusão oriunda de sua hostilidade com a manifestação e a influência pública da religião[508]. Para Álvares, o rechaço e o encurralamento do fato religioso é a patologização da laicidade, a qual denomina de laicismo[509].

A França é um exemplo de Estado nacional que pratica o laicismo. A Constituição Francesa (1958) "não garante expressamente a liberdade religiosa nem estabelece o regime constitucional das igrejas"[510]. A única previsão sobre liberdade religiosa da Constituição da França está disposta no artigo 1º: "A França é uma república [...] laica. Ela assegura a igualdade perante a lei de todos os cidadãos, sem distinção de origem, de raça ou de religião. A República respeita todas as crenças". Apenas e tão somente desse artigo, decorre a liberdade religiosa na França, ou melhor dizendo, a liberdade de crença, bem como a "laicidade francesa".

Schlegel, ao comentar a "saída francesa da religião", arremata que o Estado Francês se caracteriza por um sistema de "separação e de laicidade particularmente radical [...] A religião não tem nenhuma utilidade social, não traz nada à coletividade, é unicamente uma questão privada dos indivíduos"[511], demonstrando a conformação do sistema francês ao laicismo. Em 1989, o Conselho de Estado da França, por meio de uma circular (Diretiva nº 346.893), limitou o uso de símbolos religiosos e o uso

507 ARROYO, 2005, p. 101, tradução nossa.

508 PORRAS RAMIREZ, 2006, p. 132.

509 ALVAREZ, 2010, p. 55.

510 ADRAGÃO, 2002, p. 167.

511 SCHLEGEL, 2009, p. 72,

de véu nas escolas francesas, gerando diversos conflitos[512], especialmente entre as alunas mulçumanas[513].

Mais de 20 anos depois, o Ministério da Educação Francesa emite a Carta da Laicidade Francesa de 2013, operacionalizando o expurgo da religião do espaço público. Estabelece o artigo 14 da Carta: "Nos estabelecimentos escolares públicos, as regras de vida dos diferentes espaços da escola, especificadas no regulamento interno, respeitam a laicidade. O porte de símbolos ou vestimentas pelas quais os alunos manifestem ostensivamente uma pertença religiosa está proibida"[514]. São diversas as leis francesas que fundamentam a carta. A Lei 2004/228[515] (03.2004) é uma delas e tem como ementa a proibição dos alunos de portarem símbolos[516] ostensivamente religiosos. Essa lei ficou conhecida como a "Lei do Véu Islâmico". Em 11 de outubro de 2010, entrou em vigor a Lei 2010/1192[517], ainda mais rigorosa que a Lei 2004/228, proibindo qualquer vestuário destinado a esconder o rosto: "Artigo 1º. – Ninguém

[512] "Com base nesta circular, cerca de 150 alunas foram expulsas da escola. Segundo informações do Ministério, seis meses depois do lançamento da circular a situação se normalizou" (WEREBE, 2004, p. 193).

[513] "El Islam constituye la segunda religión del país" (O Islã constitui a segunda religião do país) (BASDEVANT-GAUDEMET, 1996, p. 119). PERAZZO, 2015, p. 56.

[514] FRANÇA, 2013.

[515] Disponível em: http://www.legifrance.gouv.fr/affichTexte.do?cidTexte=JORFTEXT000000417977&dateTexte. Acesso em: 07 jan. 2022.

[516] O símbolo é uma forma importantíssima de comunicação semiótica no âmbito do sagrado. Explica Oliveira: "O símbolo serve para comunicar ou expressar aquilo que a palavra não consegue dizer, ou seja, sob esse aspecto o símbolo tem a função de síntese que reúne o significado do "Ser" com o sagrado e age no inconsciente da pessoa. Ele consegue se comunicar mais rapidamente com o ser humano por consistir em um lugar comum (arquétipo). Ele permite que a pessoa se locomova pela sociedade e se identifique como pertencente a uma doutrina ou filosofia. Nesse sentido, o símbolo é uma metáfora que permite à pessoa penetrar numa realidade mais complexa e afirma o direito do indivíduo de expressar sua crença/fé/filosofia. Na prática religiosa, o símbolo é uma forma de comunicação com o divino [...] Sob o aspecto da fé, a linguagem simbólica não se compreende tão somente com a palavra, como de forma simbólica, pois o homem é um animal simbólico e, quando se retira o símbolo, subtrai-se ao religioso a vida daquilo que o símbolo representa e esvazia-se o ser humano, fato que causa grande sofrimento" (2018, p. 19).

[517] Disponível em: https://www.legifrance.gouv.fr/loda/id/JORFTEXT000022911670?init=true&page=1&query=2010-1192&searchField=ALL&tab_selection=all. Acesso em: 07 jan. 2022.

pode, no espaço público, usar uma roupa destinada a esconder o rosto" (tradução nossa)[518]. Tais normas afetaram diretamente as mulheres mulçumanas que usam o véu de modo integral[519].

Conclui-se que qualquer variação da laicidade não converge com a retirada da influência religiosa em qualquer esfera do indivíduo e da sociedade e, muito menos, com o impedimento da manifestação pública do religioso. Carmen Lúcia, Ministra do STF, na ADPF 54, destacou que a "laicidade caracteriza-se como uma verdadeira garantia institucional da liberdade religiosa individual"[520], isto é, laicidade implica em liberdade religiosa. A laicidade se orienta minimamente pela *separação* e pela autonomia do Estado e das organizações religiosas, com *liberdade* de atuação. Da mesma forma, posicionou-se o Ministro do STF Edson Fachin em seu voto relator no ARE 1.099.099/SP: "A separação entre Igreja e Estado não pode, portanto, implicar o isolamento daqueles que guardam uma religião à sua esfera privada. O princípio da laicidade não se confunde com laicismo"[521].

Ainda, pela dinamicidade sociológica, histórica, jurídica e cultural dos Estados Nacionais, outras características podem ser agregadas à laicidade, em maior ou menor grau, tais como: benevolência, colaboração e igual consideração, nos termos verificados em Portugal, Espanha e Itália. Qualquer outro sistema que não guarde, ao menos, as características da separação e da liberdade, afasta-se da laicidade, resultando em um laicismo ou ainda outro sistema como a teocracia[522] ou o confessionalismo[523].

[518] Article 1 Nul ne peut, dans l'espace public, porter une tenue destinée à dissimuler son visage. Lei 2010-1192 – França.

[519] Segundo Perazzo, "em setembro de 2011, duas mulheres foram condenadas pela justiça francesa por vestir o véu de forma integral. Hind Ahmas, de 32 anos, e Najate Nait Ali, de 36 anos, terão que pagar, respectivamente, cento e vinte e oitenta euros cada uma. Cassandra Belin também foi condenada pelo Tribunal de Versalhes a cento e cinquenta euros e um mês de prisão por usar o niqab" (2015, ps. 59-60). Notícia disponível em: https://www.huffpost.com/archive/qc/entry/france-une-femme-condamnee-en-vertu-de-la-loi-anti-burqa_n_4561661. Acesso em: 07 jan. 2022.

[520] BRASIL, ADPF 54, acórdão, p. 228.

[521] BRASIL, 2021, p. 3.

[522] "Na teocracia, o poder é exercido por seus clérigos/religiosos, que, além de serem os líderes do credo oficial, também são a cabeça do Estado. Exemplos de teocracia são Vaticano, Irã, Afeganistão, Paquistão, Mauritânia e Arábia Saudita" (VIEIRA; REGINA, 2021, p. 109).

[523] "É aquele Estado que se une a uma religião específica, geralmente ao luteranismo ou catolicismo, mas teoricamente nada impede que se una a outras religiões. A ideia de união está

Por derradeiro, observa-se nos países que o relacionamento Estado e Igreja são abalizados na colaboração entre as ordens, sistematicamente ocorre a concessão de privilégios ou tratamento especial para determinada confissão religiosa. Entretanto, a colaboração efetiva se dá quando existe uma igualdade inerente (igual consideração) na ação estatal para todas as confissões religiosas, preservando a benevolência, sem elidir as características basilares de qualquer variação de Estado laico que são a separação e a liberdade de atuação[524].

relacionada com determinado apoio específico em detrimento dos demais credos" (VIEIRA; REGINA, 2021, p. 111-2).

[524] No mesmo diapasão, ensina Gaiotti Silva: "Contudo, novamente há de destacar que a colaboração entre Estados e religiões não pode significar privilégio ou tratamento especial, uma vez que, no próprio conceito de plena liberdade religiosa, da qual decorre a necessária separação entre Estado e religiões, encontra-se uma igualdade inerente entre crenças, indivíduos, religiões, perante o Estado, o que confere a esse direito um caráter universal, mesmo diante de certas "limitações" (2016, p. 87-8).

4.
O DESENVOLVIMENTO DA LAICIDADE NO BRASIL

Se, nos Estados Unidos, os pressupostos históricos de sua laicidade estão ligados ao protestantismo de John Locke e aos puritanos ingleses, no Brasil, a variação de fontes passa pelos jesuítas[525], quando de sua colonização,

[525] "O primeiro ato público oficial do Brasil foi uma missa nos idos de 26 de abril de 1500, e, no dia 1.º de maio, foi realizada a segunda missa "na foz do Rio Mutari, onde Pedro Alvares Cabral fincou uma cruz, que na verdade simbolizava o objetivo alcançado pelo Estado Português de estender seus domínios" além-mar. Já a primeira cidade brasileira foi batizada com o nome de um santo, homenagem a São Vicente Mártir ou Vicente de Saragoça, mártir do século 4: a Vila de São Vicente, fundada em 22 de janeiro de 1532, com a primeira eleição das Américas ocorrendo em 22 de agosto de 1532. De forma organizada, a fé cristã se estabelece no Brasil a partir da chegada dos jesuítas à Bahia, em 1549, onde fundam a Província Brasileira da Companhia de Jesus, com o intuito de promover educação e disseminar o evangelho de Cristo. Com a difusão do evangelho, os Jesuítas começaram a perceber a imensidão da terra descoberta, observando a necessidade de mais obreiros, o que resultou na vinda de quem veio a ser chamado posteriormente de "Apóstolo do Brasil", o Padre José de Anchieta. Enviado pelo Pe. Simão Rodrigues, a pedido do Pe. Manuel da Nóbrega, José de Anchieta inicia a construção do Brasil" (VIEIRA; REGINA, 2021, p. 211).
"Não por menos o primeiro nome do Brasil foi Terra de Santa Cruz e sua vestibular bandeira – a mais bela, por sinal – ostentava no fundo alvo a majestosa cruz da Ordem de Cristo, a mesma que se via estampada nas caravelas desbravadoras, até então a mais avançada e versátil embarcação da história, orgulho do engenho navegador português. Nesse contexto histórico, o primeiro ato solene realizado nas terras do país em gestação foi a celebração da Santa Missa, o que sulcou para sempre a identidade do Brasil. Diante disso tudo, inevitável dizer que o Brasil é um país marcado pelo signo da fé católica" (CREMONEZE, 2021, p. 130-1).

além da Escola de Salamanca que influenciou todo o constitucionalismo da América Latina[526], inclusive o brasileiro[527], sem olvidar a própria influência norte-americana quando da instauração da República Velha.

De qualquer maneira, a formação do Estado brasileiro passa pela Igreja Católica. O Brasil foi descoberto por uma nação católica que, em seu projeto colonizador e evangelizador, pretendia estender ao novo mundo a fé cristã[528], como pode se observar dos primeiros nomes do Brasil, além de todos os seus pavilhões nacionais[529]. Muitas das principais cidades brasileiras são cultural, sociológica e arquitetonicamente influenciadas diretamente pelo cristianismo, para citar algumas: Olinda, Salvador, Feira de Santana, Vitória da Conquista, Rio de Janeiro, Tiradentes, Ouro Preto, Porto Seguro, Mariana, Sabará, Penedo, Laguna, São Miguel das Missões, Cidade de Goiás. O principal símbolo brasileiro é Jesus Cristo de braços abertos na cidade do Rio de Janeiro[530]. Foi a partir desses pressupostos históricos que a laicidade brasileira foi construída.

O debate sobre a laicidade no constitucionalismo brasileiro iniciou em 1823, no Brasil Império, ou seja, em seu nascedouro enquanto Estado nacional soberano. O diário da assembleia geral constituinte e legislativa do Império Brasileiro, datado no ano que antecedeu a primeira Constituição Brasileira de 1824, registra que o projeto constituinte já se debruçava sobre dois artigos, o 14 "A liberdade religiosa no Brasil só se estende às comunhões cristãs; todos os que a professarem podem gozar dos direitos políticos do Império"[531] e o 15, que revelava uma proposta desproporcional em relação à outras religiões existentes entre os súditos:

[526] LEMBO, 2020, ps. 117-8 e VIEIRA, 2021, ps. 69-80.

[527] Ver melhor sobre a influência da Escola de Salamanca no constitucionalismo brasileiro em: A Escola de Salamanca e a Fundação Constitucional do Brasil (BOEIRA, 2018, p. 141-210).

[528] RANQUETAT JR., 2016, p. 57.

[529] "O Brasil nasceu como "Ilha de Vera Cruz" e, logo depois, "Terra de Santa Cruz"; a nação jamais deixou de ter no madeiro onde foi vergado o Logos divino o seu símbolo maior — a cruz, que nos uniu como povo, e seguimos sendo o povo da cruz. Prova disso é que todas as bandeiras de nossa herança nacional, até a atual, mantêm a cruz à vista" (VIEIRA; REGINA, 2021, p. 210).

[530] Ensina Oliveira ao estudar as aproximações da Constituição de 1988 com o Direito Canônico Católico que "a Constituição do Brasil é uma Constituição de inspiração Cristã" (2021, p. 52).

[531] BRASIL, 2003, p. 689.

"As outras religiões, além da cristã, são apenas toleradas, e sua profissão inibe o exercício de direitos políticos". Para os dois artigos, havia uma exposição de motivos para os justificar:

> O primeiro argumento favorável ao dispositivo foi do direito certo porque natural. [...] A base do argumento era que o direito à livre religião era maior que o Estado, não devendo este legislar sobre por clara incapacidade do poder político em alcançar a matéria. [...] O segundo argumento favorável foi o da autonomização e separação das esferas religiosa e estatal. [...] O terceiro argumento favorável é o dos benefícios socioeconômicos da medida [...]: o fim da escravidão e a vinda de mais imigrantes trazendo no bojo conhecimento e tecnologia[532].

A constituinte de 1823 conseguiu obter aprovação da assembleia, porém não logrou êxito em razão da insatisfação do Imperador Dom Pedro I, que interrompeu o processo constitucional dissolvendo a assembleia. Em seguida, reuniu um grupo mais conservador para redigir uma nova proposta – grupo conduzido por Carneiro de Campos – que, diga-se de passagem, utilizou muito do texto anterior. A nova proposta foi submetida às Câmaras Municipais e, após, jurada solenemente na Catedral da Capital do Império[533], torna-se a primeira Constituição do Brasil, por *graça de Deus* e *em nome da Santíssima Trindade*, em 25 de março de 1824.

A Constituição Brasileira de 1824 adotou a religião católica romana como a religião oficial do Império[534], enquanto as demais religiões eram permitidas apenas na dimensão privada (culto doméstico ou em casas

[532] SILVA, 2021, ps. 40-1.

[533] Ibidem, ps. 40-1.

[534] Obeid explica as origens do sistema de padroado brasileiro: "Assegurando a liberdade de outros cultos que não o católico, com a condição de que não possuíssem forma exterior de templo, a Constituição do Império conservou o padroado, sistema com origens em bulas papais do século XVI, segundo o qual a Coroa Portuguesa seria a protetora da Igreja Católica e cumpriria uma missão evangelizadora nas terras descobertas, com a obrigação de construir e manter os prédios das igrejas e remunerar o clero, fornecendo os meios materiais para o desenvolvimento do trabalho evangelizador. Por outro lado, os monarcas tinham o direito de arrecadar os dízimos, de modo que as contribuições dos fiéis à Igreja passavam a ter natureza de imposto administrado pela Coroa, que depois os redistribuía conforme critérios políticos. Pelo sistema do padroado herdado de Portugal, também era o poder civil, e não o eclesiástico, quem criava dioceses e paróquias, nomeando os clérigos para nelas atuarem." (2013, p. 45).

destinadas para tal), com proibição expressa de possuírem forma exterior de Templo (art. 5º). Além disso, os religiosos que não professavam o catolicismo não tinham direito a voto (art. 94, inciso III), enquanto os clérigos eram considerados servidores públicos (art. 102, § 2º). Outras obrigações constitucionais relacionadas à fé católica eram a do juramento por parte do Imperador – quando de sua aclamação – de manter e promover a fé católica (art. 103) e a da imposição ao Conselho de Estado de manter a religião oficial (art. 141)[535]. Interessa notar uma contradição do período: "Se, de um lado, o catolicismo gozava de privilégios com o regime do padroado; por outro lado, o catolicismo se submetia ao Estado, e por ele era tutelado"[536].

O Brasil Império adotava o sistema confessional ou o confessionalismo não sendo laico. Na verdade, as demais confissões religiosas (protestantes, espiritismo e religiões de matriz africanas) eram objeto de discriminação e até mesmo perseguição, o que restou mitigado apenas nas últimas décadas do segundo reinado, muito pela presença cada vez maior de protestantes e pelo fortalecimento dos ideais liberais e republicanas[537], por mais que existissem estudiosos e parlamentares no Primeiro Reinado que defendiam a laicidade estatal, como visto.

Celso de Mello, em seu voto na ADI 3510/STF[538], revela que a laicidade se traduz em postulado essencial da organização institucional da República Brasileira oriunda de uma decisão política quando de sua instauração. Para Mello, a experiência desgastada advinda dos conflitos entre a monarquia e a Igreja Católica, sobretudo na questão do "beneplácito" envolvendo a controvérsia bispos & maçonaria entre 1872-1875, acaba resultando na necessidade da separação Igreja e Estado e no abandono do modelo de união, traduzido no Estado confessional praticado no Império.

535 BRASIL, 1824.

536 CALSING; SANTOS; SANTOS, 2016, p. 363. Por outro lado, o regime de padroado que existia no Brasil Império legava direitos ao Imperador que não agradavam os católicos e, especialmente a Igreja. Um deles era o direito ao beneplácito, previsto no artigo 102, XIV da Constituição Imperial: "XIV. Conceder, ou negar o Beneplacito aos Decretos dos Concilios, e Letras Apostolicas, e quaesquer outras Constituições Ecclesiasticas que se não oppozerem á Constituição; e precedendo approvação da Assembléa, se contiverem disposição geral" (VIEIRA; REGINA, 2021, p. 217).

537 RANQUETAT JR, 2016, p. 59.

538 BRASIL, ADI 3510, p. 558.

A consolidação legal e constitucional da laicidade no Brasil ocorrerá em dois atos: primeiro, a queda do Império em 1889. Em 07 de janeiro de 1890, é publicado o Decreto 119-A, tendo como principal artífice Rui Barbosa, que sustentava na imprensa a necessidade de separação entre Igreja e Estado sendo reconhecido pela sua capacidade de "conciliar relações e interesses antagônicos"[539].

> Art. 1º É proibido à autoridade federal, assim como à dos Estados federados, expedir leis, regulamentos, ou atos administrativos, estabelecendo alguma religião, ou vedando-a, e criar diferenças entre os habitantes do país, ou nos serviços sustentados à custa do orçamento, por motivo de crenças, ou opiniões filosóficas ou religiosas.
>
> Art. 2º A todas as confissões religiosas pertence por igual a faculdade de exercerem o seu culto, regerem-se segundo a sua fé e não serem contrariadas nos atos particulares ou públicos, que interessem o exercício deste decreto.
>
> Art. 3º A liberdade aqui instituída abrange não só os indivíduos nos atos individuais, senão também as igrejas, associações e institutos em que se acharem agremiados; cabendo a todos o pleno Direito de se constituírem e viverem coletivamente, segundo o seu credo e a sua disciplina, sem intervenção do poder público[540].

O segundo ato se deu com a instauração constitucional da República por meio da Constituição de 1891. A separação entre Igreja e Estado é oficializada no Estado Constitucional Brasileiro com a imediata proibição de que o Poder público embaraçasse os cultos religiosos, além de expressamente proibir qualquer tipo de distinção entre qualquer religião (art. 11, 2º)[541]. De outra banda, o processo de separação dos poderes político e religioso não se deu de maneira rígida como a norte-americana

[539] SCAMPINI, 1974, p. 376-7.

[540] BRASIL, 1890.

[541] No artigo 72, ao longo de seus parágrafos, a Constituição Republicana tratou sobre os aspectos práticos do fim do monopólio católico como pré-requisito para usufruto de determinados direitos, a saber: [...] § 3º Todos os indivíduos e confissões religiosas podem exercer pública e livremente o seu culto, associando-se para esse fim e adquirindo bens, observadas as disposições do direito comum. § 4º A Republica só reconhece o casamento civil, cuja celebração será gratuita.

nem hostil como a francesa. Mesmo sendo um dos artífices da ruptura do Estado confessional brasileiro, Rui Barbosa entendia a importância da religiosidade para o povo brasileiro, o que se verifica em seu discurso no Colégio Anchieta:

> Antes da República existia o Brasil; e o Brasil nasceu cristão, cresceu cristão, cristão continua a ser até hoje. Logo, se a República veio a organizar o Brasil, e não esmagá-lo, a fórmula da liberdade constitucional na República necessariamente há de ser uma fórmula cristã. As instituições de 1891 não se destinaram a matar o espírito religioso, mas a depurá-lo, emancipando a religião do jugo oficial[542].

Os textos e os discursos de Rui Barbosa sobre a separação Igreja e Estado são nitidamente inspirados no sistema norte-americano de laicidade (mesmo que não tão rígida quanto), afastando-se do laicismo francês. O espírito republicano de 1891 era emancipar o espírito religioso do Estado e de maneira nenhuma matá-lo.

> Desde 1876 que eu escrevia e pregava contra o consórcio da Igreja com Estado; mas nunca o fiz em nome da irreligião, sempre em nome da liberdade. Ora a liberdade e a religião são sócias, não inimigas. Não há religião sem liberdade. Não há liberdade sem religião[543].

Assim, a laicidade brasileira nasce à sua maneira: *separação* formal das igrejas com o Estado, contudo sem a separação da nação do cristianismo. O Estado mantém uma relação benevolente com as religiões, especialmente a cristã. A religião é entendida como um elemento formador das consciências e da identidade nacional brasileira. A garantia à liberdade religiosa e a igualdade de todas as confissões religiosas navegam

§ 5º Os cemiterios terão caracter secular e serão administrados pela autoridade municipal, ficando livre a todos os cultos religiosos a pratica dos respectivos ritos em relação aos seus crentes, desde que não offendam a moral publica e as leis. § 6º Será leigo o ensino ministrado nos estabelecimentos publicos. § 7º Nenhum culto ou igreja gosará de subvenção official, nem terá relações de dependencia ou alliança com o Governo da União, ou o dos Estados. A representação diplomatica do Brasil junto á Santa Sé não implica violação deste princípio (BRASIL, 1891).

542 BARBOSA, 1981, p. 28.

543 BARBOSA, 1960, p. 664 *apud* RANQUETAT Jr, 2016, p. 71.

contrariamente à privatização do fenômeno religioso. Esse foi o espírito que inaugurou a laicidade no Brasil[544]. Inclusive, a própria Igreja Católica, por mais que tenha lamentado o fato de não ser mais a religião oficial do Brasil, não se posicionou contra o novo Governo recém instaurado, tendo em vista a garantia de sua liberdade institucional, ou seja, liberdade de organização religiosa[545]. Com a extinção do padroado, o governo não invadiria outra vez as competências subordinadas à ordem espiritual.

A segunda Constituição Brasileira do período republicano (1934), na toada de *benevolência* com o fenômeno religioso, traz a característica da *colaboração* constitucional entre os poderes político e religioso (art. 17, III[546]), todavia, sem efeito prático, dada a sua efemeridade. Por sua vez, a Constituição de 1937 inova e traz o legado laicista para o constitucionalismo brasileiro, excluindo a característica da colaboração em seu texto e o direito à assistência religiosa aos segregados, além de submeter a liberdade religiosa às disposições do Direito comum e às exigências da ordem pública e dos bons costumes (art. 122, 4[547]). É importante notar que a definição de ordem pública, bons costumes e até mesmo Direito comum ficava sob encargo do Presidente da República. Sem embargo, trata-se de outra Constituição efêmera que em poucos anos fora revogada pela Constituição de 1946.

A Constituição de 1946 retoma a laicidade nos moldes da Constituição de 1934, inclusive com o retorno da característica da colaboração (art. 31, III[548]). Nessa perspectiva, elenca a liberdade religiosa como um Direito fundamental (art. 141, parágrafos), mantém o ensino religioso como disciplina de matrícula facultativa (art. 168, V) e inova ao prever a imunidade religiosa aos templos de qualquer culto (art. 31, b) e a objeção de consciência (art. 141, § 8º). No artigo 141, dos parágrafos 7º ao 10º, pode-se reparar a presença das características da separação, liberdade e benevolência:

[544] RANQUETAT Jr, 2016, p. 72.

[545] OBEID, 2013, p. 115.

[546] Art. 17 [...] III – ter relação de aliança ou dependência com qualquer culto, ou igreja sem prejuízo da colaboração recíproca em prol do interesse coletivo (BRASIL, 1934).

[547] Art. 122 [...] 4º) todos os indivíduos e confissões religiosas podem exercer pública e livremente o seu culto, associando-se para esse fim e adquirindo bens, observadas as disposições do direito comum, as exigências da ordem pública e dos bons costumes (BRASIL, 1937).

[548] Art. 31 [...] III – ter relação de aliança ou dependência com qualquer culto ou igreja, sem prejuízo da colaboração recíproca em prol do interesse coletivo; (BRASIL, 1946).

§ 7º – É inviolável a liberdade de consciência e de crença e assegurado o livre exercício dos cultos religiosos, salvo o dos que contrariem a ordem pública ou os bons costumes. As associações religiosas adquirirão personalidade jurídica na forma da lei civil.

§ 8º – Por motivo de convicção religiosa, filosófica ou política, ninguém será privado de nenhum dos seus direitos, salvo se a invocar para se eximir de obrigação, encargo ou serviço impostos pela lei aos brasileiros em geral, ou recusar os que ela estabelecer em substituição daqueles deveres, a fim de atender escusa de consciência.

§ 9º – Sem constrangimento dos favorecidos, será prestada por brasileiro (art. 129, nºs I e II) assistência religiosa às forças armadas e, quando solicitada pelos interessados ou seus representantes legais, também nos estabelecimentos de internação coletiva.

§10º – Os cemitérios terão caráter secular e serão administrados pela autoridade municipal. É permitido a todas as confissões religiosas praticar neles os seus ritos. As associações religiosas poderão, na forma da lei, manter cemitérios particulares[549].

Por derradeiro, a Constituição de 1967 manteve as características da laicidade da Constituição de 1946, bem como o plexo de direitos da liberdade religiosa. Da mesma forma, a Emenda Constituição de nº 1 de 17 de outubro de 1969, para Souza Júnior, tratou-se de uma nova Constituição[550]. Esse foi o caminho da laicidade brasileira que desaguou na Constituição da República Federativa do Brasil de 1988[551].

549 BRASIL, 1946.

550 SOUZA JÚNIOR, 2002, p. 74.

551 Weingartner Neto, citando Pontes de Miranda, faz um breve apanhado do perfil das Constituições de 1831 a 1967: "Pontes de Miranda cunhou uma feliz expressão, ao comparar às Constituições Brasileiras, neste particular. Dizia que, na de 1967, "nenhuma agressividade contra as religiões se observa", como também ocorria com a de 1946. Permaneceram os pontos em que a Constituição de 1934 revelava a "mais fraca simpatia, sem que deixasse de ser laico o Estado. Laicidade que continuava *neutra*, posto que já não fosse *indiferente*, nem, tampouco, *hostil*" (a de 1937 volvera a ser, com a de 1891, *indiferente*) – "e a de 1967, como a de 1934 e a de 1946, atenta" (PONTES DE MIRANDA, Comentários à Constituição de 1967, IV, p. 132 *apud* WEINGARTNER NETO, 2006, p. 341)

5.
CONCLUSÃO DA TERCEIRA PARTE

A terceira parte desta obra demonstrou o dinamismo da relação existente entre o Estado e a Igreja. Essa relação se estabelece de acordo com cada país, recebendo as mais diversas influências culturais, filosóficas, teológicas e históricas, o que resulta em laicidades distintas. As principais características verificadas em um Estado laico são: separação, liberdade de atuação, benevolência, colaboração e igual consideração. Cada Estado nacional que se considera "laico" deve possuir as duas primeiras características, podendo somar as demais individualmente ou em sua totalidade.

Os Estados Unidos e a França foram os países, sob o ponto de vista do Estado Moderno, que primeiro implementaram o sistema de laicidade. Partindo de influências distintas, a laicidade norte-americana teve como princípios ordenadores a rígida separação entre Igreja e Estado e a entronização da liberdade religiosa como garantia fundamental. Já a França estabeleceu uma separação rígida, mas submetendo as igrejas ao espaço privado, mitigando diversos âmbitos de proteção da liberdade religiosa. A laicidade norte-americana partiu da premissa de que a religião é importante para o ser humano e para a sociedade política. A França entendeu que a religião é um assunto privado, sem relevância para a sociedade política. A revolução francesa tinha uma atitude hostil e negativa perante a religião, influenciado sua forma de relação com o fenômeno religioso até os dias de hoje, o que é denominado de laicismo e se afasta totalmente da laicidade prevista na Constituição Brasileira e praticada no Brasil desde a instauração da República.

Por outro lado, o sistema de laicidade *simpliciter* dos Estados Unidos influenciou diversos países quanto ao reconhecimento da importância do fenômeno religioso, somado à confessionalidade de muitos Estados europeus que ao longo dos séculos se tornaram laicos, mas não perderam o elo com a religião, em razão da mesma importância reconhecida pelos norte-americanos e ingleses.

Dessas influências, Portugal, Espanha e Itália foram os países analisados na presente pesquisa que influenciaram o sistema brasileiro. A pesquisa concluiu que os três países citados possuem uma laicidade que se caracteriza pela separação dos poderes político e religioso, com liberdade de atuação por parte de cada poder, mas especialmente caracterizam-se pela benevolência e pela colaboração com o fenômeno religioso.

A benevolência se distingue pela atuação positiva dos poderes estatais perante o fenômeno religioso. É a vertente positiva da liberdade religiosa em ação, no sentido de que o Estado deve criar um ambiente com condições para que a crença e sua manifestação pública, na forma da liberdade religiosa, sejam plenamente exercidas – enquanto a colaboração guarda relação com a previsão constitucional e legal de que o Estado possa colaborar com as religiões em prol do bem comum.

A separação deixa de ser rígida e delimitada por um muro de contenção, como nos EUA, para ser uma separação que promove a colaboração com a religião. A interferência continua vedada, mas a ordem política/civil pode colaborar com a ordem transcendental/religiosa e vice-versa. Os três países analisados se adequam ao sistema de laicidade colaborativa, influenciando o sistema engendrado pela CRFB/88. Todavia, a característica da igual consideração, que prevê igual tratamento para todas as religiões, não obstante critérios de tempo, presença ou quantidade de fiéis, não foi verificada na Espanha, na Itália e em Portugal.

É a presença da característica da igual consideração que faz da laicidade brasileira peculiar. Estados nacionais com laicidade *simpliciter* como os EUA e o Chile possuem a característica da igual consideração; todavia, as laicidades colaborativas europeias se caracterizam por uma relação próxima com uma ou outra religião. Não é o caso brasileiro, que torna a laicidade colaborativa brasileira ímpar. A construção dessa laicidade passou pelo reconhecimento da importância da religiosidade desde seus primórdios, como também por um Estado confessional que reconhecia a liberdade religiosa, mesmo que de modo mitigado, mas presente nas discussões da constituinte de 1823 e ao longo do Primeiro Reinado e, principalmente, no Segundo Reinado. Nas constituições republicanas, exceção à Constituição efêmera de 1937, a laicidade brasileira sempre foi positiva com o fenômeno religioso, entronizando a liberdade religiosa como um de seus baluartes.

QUARTA PARTE

O SISTEMA BRASILEIRO

1.
BRASILIDADE

Ser brasileiro é ser plural. É ser muitos e, ao mesmo tempo, um. É ser saudado com um sorriso no rosto quando anunciamos nossa nacionalidade mesmo nos cantos mais remotos. O povo brasileiro não pode perder essa característica. As condições em que o Brasil foi descoberto, a miscigenação, as correntes migratórias europeias, a Independência e o Segundo Reinado, dentre tantos outros fatores, foram decisivos para criação e o desenvolvimento da identidade nacional brasileira. Nesse sentido, o amálgama da religiosidade foi o grande catalizador de uma identidade nacional diversa com a manutenção da unidade de um único povo, o brasileiro.

O Brasil é a maior nação católica do mundo[552], ao passo em que ocupa o quarto lugar do *ranking* entre os países com o maior número de evangélicos, segundo o pesquisador e historiador francês Sebastien Fath[553]. Além do cristianismo, as religiões de matriz africana também encontram guarida no Brasil. Das 12 principais religiões africanas exportadas pelo tráfico escravo (triste capítulo da história), cinco são ativas no Brasil, demonstrando, outra vez, a diversidade inclusive dentro do segmento religioso. Enquanto os Estados Unidos da América, por exemplo, radicaram apenas o Vodu em

552 Dados do Anuário Pontifício 2021 e do Annuarium Statisticum Ecclesiae 2019 – Santa Sé, Vaticano.

553 http://blogdesebastienfath.hautetfort.com/archive/2018/01/21/statistiques-evangeliques-mondiales-2018-6019596.html

New Orleans, o Brasil radicou o Candomblé, o Xangô, o Tambor de Mina, o Babaçuê e o Batuque[554].

Os dados do Censo 2010 do Instituto Brasileiro de Geografia e Estatística (IBGE), por mais defasados que sejam, demonstram a heterogeneidade do fenômeno religioso no Brasil. São mais de 20 religiões, isso sem entrar nas variações existentes dentro do grupo evangélico. Neste grupo, seis denominações identificadas como "missionárias" são, na verdade, as igrejas protestantes históricas e o adventismo; e 11 são identificadas como pentecostais. Detalhe que mais de 5 milhões de pessoas no grupo pentecostal estão sem identificação, enquanto quase 10 milhões não são identificadas no grupo geral dos evangélicos[555] que perfazem a igreja neopentecostal brasileira.

Se o fenômeno religioso "abarca a humanidade toda, tanto em termos de espaço como de tempo, e não apenas este ou aquele grupo social de uma época histórica particular"[556], o Brasil abarca – não em sua totalidade – as variações internas do fenômeno religioso.

A heterogeneidade é demonstrada tanto no número de religiões quanto no número de denominações e ramificações dentro de cada religião. Nas religiões de matriz africana, além das cinco ramificações radicadas da África, insere-se a Umbanda, com quase 500 mil seguidores, e outras não declaradas nominalmente pelo IBGE – censo de 2010[557]. Uma pesquisa realizada pelo Datafolha em 2020 aponta um crescimento de 0,3 (2010) para 2% da população brasileira de adeptos às religiões de matriz africana, assim como um crescimento dos evangélicos de 22% (2010) para 31% da população, enquanto aqueles que não professam religião alguma e/ou são ateus mantiveram-se no percentual entre 8 e 10%[558].

O fato é que o *ethos* religioso brasileiro é plural, por mais que seja representado em sua maioria pela tradição judaico-cristã, perfazendo 88,08% da população de acordo com o censo do IBGE de 2010[559] e entre 81 e

[554] https://super.abril.com.br/historia/12-religioes-afro-que-se-espalharam-pelas-americas/

[555] https://cidades.ibge.gov.br/brasil/pesquisa/23/22107

[556] MONDIM, Battista. Quem é Deus: elementos de teologia filosófica. São Paulo: Paulus, 1997. p. 49.

[557] https://cidades.ibge.gov.br/brasil/pesquisa/23/22107

[558] https://religiaoepoder.org.br/artigo/a-influencia-das-religioes-no-brasil/

[559] https://cidades.ibge.gov.br/brasil/pesquisa/23/22107

83% na pesquisa Datafolha de 2020[560]. Tanto entre os evangélicos quanto entre as demais religiões de matriz não cristã, a pluralidade é imensa, tornando o Brasil um país peculiar quando o tema é o fenômeno religioso. Eu, por exemplo, tenho a honra de integrar a Rede de Apoio da Frente Parlamentar em Defesa da Liberdade Religiosa e Entidades Temáticas na qualidade de Presidente do Instituto Brasileiro de Direito e Religião (IBDR), que integra associações dos mais diversos segmentos religiosos.

A Rede é formada por organizações da sociedade civil e de Estado, citando aqui apenas alguns: IBDR [Instituto Brasileiro de Direito e Religião], UNI/ANAJI [Associação Nacional de Juristas Islâmicos], Organização Judaica B'Nai B'rith, IDAFRO [Instituto de Defesa das Religiões Afro-Brasileiras], Religious Freedom & Business Foundation, J. Reuben Clarck Law Society, FAAB [Federação dos Advogados Adventistas do Brasil], IRLA – SP [International Religious Liberty Association], Associação Brasileira da Liberdade Religiosa e Cidadania [ABLIRC], além da Frente Parlamentar em Defesa da Liberdade Religiosa da Assembleia Legislativa do Estado de São Paulo – ALESP, capitaneada pela Deputada Estadual Damaris Moura Kuo, Comissão de Direito e Liberdade Religiosa do Estado da OAB/SP e do Fórum Inter-religioso para uma Cultura de Paz da Secretaria da Justiça e Cidadania do Estado de São Paulo.

A Ordem dos Advogados do Brasil (OAB) é outro exemplo de reconhecimento institucional da importância do fenômeno religioso em solo brasileiro. Tendo como precursor, em 1843, o Instituto dos Advogados do Brasil, a OAB foi criada em 1930 e hoje está presente em todos os estados brasileiros, tendo como função precípua defender a Constituição, a ordem jurídica do Estado Democrático de Direito, os direitos humanos, a justiça social, e pugnar pela boa aplicação das leis, pela rápida administração da justiça e pelo aperfeiçoamento da cultura e das instituições jurídicas (art. 44, I da Lei 8.906/94). Nessa toada, praticamente todos os Estados federados brasileiros possuem, em suas respectivas seções estaduais da OAB, uma comissão especial em defesa da liberdade religiosa[561].

[560] https://religiaoepoder.org.br/artigo/a-influencia-das-religioes-no-brasil/

[561] Até o final da edição desse livro apenas o Estado do Rio Grande do Sul não possuía esta comissão, em fase de criação, capitaneada por um grupo de juristas, os quais me incluo. No Estado de Mato Grosso recentemente (07.2023) foi criada a Comissão de Liberdade Religiosa, pela Resolução 272/2023, na gestão da Presidente Dra. Gisela Cardoso. Na oportunidade da

De outra banda, em uma análise superficial, uma conclusão que pode ser inferida é que o Brasil pode sofrer com conflitos religiosos e restrições à liberdade religiosa. A diversidade pode gerar a discordância, esta, por sua vez, impulsionar a intolerância e o conflito. O resultado seriam restrições nas liberdades de crença e religiosa de determinados grupos. Todavia, essa não é a nossa realidade. Em um mundo no qual aproximadamente 70% da população mundial (mais de 5 bilhões de pessoas) em 62 países sofrem graves violações às suas liberdades de crença e religiosa[562], 4 bilhões sofrem perseguição direta (risco de vida), e pouco mais de 1 bilhão vivem em regime de total discriminação por causa de suas crenças[563].

Por outro lado, o Brasil desponta com uma realidade diferente. Os casos de perseguição severa e de discriminação são pontuais como temos percebido em nossa atuação profissional e junto ao IBDR. Talvez o leitor discorde e de pronto faça as seguintes perguntas: e as perseguições aos terreiros de umbanda? E as pregações de pastores pentecostais acusando as doutrinas das religiões de matriz afro como sendo de demônios? E as tentativas de calarem esses mesmos pastores pentecostais? E as constantes tentativas de impedir evangélicos de se manifestarem e participarem da vida política brasileira? E os constantes ataques de setores artísticos à fé cristã e a suas imagens e seus símbolos sacros? E os fechamentos irrestritos de igrejas durante a pandemia?

Algumas dessas perguntas emanam do desconhecimento do que efetivamente é e quais são os âmbitos de proteção das liberdades de crença e religiosa. Inclusive, tal desconhecimento pode descambar em violência simbólica, como será demonstrado nesta obra. Entrementes, outras indagações fazem sentido. O fato é que historicamente, desde o

instauração da Comissão tive a alegria e a honra de estar presente, representando o presidente da Comissão Especial de Liberdade Religiosa do Conselho Federal da OAB (a qual integro na qualidade de membro efetivo), Dr. Valdetário Monteiro, bem como o Dr. Beto Simonetti, presidente da OAB Nacional. Meus votos de sucessos aos Drs. Marcos e Juvanir, presidente e secretário da recém-criada Comissão e meus agradecimentos à Dra. Gisela Cardoso e ao Dr. Valmir Nascimento Milomem Santos, por todo o empenho para sua criação.

[562] https://www.acn.org.br/principais-conclusoes-do-relatorio-de-liberdade-religiosa-no-mundo-2021/?gclid=Cj0KCQjw39uYBhCLARIsAD_SzMRQVv7L5Vox5cmlbpKm3K9jRAp-CyhYOqO54yijL7fyokaqB96QFA0aAkwEEALw_wcB

[563] Ibidem.

Brasil Império,[564] os religiosos gozam de liberdade para professar e viver conforme suas crenças. O Brasil é conhecido no mundo por isso. No ano de 2016, tive a oportunidade de estar com um grupo de colegas defensores da liberdade religiosa em Londres, no Parlamento Inglês, especificamente em uma audiência com a Baronesa Elizabeth Berridge. A Baronesa, ao iniciar sua fala, começou, mais ou menos assim: "é difícil para mim, inglesa, com toda a mancha de perseguição religiosa que temos em nossa história, falar sobre esse tema a brasileiros, exemplos ao mundo de liberdade religiosa".

Todavia, malgrado o sistema constitucional de liberdades brasileiro e seu histórico de liberdade em meio à diversidade, a violência simbólica tem crescido no Brasil. Para Bourdieu e Passeron[565], a violência simbólica é o processo pela qual uma classe dominante impõe seu modo de pensar e sua cultura ao restante da sociedade. Entretanto, quando a expressão "violência simbólica" é utilizada nessa obra, não é feita sob essa ótica, até porque a cultura é parte integrante de uma nação e de sua construção, e não um processo de violência. A violência, quando e se ocorre, não é em razão da cultura, mas da ideologia política do grupo dominante, mas esse é outro assunto. A violência simbólica aqui empregada é no sentido de uma violência que não resulta em uma agressão física, mas que visa mitigar o exercício da crença de determinado grupo ou pessoa religiosa. É a tal "perseguição educada". O termo reflete a ascensão de novos "direitos" que, como afirma o Papa Francisco, remete as religiões "para a obscuridade silenciosa da consciência do indivíduo ou relega-as para os recintos fechados das igrejas, sinagogas ou mesquitas". O termo é utilizado pela ONG internacional "ACN", que denomina tal violência como "perseguição educada" e reflete exatamente a ideia aqui exposta[566].

Essa "perseguição educada" fechou igrejas no Brasil durante a Pandemia de Covid-19 sem qualquer critério científico e/ou constitucional. A frase "não existe direitos absolutos" virou um mantra durante o período de calamidade pública, e até mesmo operadores do Direito

[564] Por mais que o Brasil fosse um Estado confessional, considerando o contexto internacional da época, era possível de afirmar que existia liberdade religiosa, por mais que fosse mitigada.

[565] BOURDIEU, Pierre; PASSERON, Jean-Claude. A Reprodução: elementos para uma teoria do sistema de ensino. 7ª Ed., Rio de Janeiro: Editora Vozes, 2014.

[566] https://www.acn.org.br/principais-conclusoes-do-relatorio-de-liberdade-religiosa-no-mundo-2021/?gclid=Cj0KCQjw39uYBhCLARIsAD_SzMRQVv7L5Vox5cmlbpKm3K9jRAp-

respeitados "esqueceram" que restrições de Direitos fundamentais devem estar previstos na Constituição ou, caso não estejam, devem ser objeto de ponderação e razoabilidade, preservando-se sempre o conteúdo essencial de cada liberdade em choque. Fora desse contexto, a tal "perseguição educada" tem vilipendiado objetos sagrados por meio de peças ditas "artísticas" sobre o pretexto da liberdade de expressão, "esquecendo", novamente, que o sentimento religioso é protegido pelo ordenamento jurídico brasileiro, sendo crime sua violação.

Por outro lado, o fato de o fiel viver segundo o conjunto de dogmas que orientam sua fé, por mais que se trate de dogmas consolidados ao longo dos milênios, pode ser entendido equivocadamente como discurso de ódio por determinados grupos. Tais grupos se socorrem do Poder Judiciário para interferir no núcleo da religiosidade: simplesmente almejam que a Justiça ou o Estado, por meio de decisões judiciais ou leis, digam o que é e o que não é pecado. Depois, quando religiosos tentam exercer atos cívicos comuns, a partir de suas visões religiosas[567], os mesmos grupos clamam pelo laicidade do Estado, dizendo que os religiosos não podem influenciar nem interferir na vida política da sociedade.

A laicidade estatal, como restará demonstrado neste livro, assenta-se sobre dois princípios básicos: não interferência e liberdade religiosa. Pecados, santos, anjos e demônios são temas essencialmente espirituais e devem ser tratados, debatidos, aceitos ou rejeitados apenas e tão somente no foro íntimo da crença de cada um ou no foro público denominacional entre uma instituição religiosa e outra, mas nunca pelo Estado ou por entidades e pessoas que não integram tal esfera. O debate de doutrinas espirituais e teologias pode e deve ser feito na ordem religiosa por instituições religiosas e por seus fiéis. O que passar disso não se coaduna com as liberdades de crença e religiosa, principalmente, em um Estado laico.

Eis o desafio desta obra: aprofundar o sistema constitucional das liberdades de crença e religiosa no Estado Constitucional Brasileiro em um ambiente constitucionalmente laico para demonstrar, a partir da melhor doutrina internacional sobre o tema, o porquê de o Brasil ser modelo para o mundo. Urge tal empreitada tendo em vista que a violência simbólica, nos termos conceituais referidos acima, tem aumentado

[567] Visto que impossível para a pessoa religiosa separar o que é material do que é secular, como se fosse colocar uma capa de chuva em um dia chuvoso e um óculos escuros em um dia de sol.

consideravelmente no País, inclusive fazendo-o despencar no *ranking* de liberdade religiosa de organismos internacionais. Foi dito no início que são raros o caso de violência e discriminação severa no Brasil. Entretanto, a violência simbólica tem aumentado em níveis assustadores, basta "dar um google" para ver isso. De qualquer forma, em nosso escritório, também temos recebido muitas demandas nesse sentido nos últimos dois anos, o que seria impensável há pouco tempo.

Em 2019, o Brasil ocupava a posição 44ª de liberdade religiosa entre 168 países, conforme pesquisa realizada pela "The Social Progress Imperative"[568]. Em 2020, o Brasil caiu para a 135ª posição[569], permanecendo apenas na frente de países que possuem perseguição severa. Já em 2021, o Brasil melhorou um pouco sua posição, mesmo assim, continua amargando uma posição de três dígitos: a 123ª posição[570]. O Brasil não pode perder o posto de "Oásis da Liberdade Religiosa". É necessário e urgente termos uma teoria brasileira sobre a liberdade religiosa, e esse é o nosso desafio. Passemos à análise constitucional da laicidade brasileira em confrontação com os sistemas português, espanhol e italiano e das liberdades de crença e religiosa na Constituição Brasileira e nos tratados internacionais.

568 https://www.socialprogress.org/static/c5881600c0a1bf83d7ae260c861166e8/bra-scorecard_0.pdf

569 https://www.socialprogress.org/static/5de317ff8d7596a96dfbf4a4613d8d55/bra-scorecard.pdf

570 https://www.socialprogress.org/?code=BRA&tab=2

2.
A LIBERDADE DE CRENÇA NA CONSTITUIÇÃO BRASILEIRA

Na segunda parte desta obra, será demonstrado que a liberdade de crença e a liberdade religiosa são liberdades distintas, logo a liberdade de crença não está contida na liberdade religiosa nem sequer é um de seus desdobramentos. A maioria da doutrina brasileira elenca a liberdade de crença como um dos direitos existentes no plexo da liberdade religiosa, o que resulta em diversos problemas no exercício de ambas as liberdades, especialmente quando em colisão com outras liberdades e outros Direitos. É possível verificar que a Constituição Brasileira também faz essa distinção a exemplo das melhores doutrinas europeias.

A liberdade de crença é uma liberdade de foro íntimo, tendo como papel a proteção da própria crença confessada pelo fiel, isto é, o direito de confessar a crença que quiser, inclusive de mudar de crença ou não ter crença alguma. Assim como a liberdade religiosa é um *cluster right*, um direito complexo, a liberdade de crença possui o mesmo caráter uma vez que envolve a liberdade de escolher, aderir, mudar ou não ter religião[571].

O plexo de direitos da liberdade de crença e seu âmbito de proteção é previsto em três incisos do artigo 5º da Constituição Brasileira, que é o "tríduo constitucional da primeira liberdade", quais sejam: VI, VII e VIII, e nos artigos 143, § 1º e 231. O inciso VI é o que consagra a liberdade de crença, sendo os demais seus decorrentes. O constituinte originário

571 CHEHOUD, 2017, p. 61.

consagrou essa liberdade nos seguintes termos: "é inviolável a liberdade de consciência e de crença, sendo assegurado o livre exercício dos cultos religiosos e garantida, na forma da lei, a proteção aos locais de culto e a suas liturgias".

Inicialmente, nota-se que a liberdade de consciência e a de crença se encontram no mesmo inciso. Isso porque a consciência e a crença, ao mesmo passo que são paralelas e protegem, respectivamente, aqueles que não creem e aqueles que creem, interlaçam-se uma vez que a crença e a não crença são as formadoras da própria consciência de cada um.

O escopo de proteção de ambas é, primeiramente, o interno (*belief*) no sentido de o fiel ter garantida a sua relação com a divindade sem qualquer interferência estatal e de terceiros ou de o não fiel ter garantida a sua descrença. Nesse inciso, também está presente a proteção ao núcleo (ou conteúdo essencial) da liberdade de crença, qual seja a crença e as convicções da pessoa religiosa. Já o segundo escopo é o externo, que ocorre quando as crenças e/ou convicções se exteriorizam (*action*). O Estado – ou qualquer outro ente ou pessoa – não pode interferir na crença íntima de alguém (*belief*) ou no seu culto (*action*); por isso, o texto constitucional se completa assegurando o livre exercício de cultos religiosos, protegendo seus locais de culto e liturgias. É a unidade essencial entre o *belief* e o *action* no texto constitucional.

O texto constitucional aponta a inviolabilidade das liberdades de consciência e de crença, garantindo que cada um se relacione com o sagrado de acordo com seus códigos morais e no âmbito de suas liturgias. Tais liberdades são invioláveis pois são vitais para a concretização e o florescimento do terceiro fundamento republicano: a dignidade da pessoa humana (art. 1º, III da CRFB/88)[572]. A Dignidade humana somente é efetiva quando o ser humano tem o Direito de cumprir o dever da sua consciência e de sua fé. O fiel é iluminado pela revelação bíblica, profética ou qualquer outra e, a partir dessa iluminação, muda a maneira de enxergar a si próprio, a ponto de que seus atos só farão sentido se ajustados e conformados com a revelação recebida. De certa forma, a violação à liberdade de crença acarreta a

[572] Ensina Lopes Carvalho: "Para muitos indivíduos, a religião é o aspecto mais importante da vida. É fundamental para a sua identidade, o fundamento da sua compreensão da realidade e determinante dos seus pontos de vista sobre a dignidade humana e os requisitos da moral" (2020, p. 30).

transgressão do princípio republicano da cidadania, visto que ser cidadão passa pela possibilidade de ter e exercer seus Direitos Fundamentais. Quando um cidadão tem seu íntimo (crença) violado pelo Estado, perde sua condição de cidadão (art. 1º, II da CRFB/88). O fundamento da soberania é outro fundamento republicano que também é elidido quando a liberdade de crença é atacada. Não existe autodeterminação de um povo se ele não tiver direito de viver e expressar a sua fé. Um povo que não tem espaço para exercitar seu compromisso de consciência e fé não possui autodeterminação (art. 1º, I da CRFB/88). Por fim, o quinto fundamento da República, pluralismo político, também é mitigado quando um povo não possui liberdade de crença. Se o Estado impuser uma crença ou interferir em como os fiéis devem praticá-la, acabou o pluralismo de ideias. Se o Estado pode se envolver no que é mais sagrado ao fiel, poderá fazer qualquer coisa.

O fato é que as liberdades de pensamento, crença e de consciência são as "consequências inexoráveis da pessoa digna. Não há falar-se em dignidade sem essas liberdades"[573]. Prelecionam Riverto e Moutouth:

> Para o homem religioso, esses comportamentos, que constituem a prática de sua religião, não são redutíveis à noção de manifestação de uma opinião; trata-se realmente de algo muito diferente da exteriorização de um pensamento pessoal: da obediência a uma religião cuja origem e sanção se situam mais além de qualquer poder humano[574].

A Constituição da República Federativa do Brasil de 1988, em seu art. 231, protege as crenças dos silvícolas ao reconhecê-las, garantindo o Direito de se organizarem conforme o sistema de valores decorrentes delas. Trata-se de uma decorrência lógica e constitucional do próprio artigo 5º, VI. Já no inciso VII da Constituição Brasileira de 1988, assegura-se, "nos termos da lei, a prestação de assistência religiosa nas entidades civis e militares de internação coletiva".

Como ensinam Mendes e Branco: "A Constituição assegura a liberdade dos crentes, porque toma a religião como um bem valioso por si mesmo"[575],

[573] CHEHOUD, 2017, p. 21.

[574] RIVERTO; MOUTOUTH, 2006, ps. 523-4.

[575] MENDES; BRANCO, 2021, p. 330.

o que implica na proteção inclusive dos segregados da sociedade política, não importando o motivo da segregação. Tanto o preso quanto o doente devem ter o acesso ao transcendente garantido, por meio da assistência religiosa de seus líderes e/ou conselheiros espirituais, além, é claro, de acesso aos seus livros sagrados. Aquela pessoa que desenvolve uma crença o faz em seu íntimo, sendo um elemento intrínseco de seu ser. Ao fim e ao cabo, é o elemento que lhe dá identidade, que o torna ser humano, influenciando-o decisivamente em "sua maneira de ser e de agir"[576].

Impedir que a pessoa religiosa exerça sua fé, mesmo que com as necessárias restrições de um ambiente de internação coletiva (presídio ou hospital), resultaria em uma violação de sua própria existência, tornando-a indigna de existir. O inciso VII, art. 5º da Constituição, é a resposta constitucional ao questionamento de "por que o inciso anterior afirma que a crença é inviolável?" É inviolável porque é elemento intrínseco, da própria existência daquele que crê; reitera-se: é sua maneira de ser e de agir.

Por fim, a tríade constitucional (art. 5º, VI, VII e VIII) das liberdades de crença e religiosa traz, em seu inciso VIII, o seguinte dispositivo: "Ninguém será privado de direitos por motivo de crença religiosa ou de convicção filosófica ou política, salvo se as invocar para eximir-se de obrigação legal a todos imposta e recusar-se a cumprir prestação alternativa, fixada em lei". Outra vez, a liberdade de consciência e a de crença estão no mesmo dispositivo constitucional, isso porque formam a própria identidade da pessoa enquanto indivíduo. Essa proximidade se demonstra na hipótese de que a maioria dos casos de objeção de consciência é oriunda de motivações religiosas. Ou seja, o centro de aplicação da objeção de consciência está no credo que, uma vez ofendido, faz incidir a objeção. Evidentemente que é possível a objeção nos domínios filosóficos e ideológicos políticos, como afirma o próprio texto constitucional – porém, menos usual.

Dessa forma, não pode ser exigido de alguém determinado comportamento que seja contrário ao seu sistema de valores, religiosos ou não, "de tal sorte que, se o indivíduo atendesse ao comando normativo, sofreria grave tormento moral"[577]. Não se trata de qualquer objeção ao cumprimento do referido comportamento prescrito em lei, mas de algo

[576] MACHADO, 1996, p. 224.
[577] MENDES; BRANCO, 2021, p. 324.

que macule alguns dos importantes elementos internos e/ou externos da religião daquele que objeta. Ensinam Mendes e Branco:

> Observe-se que a atitude de insubmissão não decorre de um capricho, nem de um interesse mesquinho. Ao contrário, é invocável quando a submissão à norma é apta para gerar insuportável violência psicológica. A conduta determinada contradiz algo irrenunciável para o indivíduo. É importante, como salientou a Corte Europeia de Direitos Humanos, que a objeção nasça de um sistema de pensamento suficientemente estruturado, coerente e sincero[578].

Assim, o dever geral, imposto por lei, poderá ser, no caso concreto, isentado. É a coroação da inviolabilidade do foro íntimo do ser humano: suas crenças e/ou convicções, aquelas que lhe são mais caras a ponto de serem descaracterizadas ou reduzidas na hipótese de cumprimento da norma geral. Uma vez mais, demonstra-se a vinculação direta da liberdade de crença com a dignidade da pessoa humana. Salienta-se que não se trata de qualquer colisão, mas sim daquela que teria o poder de ofender a própria dignidade daquele que objeta. Trata-se da coroação do respeito, por parte do Estado, à intimidade e à consciência do indivíduo. "O Estado abre mão do princípio de que a maioria democrática impõe as normas para todos, em troca de não sacrificar a integridade íntima do indivíduo"[579]. E, dentro desse âmbito, encontra-se o artigo 143, § 1º da Constituição, que permite a objeção de consciência, até mesmo em face do serviço militar, desde que em tempos de paz. Prescreve o texto constitucional:

> Art. 143. O serviço militar é obrigatório nos termos da lei.
>
> § 1º Às Forças Armadas compete, na forma da lei, atribuir serviço alternativo aos que, em tempo de paz, após alistados, alegarem imperativo de consciência, entendendo-se como tal o decorrente de crença religiosa e de convicção filosófica ou política, para se eximirem de atividades de caráter essencialmente militar[580].

578 Ibidem.

579 Ibidem.

580 BRASIL, 1988.

A objeção de consciência militar possui duplo caráter protetivo: proteção à crença religiosa e/ou à convicção filosófica ou política. Se a crença de determinado fiel, a formação filosófica ou política, for oposta às atividades de caráter essencialmente militar, poderá objetar. As premissas são as mesmas da objeção de consciência prevista no inciso VII, art. 5º da CRFB/88. É a demonstração do reconhecimento do Estado Constitucional Brasileiro da importância da crença e, consequentemente, da sua proteção.

A objeção de consciência prevista nos artigos 5, VIII e 143, §1º, além de proteger o fiel no âmbito da proteção de sua crença, resguarda os demais indivíduos da coletividade ao impor uma prestação alternativa ao religioso objetor. Logo, não se caracteriza como um benefício concedido a um religioso em detrimento de outros, mas como uma escusa mediante prestação alternativa, sendo assim uma garantia de mão dupla, como ensina Chehoud (2017, p. 101). A tríade constitucional de proteção à liberdade de crença possui desdobramentos no âmbito da proteção à liberdade religiosa, que será visitado no tópico respectivo.

2.1. A tutela da liberdade de crença no âmbito do Direito penal

De outra banda, é importante destacar que as garantias constitucionais da liberdade de crença são tuteladas pelo Direito Penal Brasileiro na hipótese de violações. O crime contra o sentimento religioso é tutelado no artigo 208 do Código Penal, sendo um tipo plurinuclear que descreve várias condutas, ou seja, possuindo vários núcleos no referido tipo penal. Os diversos núcleos constantes no art. 208 tutelam o âmbito de proteção da liberdade religiosa; entretanto, o primeiro núcleo é uma tutela direta da crença da pessoa religiosa.

> Art. 208 – **Escarnecer de alguém publicamente, por motivo de crença ou função religiosa**; impedir ou perturbar cerimônia ou prática de culto religioso; vilipendiar publicamente ato ou objeto de culto religioso:
>
> Pena – detenção, de um mês a um ano, ou multa.
>
> Parágrafo único – Se há emprego de violência, a pena é aumentada de um terço, sem prejuízo da correspondente à violência[581].

[581] BRASIL, 1940, grifo nosso.

O escárnio público por motivos de crença é uma violação direta do sagrado e da intimidade da pessoa religiosa ofendida. O Direito de ter uma religião ou crença é uma garantia constitucional e, quando violada, é passível de detenção, inclusive com aumento de pena se o agressor empregou de violência contra a vítima.

Além do art. 208 do Código Penal, a Lei 7.716/1989 define os crimes resultantes de preconceito de raça ou cor, mas também de religião. Estabelece seu artigo 1º: "Serão punidos, na forma desta Lei, os crimes resultantes de discriminação ou preconceito de raça, cor, etnia, religião ou procedência nacional". São dezesseis tipos penais que tutelam a crença, especial destaque para o art. 20: Art. 20. "Praticar, induzir ou incitar a discriminação ou preconceito de raça, cor, etnia, religião ou procedência nacional".

Outro tipo penal multinuclear: a prática, a indução ou a incitação à discriminação ou ao preconceito para com uma pessoa religiosa em razão de sua fé é passível de reclusão de um a três anos, acrescido de multa. Assim, além de a Constituição Brasileira estabelecer garantias à liberdade de crença, o ordenamento penal brasileiro pune o transgressor. Até mesmo quando da tutela pelo Direito Penal, as liberdades de crença e religiosa são trabalhadas separadamente.

O Código Penal, em seu artigo 140, estabelece a injúria como um tipo penal, majorando a pena (§3º) se o motivo da ofensa à dignidade de alguém, ou ao decoro, ocorrer por razões religiosas. Também há majorante se alguém submeter outrem a condição análoga à de escravo, por motivo de crença, conforme tipo penal previsto no art. 149, § 2º, II. O genocídio, por motivo religioso, é igualmente crime, previsto na Lei 2.889/1956.

3.
A LIBERDADE RELIGIOSA NA CONSTITUIÇÃO BRASILEIRA DE 1988

Vinda à lume após diversos tratados internacionais que entronizaram a liberdade religiosa como umas das principais liberdades do ser humano, a Constituição Brasileira promulgada em 05 de outubro de 1988 possuía inspirações sólidas para a construção da sua perspectiva a respeito da liberdade religiosa. Contudo, o resultado do olhar constitucional brasileiro sobre a matéria demonstrou uma superação teórica ao mencionar os principais desdobramentos da religião na esfera privada, sem esquecer da esfera pública, demonstrando constitucionalmente o conteúdo objetivo da liberdade religiosa e protegendo sua dimensão subjetiva.

Ainda no âmbito da não interferência na crença, propriamente no campo de proteção da liberdade de crença *(belief)*, destacou-se, anteriormente, os dispositivos constitucionais que impedem o Estado, ou outros entes e grupos, de violar essa liberdade, conjuntamente com a liberdade de consciência. Neste tópico, o desiderato será no sentido de buscar nos mesmos dispositivos, e em outros, a proteção da liberdade religiosa, o foro externo ou a externalização da liberdade de crença (*action*).

São diversos os dispositivos constitucionais que integram o *cluster right* da liberdade religiosa no Brasil, começando pelo art. 3º, incisos I e IV, da Constituição Brasileira. Tais incisos constituem os objetivos fundamentais da República Federativa do Brasil, articulando: "I – construir uma sociedade livre, justa e solidária" e "IV – promover o bem de todos, sem preconceitos de origem, raça, sexo, cor, idade e quaisquer outras formas de discriminação" (1988).

A dignidade da pessoa humana também se alcança quando a pessoa humana tem a garantia de plena liberdade para aderir, mudar ou não ter uma religião, cultuar à sua divindade e viver a sua vida conforme os padrões éticos e morais da sua religião, inclusive com outros que pensam da mesma forma. A liberdade religiosa, ao criar o ambiente de não interferência e proteção ao exercício de tais liberdades, torna-se o vetor dos objetivos republicanos expostos no texto constitucional brasileiro[582].

O art. 5º, inciso VI, é o dispositivo constitucional da liberdade de crença e da liberdade religiosa por excelência[583] e declara que "é inviolável a liberdade de consciência e de crença, sendo assegurado o livre exercício dos cultos religiosos e garantida, na forma da lei, a proteção aos locais de culto e suas liturgias". A primeira observação importante é que esse dispositivo se encontra no Título II da CRFB/88, qual seja "Dos Direitos e Garantias Fundamentais", o que explicita o *status* de Direito fundamental da liberdade de crença e da liberdade religiosa para o Estado Constitucional Brasileiro. Em apenas um inciso, é possível se extrair diversos desdobramentos das vertentes negativa e positiva da liberdade[584], bem como de seu conteúdo individual e coletivo, conforme demonstra Tavares:

> i) de opção em valores transcendentais (ou não); ii) de crença nesse sistema de valores; iii) de seguir dogmas baseados na fé e não na racionalidade estrita; iv) da liturgia (cerimonial), o que pressupõe a dimensão coletiva da liberdade; v) do culto propriamente dito, o que inclui um aspecto individual; vi) dos locais da prática de culto; vii) de não ser o indivíduo inquirido pelo Estado sobre suas convicções, viii) de não ser o indivíduo prejudicado, de qualquer forma, nas suas relações com o Estado, em virtude de sua crença declarada[585].

[582] CHEHOUD, 2017, p. 98.

[583] Afirma Tavares: "A liberdade religiosa encontra-se plasmada, principal e especialmente, no art. 5º, VI, da CB, preceptivo que será essencial para bem estabelecer e definir o conteúdo constitucional da liberdade religiosa no Direito Brasileiro" (2009b).

[584] As dimensões negativa e positiva da liberdade são mais bem estudadas na parte 2 desta obra.

[585] TAVAREZ, 2009, p. 55.

A liberdade de crença ultrapassa as fronteiras da mente humana para resultar em proteção às "manifestações exteriores públicas de imediata significação religiosa, como as manifestações de culto, templos etc."[586]. Isso significa que o art. 5º, VI, leva em consideração um conjunto de elementos que compõem o recorte jurídico da religião, que ultrapassa a dimensão interna da liberdade de crença para a dimensão externa da liberdade religiosa. Blanco de Morais esquematiza quatro elementos essenciais para a liberdade religiosa, que também estão presentes no art. 5º, VI, VII e VIII da CRFB/88: institucional, culto, doutrinário e humano[587].

O elemento institucional é o primeiro, emanado da existência de liturgias que variam no seio das diferentes confissões religiosas. Esse elemento destaca um sistema específico de organização em cada estrutura religiosa, e todas devem ser igualmente respeitadas e protegidas pelo critério constitucional da inviolabilidade. É a proteção à organização religiosa, que se extrai igualmente do art. 5º, VI da Constituição, decorrente do Estado Laico[588], o qual Ferreira denomina como a terceira dimensão da liberdade religiosa: "A terceira dimensão é a de organização religiosa, confere à pessoa o direito de criar segmento religioso, e suas consequentes prestações sejam de cunho financeiro ou não, como o pagamento de dízimos e taxas"[589].

O segundo elemento concebido por Blanco de Morais é o culto[590], substancial à religião e como tal é objeto de proteção, tendo em vista que cada credo tem uma relação de propósitos ao realizar um ato de veneração, perpassando por rituais, celebrações, entre tantas outras manifestações conectadas com uma ou várias divindades. Machado[591] elenca o culto como a diferença específica que vai consumar o fato de que um conteúdo tem ou não um elemento "substancialmente religioso". Essa unidade também é identificada no art. 19, caput e inciso I da CRFB/88[592]:

586 BLANCO, 1994, p. 33.

587 ADRAGÃO, 2002, ps. 424-5.

588 SORIANO, 2002, p. 11.

589 FERREIRA, 2016, p. 41.

590 ADRAGÃO, 2002, p. 425.

591 MACHADO, 1996, p. 251.

592 Ribeiro (2020, p. 30) vê do mesmo modo ao entender que tais observações são cruciais para a caracterização do Brasil como um Estado laico, na seção 1.2, intitulada "Laicidade e liberdade religiosa no Brasil".

> É vedado à União, aos Estados, ao Distrito Federal e aos Municípios: I – estabelecer cultos religiosos ou igrejas, subvencioná-los, embaraçar-lhes o funcionamento ou manter com eles ou seus representantes relações de dependência ou aliança, ressalvada, na forma da lei, a colaboração de interesse público.

O artigo 19, I sinaliza qual o sistema brasileiro de laicidade, destacando a separação entre Estado e organizações religiosas, reconhecendo possibilidade de colaboração entre tais entes, o que pode ser identificado como laicidade colaborativa. As organizações religiosas devem ser vistas como constituintes da realidade social[593], sendo o culto seu ápice na sociedade. Não é à toa que Machado[594] considera o culto como um dos elementos fundamentais da religião, devendo ser protegido a partir de tal premissa. É importante frisar que o âmbito de proteção constitucional da liberdade de culto abrange uma ou várias pessoas, organizadas juridicamente ou não[595].

O terceiro elemento é o doutrinário. Esse demonstra o "objetivo religioso que se traduz na crença numa divindade, potência superior ou potência transcendente"[596]. O objetivo transcendente[597] de uma organização religiosa é reconhecida no instituto da imunidade tributária prevista no artigo 150, que veda União, Estados, Distrito Federal e Municípios de "VI – instituir imposto sobre: b) templos de qualquer culto". A regra

[593] As pessoas encontram, na crença e no exercício da religião, sentido para suas vidas; por isso, algumas religiões compreendem esses fatores como parte de uma cosmovisão: "Por 'cosmovisão' entendemos a estrutura conceitual fundamental de categoria que nos ajudam a dar sentido à nossa existência. Nossa resposta a questões como a forma como percebemos o mundo ao nosso redor, como tomamos decisões éticas ou por que as nossas têm significado, são guiadas por nossas cosmovisões" (COPAN; *et al* (orgs.), 2018, p. 1331). ADRAGÃO, 2002, p. 428.

[594] MACHADO, 1996, p. 229.

[595] "O culto poderá ser interior aos templos ou exterior aos templos. As missas, reuniões, estudos sagrados, comunicação com espíritos, entre outros, são normalmente realizados em cultos internos nos templos, ainda que abertos ao público. Como manifestação de cultos exteriores aos templos podemos citar as "Marchas para Jesus", procissões, shows evangélicos ou similares, entre outros" (TERAOKA, p. 176).

[596] ADRAGÃO, 2002, p. 425.

[597] A complexidade do termo não pode ser entregue a um definidor central, nem mesmo de caráter legiferante, pelo seguinte motivo: "A transcendência pode assumir muitas formas. Pode aparecer como Deus ou deuses, um mundo espiritual, um Eu interior, ou até paradoxalmente, o oposto da transcendência no dicionário" (COPAN; *et al* (orgs.), 2018, p. 1331).

imunizante constitucional suprime[598] a competência estatal de cobrar impostos dos templos de qualquer culto, sendo a própria concretização e instrumentalização da liberdade religiosa no Brasil[599].

Ainda, dentro do elemento doutrinário, observa-se a imunidade tributária como um garantidor da liberdade religiosa[600], uma vez que não permite ao Estado, por meio de qualquer um de seus entes federativos, imiscuir-se na autodefinição e no autogoverno das confissões religiosas, expressas em suas normas morais internas de natureza canônica. Para a efetiva cobrança de impostos, o Estado teria o poder de exigir artigos e clausulas nos documentos canônicos das organizações religiosas. Logo, imunidade tributária religiosa é oriunda da importância de preservação do elemento doutrinário das confissões religiosas. Asseveramos em obra conjunta com Regina:

> Ainda, ao restringir ou extinguir a imunidade tributária religiosa, estar-se-ia rompendo as normas canônicas que deveriam ter apenas correspondência com o sistema de crença desta ou daquela confissão religiosa, para permitir e até mesmo possibilitar a atividade fiscal de império nas mais comezinhas atividades eclesiais do fenômeno religioso. Extinguir a imunidade tributária é comprometer, senão ferir de morte, o avançado sistema de laicidade brasileiro e a liberdade religiosa mantida e garantida por ele[601].

Leciona o Ministro do STF, André Mendonça, que a imunidade tributária é uma garantidora da efetividade da liberdade religiosa, citando nossa obra "Direito Religioso: Questões Práticas e Teóricas":

598 "A supressão da competência tributária não é o afastamento do tributo que existia e foi retirado, mas foi eliminada a competência tributária desde o seu nascedouro pelo Constituinte Original, sendo imune" (SILVA, 2017, p. 41).

599 "O exercício da liberdade religiosa no Brasil instrumentaliza-se por meio da imunidade tributária dos templos de qualquer culto, que tem por aspecto fundante o cumprimento e a observância das finalidades precípuas traçadas pela CF/1988" (SERRANO, 2021, p. 167).

600 "As limitações constitucionais ao poder de tributar são especiais manifestações dos direitos e garantias fundamentais do cidadão-contribuinte. [...] Portanto, limitações constitucionais ao poder de tributar eram e continuam sendo princípios ou regras de índole política, sem dúvida, mas é necessário registrar que sua eficácia jurídica, em normas dotadas de efetividades, sobrepõe-se. A constituição de 1988 cria instrumentos e garantias especiais para assegurar a observação de tais normas" (DERZI, 2005, ps. 35-6).

601 VIEIRA; REGINA, 2020b, p. 462.

Desse modo, a imunidade tributária religiosa se apresenta como garantidora da efetividade da própria liberdade religiosa. A cobrança de impostos na espécie embaraçaria substancialmente o exercício dessa liberdade e, quando não, inviabilizaria o livre funcionamento dos cultos, em evidente afronta ao art. 19, I, da Constituição. Enfim, elidiria o próprio princípio da separação Igreja- Estado. A esse respeito, lecionam Vieira e Regina:

> Impor às organizações religiosas regras de estruturação em razão de uma competência fiscal tributária não vinculada é afrontar a liberdade religiosa, pois metafisicamente a imunidade tributária religiosa é o muro de separação entre igreja e Estado, donde decorre a liberdade religiosa plena [...][602]

Dessa forma, demonstra-se que a imunidade tributária religiosa prevista constitucionalmente tem o objetivo final de ser uma espécie de alicerce dos valores morais prestigiados pelo cidadão brasileiro, cristalizado nos dogmas e crenças que deposita suas esperanças. Com a imunidade tributária, tais valores – a moralidade, segundo elemento do conceito substancial-objetivo de religião[603] – são protegidos, e as liberdades religiosa e de crença são instrumentalizadas dentro de um Estado laico colaborativo[604].

Por fim, o elemento doutrinário é o escopo que diferencia os templos de qualquer culto das demais instituições, que possuem alvos de mercado, educacionais, filantrópicos, de lucratividade, entre outros. Esse mesmo elemento compreende que a doutrina religiosa será praticada nas áreas em que o fiel anuir que devem ser conduzidas. Em muitos casos, esses fundamentos englobam as áreas mais importantes da vida de alguém, quando não alcançam a integralidade – tudo com o consentimento do fiel –, por meio do processo de aceitação ou conversão.

Outra expressão importante, ainda no inciso VI (art. 5º) da CRFB/88, é o "na forma da lei". Percebe-se que esse texto é autoexplicativo pelo próprio adjetivo que lhe antecede: "garantida". O texto constitucional prescreve: "garantida, na forma da lei, a proteção aos locais de culto e a

602 VIEIRA; REGINA, 2020b, p. 462 *apud* MENDONÇA, 2022, p. 220.

603 Os elementos formadores do conceito jurídico de religião serão aprofundados no tópico, desta obra: A noção jurídica de religião.

604 SERRANO, 2021, p. 149.

suas liturgias". A proteção aos locais de culto e a suas liturgias será garantida na forma da lei. José Afonso da Silva leciona:

> É evidente que não é a lei que vai definir os locais do culto e suas liturgias. Isso é parte da liberdade de exercício dos cultos, que não está sujeita a condicionamento. É claro que há locais, praças por exemplo, que não são propriamente locais de culto. Neles se realizam cultos, mais no exercício da liberdade de reunião do que no da liberdade religiosa. A lei poderá definir melhor esses locais não típicos de culto, mas necessários ao exercício da liberdade religiosa. E deverá estabelecer normas de proteção destes e dos locais em que o culto normalmente se verifica, que são os templos, edificações com as características próprias da respectiva religião[605].

Complementa, André Mendonça:

> Importante anotar que ao utilizar a expressão "na forma da lei", o Constituinte não está a tratar de reserva legal condicionante do exercício de um direito fundamental (como fez, por exemplo, no inciso LVIII do art. 5º). Ao contrário, em verdade, estabeleceu-se um imperativo constitucional para que, mediante a lei, sejam instituídos instrumentos efetivos de proteção aos locais de culto e suas liturgias, mas o exercício dessa liberdade fundamental independe de mediação legislativa. Exegese diversa não se harmoniza com os demais dispositivos constitucionais sobre o tema e com o modelo de laicidade adotado em nosso País[606].

Citando nossa obra Direito Religioso, o Ministro do STF, André Mendonça, arremata:

> O entendimento de que se trata de uma reserva legal restritiva aos cultos desfigura e desestabiliza a harmonia constitucional. A esse respeito, o inciso VI do art. 5º do texto constitucional é autoexplicativo ao estabelecer que "é garantida, na forma da lei, a proteção aos locais de cultos e suas liturgias", isto é, a lei deve proteger a realização dos cultos e não restringi-la[607].

605 SILVA, 1999, p. 253.
606 MENDONÇA, 2022, p. 217-8.
607 Ibidem, p. 218.

Isso significa dizer que a lei deve proteger o livre exercício dos cultos religiosos e não restringir nem impedir seu funcionamento e exercício. É o desiderato constitucional, nos termos que se conforma a própria legislação ordinária em vigor no Brasil, tais como o Decreto nº 119-A/1890 e o Código Civil brasileiro[608]. Outros artigos da Constituição da República Federativa do Brasil, que salvaguardam a liberdade religiosa, são o 5º, inciso VIII, e o 143:

> Art. 5º, inciso VIII: ninguém será privado de seus Direitos por motivo de crença religiosa ou de convicção filosófica ou política, salvo se a invocar para eximir-se de obrigação a todos imposta e recusar-se a cumprir prestação alternativa, fixada em lei.

> Art. 143. O serviço militar é obrigatório nos termos da lei.
> § 1º Às Forças Armadas compete, na forma da lei, atribuir serviço alternativo aos que, em tempo de paz, após alistados, alegarem imperativo de consciência, entendendo-se como tal o decorrente de crença religiosa e de convicção filosófica ou política, para se eximirem de atividades de caráter essencialmente militar.

A escusa de consciência, além de proteger o fiel no âmbito de sua crença, isto é, em seu foro interno, resguarda-o no âmbito externo de sua fé. Exemplificando: o religioso sabadista guarda o sábado a partir do seguinte mandamento, previsto no decálogo: "Lembra-te do dia de

[608] "Art. 1. É proibido à autoridade federal, assim como à dos Estados federados, expedir leis, regulamentos, ou atos administrativos, estabelecendo alguma religião, ou vedando-a, e criar diferenças entre os habitantes do país, ou nos serviços sustentados à custa do orçamento, por motivo de crenças, ou opiniões filosóficas ou religiosas.
Art. 2. A todas as confissões religiosas pertence por igual a faculdade de exercerem o seu culto, regerem-se segundo a sua fé e não serem contrariadas nos atos particulares ou públicos, que interessem o exercício deste decreto.
Art. 3. A liberdade aqui instituída abrange não só os indivíduos nos atos individuais, senão também as igrejas, associações e institutos em que se acharem agremiados; cabendo a todos o pleno direito de se constituírem e viverem coletivamente, segundo o seu credo e a sua disciplina, sem intervenção do poder público [...]" (Decreto nº 119A/1890).
"Art. 44. [...] § 1.o São livres a criação, a organização, a estruturação interna e o funcionamento das organizações religiosas, sendo vedado ao poder público negar-lhes reconhecimento ou registro" (CÓDIGO CIVIL BRASILEIRO, 2002).

sábado, para o santificar" (Êxodo 20:8). É no nível da crença, a partir dos livros sagrados, que o sábado deve ser guardado para o crente sabadista, logo no âmbito de proteção da liberdade de crença. Por outro lado, é no sábado que o sabadista realiza grande parte de suas liturgias, exteriorizando a sua fé. Todavia, caso o âmbito da crença não seja protegido, também não será a exteriorização dessa crença, ferindo, por consequência e ao mesmo tempo, a liberdade religiosa. *Daí o caráter duplo da proteção da escusa de consciência.*

O quarto elemento ensinado por Blanco de Morais é o humano, presente no artigo 5º, inciso VII: "é assegurada, nos termos da lei, a prestação de assistência religiosa nas entidades civis e militares de internação coletiva". A característica aqui presente está no ato de "assinalar a confissão como realidade associativa"[609], corroborando o modelo colaborativo de laicidade. A assistência religiosa é um dos direitos previstos no plexo de direitos da liberdade religiosa que resguarda a vocação social do ser humano, além de sua própria religiosidade. O segregado, quer seja por cumprimento de pena de prisão, quer seja em razão de doença, não prescinde de ser *homus social e religiosus*, razão pela qual o Estado deve garantir a vertente positiva da liberdade religiosa da assistência religiosa, como salvaguarda de sua própria dignidade[610]. Esses são os quatro elementos essenciais da liberdade religiosa discorridos por Blanco de Morais e presentes na Constituição Brasileira, demonstrando a adequação conceitual do tema no Estado Constitucional Brasileiro.

Por derradeiro, ainda, observam-se os artigos 210, §1º, e 226, §2º, complementares ou conexos à liberdade religiosa, no dizer de Miranda[611]. O ensino religioso (art. 210, §1º), no ensino fundamental público[612], de

[609] ADRAGÃO, 2002, p. 425.

[610] Ensina André Mendonça: "Assim, devido ao reconhecimento constitucional da religião como central na vida de grande parte da humanidade, mesmo à pessoa segregada por ordem da Justiça ou internada por questões de saúde, é garantido o acesso ao sagrado, seus sacramentos e liturgias. A Constituição reconhece que o cidadão religioso não prescinde desse direito; ao contrário, quiçá sejam esses os momentos em que a pessoa mais necessita do seu exercício, reforçando a ideia de que a liberdade religiosa engloba um direito e uma necessidade humana fundamental, para superar as adversidades e reconstruir suas vidas (2022, p. 219).

[611] 1993, p. 366.

[612] "Note-se ainda que só as escolas públicas são obrigadas a manter a disciplina e apenas no ensino fundamental" (SILVA, 1999, p. 256).

matrícula facultativa, é um direito dos pais e dos filhos, tendo em vista a importância da religião para o ser humano, o que se conecta com a própria dignidade da pessoa humana. Assevera Soler:

> Ao estabelecer a possibilidade do ensino religioso nas escolas públicas, o Estado não buscou interferir na liberdade individual de crença, mas, como bem asseverou Anna Cândida da Cunha Ferraz, "buscou-se atribuir atuação positiva ao Estado no sentido de propiciar aos alunos das escolas públicas a efetiva realização da liberdade de religião em todas as suas formas de expressão"[613].

O Supremo Tribunal Federal foi instado a se pronunciar sobre a constitucionalidade do ensino religioso nas escolas públicas, inclusive tendo conteúdo confessional, na ADI nº 4439. Com relatoria do Ministro Roberto Barroso e redatoria de voto do Ministro Alexandre de Moraes, a tese vitoriosa foi a da constitucionalidade. Destaca-se no acórdão o seguinte trecho:

> 1. A relação entre o Estado e as religiões, histórica, jurídica e culturalmente, é um dos mais importantes temas estruturais do Estado. A interpretação da Carta Magna brasileira, que, mantendo a nossa tradição republicana de ampla liberdade religiosa, consagrou a inviolabilidade de crença e cultos religiosos, deve ser realizada em sua dupla acepção: (a) proteger o indivíduo e as diversas confissões religiosas de quaisquer intervenções ou mandamentos estatais; (b) assegurar a laicidade do Estado, prevendo total liberdade de atuação estatal em relação aos dogmas e princípios religiosos. [...]
>
> 5. A Constituição Federal garante aos alunos, que expressa e voluntariamente se matriculem, o pleno exercício de seu direito subjetivo ao ensino religioso como disciplina dos horários normais das escolas públicas de ensino fundamental, ministrada de acordo com os princípios de sua confissão religiosa e baseada nos dogmas da fé, inconfundível com outros ramos do conhecimento científico, como história, filosofia ou ciência das religiões. 6. O binômio Laicidade do Estado/Consagração da Liberdade religiosa está presente na medida em que o texto constitucional (a) expressamente garante a voluntariedade da matrícula para o ensino religioso, consagrando, inclusive

[613] SOLER, 2010, p. 124.

o dever do Estado de absoluto respeito aos agnósticos e ateus; (b) implicitamente impede que o Poder Público crie de modo artificial seu próprio ensino religioso, com um determinado conteúdo estatal para a disciplina; bem como proíbe o favorecimento ou hierarquização de interpretações bíblicas e religiosas de um ou mais grupos em detrimento dos demais (BRASIL, 2018).

O STF afirmou a importância da religião como estrutural do Estado e assegurou a liberdade religiosa, protegendo o indivíduo de intervenções ou mandamentos estatais em suas crenças (liberdade religiosa negativa) e garantindo a liberdade de atuação estatal em relação aos dogmas (liberdade religiosa positiva), o que significa que as pessoas podem viver conforme o que acreditam. O mais importante efeito dessa decisão está no campo teórico constitucional da liberdade religiosa. O julgado demonstra a importância da religião para o constitucionalismo brasileiro que não retirou a possibilidade de as crianças brasileiras matriculadas no ensino fundamental público terem contato com o sagrado.

Os alunos poderão exercer o direito público subjetivo (liberdade positiva) ao ensino religioso, com os princípios de sua respectiva confissão de fé e seus dogmas religiosos, porque não compete ao Estado "criar" de modo artificial seu próprio ensino religioso, com determinado conteúdo estatal para a disciplina, avançando no campo de não interferência da fé das pessoas (liberdade negativa).

Por fim, outro direito conexo à liberdade religiosa é a atribuição de efeitos civis ao casamento religioso, que harmoniza a liberdade religiosa com a laicidade estatal. A pessoa religiosa é uma cidadã de duas cidades, como dito por Agostinho de Hipona em *Civitatis Dei*[614], logo, é decorrência lógica que, ao contrair núpcias, procure as bênçãos de Jerusalém (céus) e de Roma (terra), usando a linguagem de Agostinho. O casamento religioso com efeitos civis é uma garantia constitucional prevista no art. 226, § 2º da CRFB/88 e regulada no artigo 1515 e seguintes do CCB. Dessa forma, o casamento puramente religioso não possui efeitos civis *per se*, mas o fiel deve buscar registro, seguindo os regramentos previstos no Código Civil:

> Se os nubentes celebram casamento religioso, pelo autorizativo legal, não precisam confirmar sua união celebrando outra solenidade, de âmbito civil.

[614] AGOSTINHO DE HIPONA, 2014.

> Basta que requeiram o registro do casamento realizado no contexto religioso, utilizando a habilitação prévia ou requerendo a habilitação posterior ao casamento, com as demais exigências já comentadas[615].

Outros desdobramentos da liberdade religiosa podem ser encontrados na legislação ordinária. O Decreto 119-A de 1890 é um bom exemplo de uma legislação infraconstitucional que promove proteção da religião contra qualquer arbitrariedade por parte de autoridade federal e Estados Federados. Outro bom exemplo é o Código Civil Brasileiro que garante a livre estruturação, organização interna e funcionamento da organização religiosa (art. 44, §1º).

[615] REGINA; TSURUDA, 2021, p. 126.

4.
A LIBERDADE RELIGIOSA EM TRATADOS E DECLARAÇÕES INTERNACIONAIS

Outra demonstração de que a liberdade religiosa é um *cluster right* de elevada importância no catálogo dos direitos humanos é a relação internacional de proteção revelada em diversos tratados internacionais, bem como no ordenamento jurídico infraconstitucional de cada Estado nacional. Ensina Sousa que a liberdade religiosa é uma "garantia constitucional que ultrapassa a mera função negativa de defesa, constituindo, em sua totalidade, um *cluster right* que irriga normativamente todo o ordenamento jurídico-constitucional da comunidade estatal e da sociedade democrática e pluralista"[616].

As três declarações do séc. XVIII protagonizadas pelos Estados Unidos da América e pela França são os documentos positivados que influenciaram os tratados internacionais em vigor nos dias de hoje[617]. Nos Estados Unidos, a Declaração de Direitos da Virgínia e a Declaração de Independência têm como centro de irradiação das demais liberdades a própria liberdade religiosa. Adragão ensina que, na mesma linha de

[616] SOUSA, 2021, p. 67.

[617] Segundo Canotilho, as declarações da Virgínia e da França são *o antes e o depois* da liberdade religiosa, seu marco histórico (2002, p. 380). Na pena de Dirley da Cunha Júnior, foi após a Declaração do Povo da Virgínia que praticamente todos os Estados nacionais adotaram em suas respectivas constituições uma declaração de direitos (2008, p. 542).

pensamento de Thomas Jefferson, Madison, um dos *Founding Fathers* dos EUA, afirmou (1788) que da "liberdade religiosa deriva a multiplicidade de denominações (*sects*) que enche a América, e que é a melhor e única segurança para a liberdade em qualquer sociedade"[618].

Em uma nítida sucessão principiológica das Declarações de Direitos da Virgínia e de Independência, a Constituição dos EUA é promulgada em 1787 e emendada em 1791 (*Bill of Rights*[619]), estabelecendo duas cláusulas importantes sob o prisma religioso: a primeira clausula garante o direito à liberdade religiosa (*free exercise clause*), enquanto a segunda erige o famoso *wall of separation between church and State*, isto é, o princípio da separação entre a Igreja e o Estado (*establishment clause*)[620].

Trata-se, como ensina Comparato[621], da emenda de maior realce frente aos demais direitos humanos, ou seja, *freedom of press, freedom of speech, freedom of religion are in a preferred position*[622], na toada da célebre decisão da Suprema Corte Norte-americana *Murdock v. Pennsylvania* (1943). Não se pode esquecer, como adverte Comparato[623], que o *Mayflower Compact*[624] –

618 *apud* ADRAGÃO, 2002, p. 67.

619 "O *Bill of Rights* norte-americano, como são chamadas tradicionalmente as dez primeiras emendas à Constituição Federal" (COMPARATO, 2019, p. 132) dos EUA.

620 MACHADO, 1996, p. 80. Leciona Ribeiro: "A Constituição Norte-americana, de forma pioneira, alojou o direito à liberdade religiosa, outorgou-lhe a posição de *the first rigth*, consagrando-a na Primeira Emenda constante do *Bill of Rigths* de 1791. É a famosa *free exercice clause*, que aparece em conjunto com a ideia de separação das confissões religiosas do Estado, denominada de *establishment clause*" (2002, p. 50). Para Oliveira, "foi por meio dos movimentos revolucionários (americanos em 1776 e franceses em 1789) que a liberdade religiosa alcançou seu ápice e começou a ser tratada como Direito Fundamental do homem" (2018, p. 30).

621 COMPARATO, 2019, ps. 133-4.

622 As liberdades da palavra, do discurso, da imprensa e da religião possuem posição preferencial.

623 Ibidem, p. 112.

624 "O *Mayflower Compact*, que se tratava de uma adaptação da aliança dos separatistas (puritanos) a uma situação civil, torna-se a base do governo da colônia de *Plymouth*, permanecendo em vigor até sua integração à colônia da Baía de *Massachusetts* em 1691. E, aqui, na colônia da Baía de *Massachusetts*, o povo eleito (teologia da eleição calvinista) estruturou a Igreja e o Governo, conforme as bases de João Calvino, com autonomia do poder religioso e do poder temporal, sem quaisquer sobreposições, ideia que se espalha nas demais colônias, desembocando no pensamento uníssono dos pais fundadores, no ano de 1776 e em 1787, data da promulgação da Constituição Norte-americana" (VIEIRA; REGINA, 2021, p. 98). Em nosso canal "Direito Religioso" no *youtube*, gravamos uma série em Plymouth que narra toda esta história.

assinado no dia 21 de novembro de 1620, a bordo do navio inglês, em *Cape Cod* – é o protodocumento da independência americana[625], fundamentada em liberdades individuais e no *goverment by consent*[626]. Ensina Mendonça, Ministro do Supremo Tribunal Federal:

> Após essa longa caminhada, e, no alvorecer da chamada era das luzes, a liberdade religiosa é entronizada como central nos Estados Unidos da América, a partir da influência direta de calvinistas puritanos, os quais, fugidos da perseguição anglicana no Reino Unido, chegam à costa leste da então "Nova Inglaterra" no início do Século XVII. Ali, e nas colônias que se sucedem, é estabelecido um pacto de separação entre a Igreja e o Estado, consolidando-se na sequência o amplo exercício da liberdade religiosa. É nesse contexto que referido direito fundamental vem a ser consagrado no art. 16 da Declaração de Direitos da Virgínia (1776) e na primeira emenda (1791) à Constituição norte-americana"[627].

A terceira declaração citada é a francesa, publicada em 26 de agosto de 1789, após aprovação pela Assembleia Nacional Constituinte da França, como "Declaração Universal dos Direitos do Homem e do Cidadão" (DUDHC)[628]. O artigo 10 da DUDHC protege as opiniões religiosas desde que a ordem pública não seja perturbada. O deputado "Pétion", presente na Assembleia de elaboração da DUDHC, demonstra o caráter universalista[629] da declaração: "Não se trata aqui de fazer uma

[625] Outro protodocumento importante para a independência norte-americana e para a consolidação da liberdade religiosa e da laicidade nos EUA foi a Carta Régia de *Rhode Island*, idealizada e elaborada por Roger Williams. A Carta Régia foi concedida pela Coroa Inglesa em 1663 nos termos pleiteados por Roger Williams; dentre outras coisas, pleiteava a separação da Igreja e do Estado e o mesmo tratamento para todas as pessoas indistintamente, não importando credo, crença ou a ausência desses (DI MONACO, 2021, ps. 49-52).

[626] Submissão dos poderes governamentais ao consentimento popular.

[627] MENDONÇA, 2022, p. 216-7.

[628] Apesar de defender a liberdade de opinião religiosa, a França ficou conhecida também pela Constituição Civil do Clero, um decreto datado no ano seguinte ao da DUDHC, 1790. Houve a instituição da Igreja Constitucional da França, que transformou os líderes religiosos em funcionários públicos e converteu os bens da Igreja em bens do Estado (VOVELLE, 2015, p. 24).

[629] "É usual também contrapor o cunho nacional das declarações inglesas e norte-americanas ao universalismo pretendido pelas declarações francesas" (MIRANDA, 2018, p. 25).

declaração de direitos unicamente para a França, mas para o homem em geral"[630].

Os ideais da revolução francesa, expostos na DUDHC, foram difundidos em pouco tempo não somente na Europa, mas na Índia, na Ásia Menor e na América Latina (p. 144). Ferreira Filho observa que a maior importância da DUDHC foi o fato de ter sido considerada o modelo a ser seguido pelo constitucionalismo liberal[631], sendo influência inarredável das declarações que se seguiram[632], gerando bons frutos no que concerne ao exercício das liberdades políticas e da cidadania[633].

Entre esses documentos históricos, é importante destacar a diferença de tratamento para com a religião entre o texto norte-americano e o texto francês. A Declaração de Direitos da Virgínia se inspira em uma conjugação de elementos liberais com elementos cristãos, refletindo uma atitude positiva com a religiosidade, resultando no livre exercício da religião nos EUA[634]. De outra banda, o texto francês tem como inspiração o antiabsolutismo liberal, que considerava a religião, retratada pelo segundo estamento francês (o clero), como negativa. O texto reflete uma visão individualista da religião, o que acabou resultando no laicismo, estudado anteriormente.

A liberdade religiosa é entronizada nos principais tratados internacionais atuais de direitos humanos, a começar pela DUDH, também conhecida como Resolução 217-A III da Assembleia Geral das Nações Unidas de 1948. A DUDH incorpora questões essenciais a respeito da promoção dos direitos humanos e da efetivação da dignidade da pessoa humana e tem em seu escopo premissas básicas para influenciar compromissos voltados para o bem comum. A DUDH inicia entronizando a dignidade da pessoa humana como fundamento da liberdade e, por conseguinte, da própria liberdade religiosa[635]: "Considerando que o reconhecimento da dignidade

[630] COMPARATO, 2019, p. 143.

[631] Assim como a distinção dos poderes político e religioso é fruto do Cristianismo (Evangelho de Mt. 22, 21 e da Carta *Duo Sunt*) e a separação Igreja e Estado é fruto da Reforma Protestante, foi o movimento do constitucionalismo liberal que impulsionou a laicidade e a superação dos modelos de união político-religiosa (WEINGARTNER NETO, 2006, p. 340).

[632] FERREIRA FILHO, 2018, p. 36.

[633] DALLARI, 2019, ps. 18-21.

[634] ADRAGÃO, 2017, p. 39.

[635] CHEHOUD, 2017, p. 21.

inerente a todos os membros da família humana e de seus direitos iguais e inalienáveis é o fundamento da liberdade, da justiça e da paz no mundo" (DUDH, 1948).

A DUDH defende que não haja distinção em razão da religião (Art. 2), que o direito à constituição de família seja garantido para todos, independentemente da religião escolhida (Art. 16), e protege o direito ao proselitismo e ao ensino religioso (Art. 18). Ela também trata a crença separadamente da religião ao permitir a mudança e a manifestação da crença (Art. 18).

Machado[636] considera a DUDH como um padrão hermenêutico para interpretação dos direitos fundamentais. O artigo 16 da DUDH é o ponto de apoio para a integração dos direitos fundamentais previstos na declaração, o qual defende que não haja restrição de direitos em razão da religião ou da nacionalidade. O autor entende que a proposta de "tratamento mais favorável" é o que faz dela um memorial de liberdade e reciprocidade. Por sua vez, Adragão[637] salienta a importância do artigo 18 da DUDH para a compreensão de que o âmbito da proteção da liberdade religiosa contemple a manifestação externa da crença de modo individual ou coletivo, quer seja em público, quer seja no privado, mediante o culto, proselitismo e o ensino.

> Toda a pessoa tem direito à liberdade de pensamento, de consciência e de religião; este direito implica a liberdade de mudar de religião ou de convicção, assim como a liberdade de manifestar a religião ou convicção, sozinho ou em comum, tanto em público como em privado, pelo ensino, pela prática, pelo culto e pelos ritos[638].

Entretanto, por mais que tenha o êxito de ser uma declaração de conteúdo universal, a DUDH possui a debilidade de não ter uma aceitação efetiva no sentido de ser coercitivamente cumprida pelos respectivos Estados nacionais. Dessa debilidade, surge a necessidade da criação de ligas ou convenções com mecanismos de controle por meio de órgãos específicos, detentores do direito de exigir do respectivo Estado signatário

[636] MACHADO, 1996, p. 207.

[637] ADRAGÃO, 2002, p. 88.

[638] Disponível em: https://www.ohchr.org/EN/UDHR/Pages/Language.aspx?LangID=por. Acesso em: 10 nov. 2021.

relatórios sobre a situação dos direitos humanos em seu território. Nasce, com essa vocação[639], a Convenção Europeia de Direitos Humanos, também conhecida como a Convenção para Salvaguarda dos Direitos do Homem e Liberdades Fundamentais, criada em Roma pelos Estados membros do Conselho da Europa em 04 de novembro de 1950.

A Convenção Europeia dos Direitos Humanos[640] ingressa no sistema internacional de Direitos Humanos, sendo reconhecida por enumerar os direitos da pessoa humana em um cenário pós Segunda Guerra Mundial. É no art. 9º que se trata sobre a liberdade de pensamento, de consciência e de religião.

Na mesma toada do Conselho da Europa, a ONU estabelece o Pacto Internacional sobre Direitos Civis e Políticos (PIDCP) na 21ª sessão de sua Assembleia Geral em 16 de dezembro de 1966. Contudo, o pacto somente entrou em vigor quase dez anos depois por exigir a assinatura de 35 (trinta e cinco) Estados para a sua ratificação, conforme art. 49, § 1º. O PIDCP[641] foi recepcionado pela Constituição Brasileira (art. 5º, §3º) em 1991 e, no que concerne à liberdade religiosa, protege a liberdade de religião, de professar uma crença, de não ser submetido à medida coercitiva em razão da opção religiosa e de manifestação da religião ou crença – mais um exemplo de um documento internacional que separa a dimensão interna e a externa (art. 18).

Esse pacto tem um sistema diferenciado para garantir o cumprimento dos direitos que enumera, chamado de *special enforcement machinery,* que em português significa maquinário de aplicação especial, já que "os Estados-partes passam a ter a obrigação de encaminhar relatórios sobre as medidas legislativas, administrativas e judiciárias adotadas, a fim de ver implementados os direitos enunciados pelo pacto"[642].

[639] "Mas a grande contribuição da Convenção Europeia para a proteção da pessoa humana foi, de um lado, a instituição de órgãos incumbidos de fiscalizar o respeito aos direitos nela declarados e julgar as suas eventuais violações pelos Estados signatários; de outro, o reconhecimento do indivíduo como sujeito de direito internacional no que tange à proteção dos direitos humanos" (COMPARATO, 2019, p. 275).

[640] Disponível em: http://www.oas.org/es/cidh/expresion/showarticle.asp?artID=536&lID=4. Acesso em: 10 nov. 2021.

[641] Disponível em: http://www.planalto.gov.br/ccivil_03/decreto/1990-1994/d0592.htm. Acesso em: 10 nov. 2021.

[642] PIOVESAN, 2018, p. 259.

É o PIDCP que atribui, no plano internacional, caráter absoluto à liberdade de crença. O *caput* do artigo 4º dispõe sobre situações excepcionais que podem resultar na suspensão temporária dos direitos humanos, excepcionando os direitos humanos elencados no tópico 2 do mesmo artigo: "2. A disposição precedente não autoriza qualquer suspensão dos artigos 6, 7, 8 (parágrafos 1 e 2), 11, 15, 16, e 18". Adragão assevera que é consagrado, por meio do PIDCP, que "nenhuma restrição pode ser imposta às convicções íntimas de um homem ou à sua consciência moral ou à sua atitude para com o universo e o seu Criador" (p. 91). Dentre os direitos humanos que não podem ser objeto de suspensão, estão os direitos à liberdade de crença e à religiosa:

> Art. 18 – 1. Toda pessoa terá direito à liberdade de pensamento, de consciência e de religião. Esse direito implicará a liberdade de ter ou adotar uma religião ou uma crença de sua escolha e a liberdade de professar sua religião ou crença, individual ou coletivamente, tanto pública como privadamente, por meio do culto, da celebração de ritos, de práticas e do ensino (PICDP, 1966).

No ano de 1969, as Organizações dos Estados Americanos adotam o Pacto de San José da Costa Rica ou a Convenção Americana de Direitos Humanos (CADH), que entrou em vigor quase dez anos depois, em 1978, a exemplo do PIDCP. O Brasil é signatário da CADH, adotando-a em seu ordenamento no dia 25 de setembro de 1992, sendo internalizada no ordenamento jurídico brasileiro em 6 de novembro de 1992, por intermédio do Decreto nº 678/1992. O art. 12 é o dispositivo que trata sobre a liberdade de consciência e a de religião, garantindo o direito à liberdade religiosa do fiel de conservar sua religião e crença, de mudar a religião ou a crença, de divulgar sua religião ou crença (proselitismo), de não ser limitado por esses mesmos motivos e de fornecer educação religiosa. A discriminação do termo religião e crença mostra que se trata de mais um pacto que se assenta sobre a parte da doutrina que diferencia o conceito de religião e o de crença.

Outro documento internacional importante é a Declaração Sobre a Eliminação de Todas as Formas de Intolerância e de Discriminação Baseadas em Religião ou Crença assinada em 25 de novembro de 1981 na Assembleia Geral das Nações Unidas. Apesar de esse tratado internacional não ter sido internalizado pela Constituição Brasileira em vigor, sua perspectiva a respeito da liberdade religiosa tem um valor axiomático relevante, pois discorre sobre uma relação de temas no âmbito da liberdade religiosa e, já no preâmbulo, demonstra e acentua "a importância para a ordem mundial do respeito da liberdade religiosa para todos os governos"[643].

A Declaração enumera o conteúdo da liberdade religiosa, tentando assentar as bases de um Estatuto de Liberdade Religiosa (p. 94), tais como: sua manifestação no espaço público e privado (art. 1º, §1º), proteção contra discriminação e intolerância religiosa (art. 2º, §1º, §2º e §3º, art. 3º), comprometimento por parte dos Estados de adotar "medidas eficazes para prevenir e eliminar toda discriminação por motivos de religião [...]", educação religiosa e autonomia familiar para educar os filhos conforme a confissão de fé escolhida (art. 5º, §1º), proteção às crianças para que não sofram constrangimento em razão da sua fé (art. 5º, §3º), sinalização da dignidade da pessoa humana como vetor para a educação religiosa (art. 5º, § 5º), pontuação das liberdades que são entendidas como componentes da liberdade de religião em seu artigo 6º:

> Conforme o artigo 1 da presente Declaração e sem prejuízo do disposto no parágrafo 3 do artigo 1, o direito à liberdade de pensamento, de consciência, de religião ou de convicções compreenderá especialmente as seguintes liberdades:
>
> a) A de praticar o culto e o de celebrar reuniões sobre a religião ou as convicções, e de fundar e manter lugares para esses fins;
> b) A de fundar e manter instituições de beneficência ou humanitárias adequadas;
> c) A de confeccionar, adquirir e utilizar em quantidade suficiente os artigos e materiais necessários para os ritos e costumes de uma religião ou convicção;
> d) A de escrever, publicar e difundir publicações pertinentes a essas esferas;
> e) A de ensinar a religião ou as convicções em lugares aptos para esses fins;

[643] ADRAGÃO, 2002, p. 93.

f) A de solicitar e receber contribuições voluntárias financeiras e de outro tipo de particulares e instituições;
g) A de capacitar, nomear, eleger e designar por sucessão os dirigentes que correspondam segundo as necessidades e normas de qualquer religião ou convicção;
h) A de observar dias de descanso e de comemorar festividades e cerimônias de acordo com os preceitos de uma religião ou convicção;
i) A de estabelecer e manter comunicações com indivíduos e comunidades sobre questões de religião ou convicções no âmbito nacional ou internacional (NAÇÕES UNIDAS, 1981).

Interessa notar que, nesse documento, não se encontra a palavra crença (ao contrário do PIDCP e da CADH), apenas a menção de um direito que abarca o pensamento, a consciência e a religião. O texto possui um amplo detalhamento em torno das áreas de alcance da religião na vida humana, que vai desde a celebração da reunião, passando pela questão das doações voluntárias, da liberdade para estabelecer o sistema de governo que estiver de acordo com as normas de Direito Eclesiástico da organização religiosa, até a liberdade para pregação. “Apesar do seu caráter não vinculativo, alguns autores consideram a declaração de 1981 como a melhor interpretação, quanto à liberdade religiosa, do Pacto Internacional de Direitos Civis e Políticos”[644].

[644] ADRAGÃO, 2002, p. 94.

5.
AS RESTRIÇÕES À LIBERDADE RELIGIOSA EM TEMPOS DE PANDEMIA DE COVID-19

Por derradeiro, ainda neste capítulo que trata das liberdades de crença e religiosa no Estado Constitucional Brasileira, é imperioso destacar, mesmo que brevemente, as violações ocorridas em tempos da pandemia de Covid-19 à liberdade religiosa, especialmente de culto e de organização religiosa. Na obra "Direito Religioso: orientações práticas em tempos de Covid-19", escrita em coautoria com Regina, observou-se a importância de se harmonizar os direitos fundamentais à vida e à saúde com o plexo de direitos da liberdade religiosa (2020a).

Como ensina Sarlet, na obra "A Eficácia dos Direitos Fundamentais", é consenso a possibilidade de limitações aos direitos fundamentais que podem ocorrer de três formas[645]: **A primeira,** por expressa disposição constitucional, trata-se de uma restrição constitucional direta prevista na Constituição Brasileira entre os artigos 136 e 139**. A segunda opção** é da restrição indireta, em que a Constituição indica a reserva legal. As reservas legais podem ser simples, que são aquelas que autorizam o

[645] Para Teraoka, as restrições "aos direitos fundamentais devem estar ancoradas no texto constitucional. Podem ser diretamente constitucionais (estabelecidas pela própria constituição) ou indiretamente constitucionais (cuja imposição está autorizada pela Constituição)" (2010, p. 34).

legislador a intervir no âmbito da proteção sem estabelecer pressupostos nem objetivos específicos. Um exemplo é a identificação criminal que encontra ressalva na lei, art. 5º, LVIII. Por outro lado, as reservas legais podem ser qualificadas, nestas existem pressupostos e objetivos específicos prévios que devem ser atendidos pelo legislador. Um exemplo é o sigilo das comunicações telefônicas, art. 5º, XII. Não há reservas legais para as liberdades religiosa e de crença.

A terceira opção trata dos direitos fundamentais ilimitados[646], ou seja, aqueles que são desprovidos de restrições diretas ou indiretas no texto constitucional, entre eles estão as liberdades religiosa e de crença. Na mesma obra (2009), Sarlet entende que não existe uma hierarquia entre direitos fundamentais no sentido de prevalecer um em detrimento do outro, devendo sempre se buscar uma harmonização entre ambos. Nesse sentido, quando existe uma colisão entre direitos fundamentais "ilimitados", existe a possibilidade de restringi-los de modo proporcional e adequado para que ambos os direitos sejam mantidos, mesmo com algumas restrições.

Isto é, as medidas restritivas devem ser controladas no sentido de que os direitos fundamentais que estão em colisão sejam limitados o mínimo possível. No controle das medidas restritivas, a proporcionalidade se desdobra em:

(a) na **adequação da medida**, ou seja, pela medida, é possível alcançar o fim pretendido;
(b) na **necessidade da medida**, ou seja, a opção deve ser sempre aquela menos gravosa; e
(c) na **proporcionalidade** em sentido estrito entre os meios utilizados e os fins desejados (**razoabilidade ou justa medida**).

Para Sarlet, a restrição deve ter uma finalidade constitucionalmente relevante e legítima, uma justificação constitucional – não se pode

[646] Ilimitados não significa absolutos. Ilimitados é usado no sentido de não possuir limitação no âmbito do texto normativo constitucional. Como ensina Seferjan, citando Soriano, o "princípio da liberdade religiosa não é um princípio absoluto; os princípios, como os direitos e as liberdades, são relativos e estão submetidos ao jogo de recíprocas limitações com o fim de dosar seu exercício e fazer frente a um hipotético abuso cometido por algum deles" (2012, p. 27).

restringir por restringir. Tal aplicação não pode ser insuficiente. A proteção insuficiente deve ser proibida. Essa análise é trifásica e passa por:

(a) verificação se a medida adotada é **eficaz** para proteger o bem protegido;
(b) questionamento sobre se **existem outros meios** de proteção mais eficientes e menos interventivos em bens de terceiros; e
(c) **investigação do impacto** das ameaças e dos riscos remanescentes após a efetivação das medidas restritivas em face de ponderar a preservação dos outros direitos pessoais ou coletivos.

Na terceira exigência, deve ser verificada a confluência entre as proibições de excesso e a insuficiência das medidas[647]. Na sequência, Sarlet[648] aponta para o dever do julgador de garantir a efetividade do núcleo essencial dos direitos fundamentais em colisão, arrematando: "a garantia de proteção do núcleo essencial dos direitos fundamentais aponta para a parcela do conteúdo de um direito sem a qual ele perde a sua mínima eficácia, deixando de ser reconhecível como um direito fundamental". Isto é, em uma colisão de direitos fundamentais, o núcleo ou o conteúdo essencial de cada Direito fundamental em colisão deve ser mantido. De certa forma, é a previsão do art. 18, 3 do Pacto Internacional de Direitos Civis e Políticos, ao qual o Brasil é signatário: "A liberdade de manifestar a própria religião ou crença estará sujeita apenas às limitações previstas em lei e que se façam necessárias para proteger a segurança, a ordem, a saúde ou a moral públicas ou os direitos e as liberdades das demais pessoas".

O texto é claro, os limites somente podem ser cominados por lei visando situações especiais e com a necessidade de que a restrição a ser imposta na liberdade religiosa deverá ocorrer de modo proporcional na medida em que seja necessária para garantir o outro Direito fundamental que estaria em colisão[649].

Dessa forma, a liberdade religiosa poderia ter sido limitada durante a pandemia diretamente pela Constituição, indiretamente por reserva legal prevista na Constituição ou em colisão com outro Direito fundamental.

[647] SARLET, 2009, ps. 396-400.

[648] Ibidem, ps. 402-4.

[649] SEFERJAN, 2012, p. 26.

A primeira e a segunda opção não existem no Direito brasileiro quanto à liberdade religiosa, restando apenas a terceira opção.

Todavia as restrições às quais a liberdade religiosa foi submetida, notadamente as liberdades de culto e de organização religiosa, não consideraram a necessidade de harmonização dos direitos fundamentais em colisão e a preservação do mínimo existencial das liberdades de culto e de organização religiosa, conforme acima explicitado. Não houve ponderação jurídica entre os direitos fundamentais colidentes[650] no sentido de preservar o núcleo da liberdade religiosa e seu mínimo existencial. O caso emblemático é o do Decreto de nº 65.563, do Estado de São Paulo, de 12 de março de 2021[651]. Tal Decreto prescrevia: "Artigo 2º – As medidas emergenciais instituídas por este decreto consistem na vedação de: II – realização de: a) cultos, missas e demais atividades religiosas de caráter coletivo".

Observa-se que a opção do Governador de São Paulo foi, por meio de Decreto, vedar a realização de cultos, missas e demais atividades religiosas de caráter coletivo. De uma só vez, as liberdades de culto, de manifestação religiosa, de ensino religioso e de organização religiosa foram vedadas, em outros termos, foram proibidas no Estado de São Paulo. Esse dispositivo foi desafiado por meio da Arguição de Descumprimento de Preceito Fundamental de nº 811, junto ao Supremo Tribunal Federal, pelo Partido Social Democrático – PSD, com a participação de diversos atores da sociedade civil organizada, entre eles o Instituto Brasileiro de Direito e Religião – IBDR.

Em sede liminar, na ADPF 701, conexa a ADPF 811, o Ministro Nunes Marques ponderou os direitos fundamentais em confronto, encontrando uma saída que permitisse a realização dos cultos e demais atividades religiosas de caráter coletivo, desde que implementadas todas as medidas de biossegurança, além da restrição de 75% da capacidade dos templos ou dos locais de culto. Ou seja, o teto de ocupação de fiéis para os locais de cultos ou outras atividades religiosas seria de 25%. Assim a decisão,

[650] Ibidem, p. 28.

[651] Além do Decreto referido, muitos outros foram publicados durante a pandemia de Covid-19 proibindo os cultos, dentre eles o Decreto 031/2020 do Município de João Monlevade/MG e tantos outros semelhantes publicados em Macapá/AP, Porto Alegre/RS, Bebedouro/SP, Cajamar/SP, Rio Brilhante/MS, Armação de Búzios/RJ etc., conforme explicitado na ADPF 701, conexa à ADPF 811.

de maneira proporcional, encontrou uma medida adequada e garantiu o mínimo existencial dos direitos fundamentais em colisão. Segue trecho da parte dispositiva da decisão liminar de 03 de abril de 2021:

> Os Estados, Distrito Federal e Municípios se abstenham de editar ou de exigir o cumprimento de decretos ou atos administrativos locais que proíbam completamente a realização de celebrações religiosas presenciais, por motivos ligados à prevenção da Covid-19; e b) sejam aplicados, nos cultos, missas e reuniões de quaisquer credos e religiões, os protocolos sanitários de prevenção, relativos à limitação de presença (no máximo, 25% da capacidade), além das medidas acima mencionadas, tais como: distanciamento social (com ocupação de forma espaçada entre os assentos e modo alternado entre as fileiras de cadeiras ou bancos), observância de que o espaço seja arejado (com janelas e portas abertas, sempre que possível), obrigatoriedade quanto ao uso de máscaras, disponibilização de álcool em gel nas entradas dos templos, aferição de temperatura, fixadas estas como balizas mínimas, recomendando-se também outras medidas profiláticas editadas pelo Ministério da Saúde; sem prejuízo da possível e gradativa mitigação das restrições pelo Poder Executivo, conforme haja evolução positiva no tratamento e combate à pandemia (BRASIL, 2021).

Ambas as ações foram para julgamento no Plenário do STF, com prevalência da ADPF 811, por questões processuais. O pedido de inconstitucionalidade do Decreto paulista foi julgado improcedente por maioria (9 a 2), sendo ementado da seguinte forma:

> 1. A distribuição das ações de controle abstrato de constitucionalidade somente ocorre por prevenção quando há coincidência total ou parcial de objeto, na forma do artigo 77-B do Regimento Interno do STF. Na ADPF 701, impugnava-se o artigo 6º, do Decreto 031, de 20 de março de 2020, do Município de João Monlevade/MG, enquanto que a presente ADPF 811 adstringe-se à impugnação do Decreto 65.563 do Estado de São Paulo, publicado em 12 de marco de 2021. Questão de Ordem rejeitada. 2. Ante à apresentação das manifestações técnicas, a ação encontrava-se devidamente instruída e madura para julgamento pelo Plenário deste Tribunal. Conversão do referendum da medida cautelar em julgamento de mérito da ADPF. 3. A dimensão do direito à liberdade religiosa (art. 5o, VI, da CF/1988) que

> reclama proteção jurídica na ADPF afasta-se do núcleo de liberdade de consciência (forum internum) e aproxima-se da proteção constitucionalmente conferida à liberdade do exercício de cultos em coletividade (forum externum). Sob a dimensão interna, a liberdade de consciência não se esgota no aspecto religioso, mas nele encontra expressão concreta de marcado relevo. Por outro lado, na dimensão externa, o texto constitucional brasileiro alberga a liberdade de crença, de aderir a alguma religião e a liberdade do exercício do culto respectivo. A CF, no entanto, autoriza a restrição relativa dessa liberdade ao prever cláusula de reserva legal para o exercício dos cultos religiosos (art. 5o, VI, da CF). 4. Após a declaração da pandemia mundial do novo Coronavírus pela Organização Mundial da Saúde (OMS), em 11 de março de 2020, diversos países passaram a adotar proibições ou restrições ao exercício de atividades religiosas coletivas. Com variações de intensidade e de horizonte temporal, essas medidas ora consistiam na proibição total da realização de cultos, ora na fixação de diretrizes intermediárias ao funcionamento das casas religiosas. As restrições ao funcionamento das casas de cultos foram impulsionadas por eventos de supercontaminação identificados em diversas regiões do mundo. Colhe-se do Direito Comparado decisões de Cortes Constitucionais que reconhecem a constitucionalidade das restrições às atividades religiosas coletivas presenciais durante a pandemia do novo Coronavírus. 5. Sob o prisma da constitucionalidade formal, a edição da norma impugnada respeitou o entendimento firmado pelo STF no julgamento da Ação Direta de Inconstitucionalidade 6.341, de relatoria do eminente Ministro Marco Aurélio, redator do acórdão Ministro Edson Fachin, em que se assentou que todos os entes federados têm competência para legislar e adotar medidas sanitárias voltadas ao enfrentamento da pandemia de Covid-19. Precedentes. 6. Sob o prisma da constitucionalidade material, as medidas impostas pelo Decreto estadual resultaram de análises técnicas relativas ao risco ambiental de contágio pela Covid-19 conforme o setor econômico e social, bem como de acordo com a necessidade de preservar a capacidade de atendimento da rede de serviço de saúde pública. A norma revelou-se adequada, necessária e proporcional em sentido estrito para o combate do grave quadro de contaminação que antecedeu a sua edição. 7. Arguição de Descumprimento de Preceito Fundamental julgada improcedente (BRASIL, 2021).

Observa-se que Mendes usa o art. 5º, VI, como possibilidade de restrição para a liberdade de culto. Trata-se da restrição indireta via reserva legal lecionada por Sarlet. Todavia, conforme já referido anteriormente, não se trata de uma reserva legal restritiva, mas de uma ordem constitucional para elaboração de uma lei que assegure o livre exercício dos cultos e a proteção dos locais em que ocorrem: "Art. 5º [...] VI – é inviolável a liberdade de consciência e de crença, sendo assegurado o livre exercício dos cultos religiosos e garantida, na forma da lei, a proteção aos locais de culto e a suas liturgias". A referida lei não pode definir onde os cultos devem ou podem acontecer, bem como condicioná-los, muito antes pelo contrário, o papel da lei mencionada pelo inciso é de proteger a ocorrência dos cultos. A exegese extraída por Mendes torna o art. 5º, VI, uma norma constitucional inconstitucional, pois fere todo o sistema brasileiro de liberdades.

Outro problema do *decisum* é a não distinção dos plexos de direitos da liberdade de crença e da liberdade religiosa, nos termos de obra que o relator (Gilmar Mendes) assina sobre Direito Constitucional, citada alhures. Essa interpretação substitui a atividade cultual (individual ou coletiva) como núcleo da liberdade religiosa pelas liberdades de consciência e crença. A consequência é que o impedimento da realização dos cultos não elide o núcleo essencial, que seria a consciência e a crença. Mesmo sob essa perspectiva, parece-nos que a consciência também estaria irremediavelmente afetada – por que não é o culto o coroamento da relação do fiel com a divindade, sendo que essa acontece no nível da consciência de cada um?

A decisão vencedora não observou a necessidade de se preservar minimamente os direitos fundamentais em colisão, no caso a liberdade de culto e a liberdade de organização religiosa (entre outros), mantendo o decreto proibitivo para qualquer prática de culto ou religiosa comunitária. Tal decisão vem na contramão do sistema constitucional brasileiro de liberdade religiosa, de crença e da laicidade colaborativa, bem como das próprias decisões anteriores do Supremo Tribunal Federal, caracterizando-se como exceção. De outra banda, enquanto a presente obra está sendo revisada e diagramada, seu autor já se debruça em pesquisa junto ao Programa de Pós-graduação Stricto Senso de Direito Político e Econômico, na Universidade Presbiteriana Mackenzie, em doutoramento sobre os limites materiais da liberdade religiosa e quais os limites de tais limites. A tese resultado do doutoramento deverá ser o segundo ou terceiro tomo da presente obra.

6.
A LAICIDADE COLABORATIVA BRASILEIRA DE 1988 E O ÁPICE DO SISTEMA CONSTITUCIONAL DE LIBERDADE RELIGIOSA

No fluxo que parte do poder religioso, a laicidade é um mecanismo de proteção para que a ordem religiosa não sofra intromissões estatais indevidas (liberdade negativa), visto que o ponto comum em qualquer religião é o seu fim último na transcendência[652], como evidenciado na noção jurídica de religião substancial-objetiva ou, pelo menos, no sentido de parecenças de família, que lhe sejam comuns, nos termos definidos pela noção jurídica tipológica. Nesse sentido, como explica Fachin, em seu voto relator no ARE 1.099.099, "o princípio da laicidade estatal deve ser interpretado de forma a coadunar-se com o dispositivo constitucional que assegura a liberdade religiosa, constante do art. 5º, VI, da Constituição da República"[653], e de todos os demais artigos da CRFB/88 já escandidos.

Não cabe ao Estado interferir nos assuntos relacionados à ordem religiosa, assim como não cabe ao Estado desconsiderar a importância da religião para os indivíduos (liberdade positiva). Um exemplo da importância da religião para os brasileiros pode ser verificado na constituinte

652 BOBBIO; MATTEUCCI; PASQUINI, 1998, p. 673.
653 BRASIL, 2021.

brasileira: entre março de 1986 e julho de 1987, foram distribuídos 5 milhões de formulários nas agências dos Correios e coletadas 72.719 sugestões populares. Os legisladores queriam saber o que o povo gostaria de ter no principal documento jurídico-político do Brasil[654]. Segue uma das sugestões, a título exemplificativo, do Sr. João Felicíssimo da Silva, no dia 20 de fevereiro de 1986[655]:

> Senhores constituintes, Srs. Senadores, Srs. cuja voz ecoa, a minha sugestão é para que, como brasileiros, saibamos srs. gratos ao Supremo Criador e, em troca, que a nova Constituinte não fira de modo algum, quer direta ou indiretamente, os princípios pelos quais se tem pautado os nossos compatrícios, quanto à fé Cristã, à liberdade de culto, sem essa de 'Igreja Oficial', porque num país democrata, todos tem o direito de adorar a Deus, sem o menor constrangimento[656].

A identificação do sistema de laicidade escolhido pelo constituinte brasileiro de 1988 perpassa pela análise dos principais dispositivos constitucionais que se relacionam com as igrejas, os credos e o fenômeno religioso em si. Nessa senda, cada parte que trata sobre o atual modelo de laicidade tem uma base histórica, jurídica e filosófica. A começar pelo preâmbulo constitucional que promulga a Constituição "sob a proteção de Deus".

O preâmbulo é fruto da vontade popular, conforme é possível identificar nos formulários que foram distribuídos para os brasileiros, todos disponíveis no SAIC (Sugestões dos Cidadãos para a Assembleia Constituinte de 1988)[657]. Na constituinte de 1987/1988, foi apresentada uma emenda supressiva pelo deputado federal, autodeclarado marxista e ateu, José Genoíno (PT/SP), para que fosse retirada a expressão "sob a proteção de Deus" do preâmbulo. A emenda foi votada na Comissão de Sistematização da constituinte e derrotada por 74 votos contrários e

[654] BRASÍLIA, 2019.

[655] Disponível em: https://www.senado.leg.br/atividade/baseshist/asp/detalheDocumento.asp?codBase=1&codDocumento=90&sgBase=SAIC&q=religi%C3%A3o. Acesso em: 11 jan. 2022.

[656] BRASÍLIA, 2019.

[657] Ibidem.

apenas um favorável[658]. A defesa da manutenção do nome de Deus teve como argumento, por exemplo, que a maioria da população brasileira é cristã, como arrazoaram os deputados Fausto Rocha (PFL/SP) e José Maria Eymael (PDC). Afirmou Fausto Rocha:

> É claro que nem toda a Nação brasileira é constituída de cristãos, mas o Brasil é a maior Nação cristã do mundo. Se outros países colocam em suas constituições e até na moeda que circula na mão de cada um o respeito, a admiração e a aceitação de que Deus é o Senhor, de que estão debaixo daquele que orienta suas vidas, queremos, como a maior Nação cristã do mundo - evangélicos, católicos, diversas denominações - ter a honra, o orgulho e o privilégio, como maioria, de ver cumprida essa aspiração[659].

Até mesmo o deputado Roberto Freire (PCB/PE), autodeclarado ateu, foi contra a emenda supressiva de seu colega Genoíno, alegando que não iria desrespeitar o sentimento religioso teísta do povo brasileiro[660]. O preâmbulo da Constituição Brasileira elaborado pelo inicial, ilimitado e incondicionado Poder Constituinte Originário é o reflexo dos anseios da população naquele momento de ruptura constitucional com a ordem constitucional anterior.

O preâmbulo é o exórdio de uma Constituição escrita, instando os valores e as premissas filosóficas, sociais e jurídicas que devem ser perseguidos pelo constituinte originário e, posteriormente, derivado. Ao mesmo passo que é um adorno estético, como uma abóboda de uma catedral, mantém a estrutura ao distribuir sua carga, como uma bussola filosófica[661]. De outra banda, possui, até mesmo, certa carga normativa, no sentido de influência e limitações da implantação de um laicismo, por exemplo. No dizer de Rémi Brague: "a ética constitui a moldura da ordem profana. Mas, como toda a moldura, ela simplesmente limita negativamente, sem impor diretivas positivas"[662].

[658] RANQUETAT JR., 2016, ps. 252-3.

[659] BRASÍLIA, 1988, p. 6.634.

[660] RANQUETAT JR., 2016, p. 254.

[661] VIEIRA; REGINA, 2023, p. 106.

[662] BRAGUE, 2005, p. 148.

Ainda, para quem defende que o preâmbulo de uma Constituição não possui valor constitucional, é importante consignar que a Constituição não teria sido promulgada se não tivesse um preâmbulo, visto que a promulgação é sua parte inerente. Logo, se o preâmbulo possui valor, todo o poder público no Brasil, foi constituído "sob a proteção de Deus", inclusive o próprio Estado laico brasileiro[663]. O preâmbulo também não pode ser alterado, não pode nem ao menos ser objeto de emenda constitucional, pois a sua vigência imbrica-se com a vigência e a eficácia do ordenamento jurídico, o que, por si, demonstra sua importância[664].

É importante frisar que o preâmbulo de qualquer constituição é composto de uma linguagem descritiva e não prescritiva como em enunciados normativos, contudo, mesmo assim, possuem caráter jurídico e valor constitucional, pois atuam como vetor orientativo para a criação, a aplicação e a interpretação nas normas constitucionais[665]. Afinal de contas, mesmo na hipótese de se considerar que o preâmbulo não possui nenhum valor normativo e constitucional, resta evidente a atitude positiva do Estado Constitucional Brasileiro para com a religiosidade[666]. Portanto, de início, nota-se a *benevolência* constitucional brasileira com o fenômeno religioso[667].

Saindo do preâmbulo constitucional e adentrando no primeiro artigo da Constituição, estão os fundamentos da República, dentre eles, a dignidade da pessoa humana (art. 1º, III), ponto nodal da liberdade de crença e do culto, conforme referido anteriormente. A dignidade da pessoa humana é o instrumento que o julgador fará uso em caso de colisão de direitos fundamentais. É importante reiterar que a dignidade da pessoa humana é inspirada na "ordem religiosa e, mais especificamente, dos

[663] MARTINS, 2021, p. 5.

[664] PASIN; DALLARI JR., 2021, p. 281.

[665] COSTA-CORRÊA; ABREU, 2021, p. 81.

[666] Canas usa a expressão "atitude positiva" para qualificar a relação do Estado com as igrejas em Portugal: "Em definitiva: existe una actitud positiva hacia la religión como um fenómeno socialmente beneficioso" (1996, p. 279).

[667] Para Santos Jr., "uma atitude de respeito e valorização" (2017, p. 71) ao transcendente e à fé religiosa. Para André Mendonça: "Com efeito, já em seu preâmbulo, a Constituição de 1988 reflete a importância da religião para a história e a cultura brasileiras, visto que nele se insere o reconhecimento, por parte dos constituintes, de que os trabalhos haviam sido realizados "sob a proteção de Deus". Esse registro, altamente simbólico e emblemático, revela a singular importância do fenômeno religioso para o povo brasileiro" (2022, p. 217).

dogmas cristãos e dos mais remotos ensinamentos bíblicos [...]" (p. 92), o que demonstra, outra vez, a importância da religiosidade para nosso Estado Constitucional.

A Constituição Brasileira declara, em seu artigo 5º, VI, a inviolabilidade das liberdades de consciência e de crença, de onde decorre o plexo de direitos que constitui tais liberdades, tendo como núcleo a proteção da crença. Dentro do mesmo enunciado do inciso VI, a Constituição assegura a "proteção aos locais de culto e suas liturgias", entronizando como núcleo do *cluster right* da liberdade religiosa o culto. No mesmo inciso VI, a Constituição reconhece a importância do fenômeno religioso em suas dimensões privada, pública, individual e coletiva.

As liberdades de crença e religiosa se encontram com seus núcleos devidamente separados no inciso VI da Constituição, o que se alinha com o capítulo antecedente. Nesse sentido, protege a crença sem deixar de proteger o seu ápice, que é o culto. A laicidade constitucional brasileira, diferente do laicismo francês, por mais que separe as esferas da religião e da política e do governo (art. 19, I), determina que o livre exercício do culto, independentemente do credo, seja assegurado e os locais onde ocorrem as liturgias sejam protegidos. A ação positiva e benevolente da laicidade brasileira garante a efetividade das liberdades de crença e religiosa também em suas vertentes positivas. Ou seja, avança da vertente negativa de não interferência para a vertente positiva de garantia e proteção.

No inciso seguinte do artigo 5º (VII), encontra-se o primeiro aspecto da laicidade colaborativa, ao garantir a "prestação de assistência religiosa nas entidades civis e militares" aos segregados da sociedade política, quer seja dolosa ou culposamente, por motivos de infringência às normas penais brasileiras, quer seja de maneira involuntária, por motivos de saúde. A garantia da prestação de assistência religiosa aos segregados demonstra a colaboração, emanada de uma atitude positiva entre o poder político e o poder religioso, uma vez que na laicidade colaborativa a busca pelo bem comum não desconsidera que o ser humano é *dual* e, pelo menos em alguma fase da sua vida, identifica a transcendência e o relacionamento com a divindade como essencial[668]. No caso desse inciso, a ordem imanente do Estado labora no processo de ressocialização do preso, enquanto

[668] Para Silva, exemplos de colaboração entre o Estado e a Igreja podem ser vistos quando um Município, por meio de lei municipal, cede um terreno para entidades educacionais,

a ordem transcendente da religião contribui com a sua reestruturação espiritual.

Nessa mesma perspectiva, do inciso VIII, do artigo 5º, é estabelecida uma colaboração estatal com as confissões religiosas ao permitir uma prestação alternativa para aquele que invocar objeção de consciência fundamentada em crença religiosa, levando em conta que, para a pessoa religiosa, o fim último de sua vida é o encontro com o sagrado e a divindade, nesta vida e no pós-morte. Da mesma forma, o constituinte garantiu, no art. 143, §1º, o serviço alternativo aos alistados que, por convicção de crença religiosa, deixaram de prestar atividades de caráter militar ou, no § 2º do mesmo artigo, excluindo os eclesiásticos[669] do serviço militar.

A colaboração em prol do interesse público também é sinalizada no art. 19, inciso I, a exemplo das Constituições anteriores. O artigo 19, I da Constituição Brasileira é uma norma regra que possui aplicação imediata e direta, no dizer de Canotilho: "é ou não cumprida" (2002). Como ensina Humberto Àvila, as normas ou são princípios, ou são regras: enquanto regras, não são objeto de ponderação, uma vez que instituem deveres definitivos independentemente das possibilidades factuais (2005, p. 18). A regra do artigo 19, I foi prescrita pelo constituinte originário da seguinte forma: "É vedado [...] estabelecer cultos religiosos ou igrejas, subvencioná-los, embaraçar-lhes o funcionamento ou manter com eles ou seus representantes relações de dependência ou aliança, ressalvada, na forma da lei, a colaboração de interesse público".

A regra referida determina que o Estado brasileiro não é nem pode ser confessional, pois lhe é vedado subvencionar cultos ou igrejas, o que seria típico do confessionalismo. Não é nem pode estabelecer igrejas ou manter com elas relação de dependência, bem típico de uma teocracia, logo não pode ser teocrático. Também não é nem pode ser laicista ou praticar o laicismo, já que a mesma norma regra estabelece vedação para embaraçar o funcionamento das igrejas e de seus cultos religiosos. Arremata determinando que não pode manter relação de dependência nem aliança; entretanto, pode colaborar com os cultos e as organizações religiosas, em prol do interesse público. Por mais que o sistema escolhido

assistenciais e hospitalares de natureza confessional religiosa ou quando destina recursos públicos a escolas confessionais sem fins econômicos, nos termos da lei (1999, p. 255).

[669] Ministros ordenados, tais como: padres, bispos, pastores etc.

pelo constituinte tenha sido o da separação, está claro que não se trata de separação rígida, como a norte-americana.

O constituinte brasileiro elucidou que não existe relação de dependência nem aliança entre a ordem política e a ordem religiosa; contudo, permitiu a colaboração de ambas, em uma laicidade com as características da separação, da liberdade, da benevolência, da colaboração e da igual consideração. Dito de outra forma, a Constituição de 1988 não é indiferente com o fenômeno religioso e muito menos hostil, pelo contrário, é atenta, separada da ordem religiosa, mas cooperativa com ela, não confessional; todavia, solidária e tolerante[670].

Para Maritain, a Igreja e o Estado possuem naturezas distintas: enquanto o Estado se ocupa da vida temporal (imanência), a Igreja se ocupa das coisas do espírito (transcendência). O Estado e a Igreja transitam em esferas distintas, de maneira autônoma e independente, cada um em sua própria ordem. Nesse sentido, Maritain teoriza, em "O Homem e o Estado" (1966), tanto o Estado quanto as organizações religiosas possuem como objetivo último: o bem comum[671].

Uma vez que possuem o mesmo objetivo, fundamentado no bem comum da pessoa humana, Maritain articula a necessidade de colaboração entre as ordens espiritual e política, sob o ponto de vista de três aspectos capitais[672]: o primeiro aspecto capital é o cumprimento total, por parte do Estado, de seus fins. O Estado deve cumprir suas finalidades temporais; assim fazendo, estará indiretamente colaborando com a ordem espiritual, que, de certa forma, ocupa-se dos mesmos fins na esfera da transcendência.

O segundo aspecto é o do reconhecimento público estatal da existência divina, ou, melhor dizendo, o reconhecimento da importância da transcendência e do fenômeno religioso para o corpo político, como um todo. Por fim, o terceiro aspecto da colaboração entre Estado e Igreja se dá de modo específico. Nas palavras de Maritain, o Estado "tem de favorecer, pelos meios adequados, a moralidade geral através do exercício da justiça e do cumprimento da lei [...] e, quanto às matérias religiosas, tem

[670] WEINGARTNER NETO, 2006, p. 341.

[671] Blanco lembra que as igrejas se configuram como uma espécie de grupo intermediário outorgado pelo Estado democrático e pluralizador, que trabalha para o bem comum da sociedade temporal (1993, p. 156).

[672] MARITAIN, 1966, ps. 167-76.

o Estado de tratar delas em certo plano, que é o seu plano de paz civil e bem-estar, e considerando-as do seu ponto de vista"[673]. O Estado nacional ao reconhecer a importância da religião acaba por promover uma ampla liberdade religiosa, pois "garantir a liberdade de alguém é certamente uma forma de cooperação com essa pessoa e de assistência a ela, uma forma real, muito real mesmo, embora negativa"[674].

De certa forma, pode-se observar nos três aspectos capitais de uma relação colaborativa de Maritain, as características de uma laicidade colaborativa: a) separação Igreja e Estado; b) liberdade de atuação dos poderes religioso e político, cada qual conforme suas competências; c) benevolência do Estado para com o fenômeno religioso; d) colaboração; e e) igual consideração entre todas as crenças. De igual modo, é possível verificar os três aspectos capitais referidos na laicidade brasileira, quando o Estado Constitucional Brasileiro: a) estabelece suas competências apenas de ordem temporal (art. 19, I); b) reconhece publicamente Deus no preâmbulo constitucional e a importância do fenômeno religioso em diversos dispositivos constitucionais; e c) prevê especificamente a colaboração (art. 19, I), exemplificando constitucionalmente nos dispositivos da assistência aos segregados (art. 5º, VII) e da imunidade tributária religiosa (Art. 150, VI, "b").

Ao continuar a investigação constitucional sobre o sistema de laicidade brasileiro, é importante lançar luzes para o fato de que as religiões, enquanto fenômeno social e jurídico, possuem estruturas diferentes. Cada credo possui uma história e um conjunto de valores normalmente chamado de Lei(s) Moral(is) e rituais. O espaço comum entre todas seria a prática do proselitismo para própria continuidade no tempo (além do culto), sendo indispensável para tal o ensino religioso – e é por isso que esses sistemas têm impacto na cultura, já que as religiões têm uma preocupação em definir o ser humano e a sua vocação.

Por esse motivo, "a Constituição Brasileira expressa a necessidade da presença curricular do ensino religioso, reconhecendo a importância da ordem espiritual do indivíduo"[675]. No artigo 210 da CRFB/88, o §1º determina que "o ensino religioso, de matrícula facultativa, constituirá disciplina dos horários normais das escolas públicas de ensino fundamen-

[673] Ibidem, p. 172.

[674] Ibidem, p. 175.

[675] VIEIRA, REGINA; 2023, p. 273.

tal", inclusive de modo confessional, nos termos delineados na ADI 4439/DF, assegurando a presença da religião no espaço público e escolar[676].

Outro ponto que também corrobora o modelo colaborativo de laicidade brasileiro é a imunidade tributária aos templos de qualquer culto prevista em seu art. 150, inciso VI, alínea b). Trata-se de uma limitação constitucional ao poder de tributar do Estado que tem por objetivo "evitar que o Estado crie embaraços à liberdade de religião"[677], já que o fim último das organizações religiosas não tem relação com a regra matriz de incidência tributária. Nesse sentido, Mendes e Branco arrematam:

> O conceito de religião, ademais, liga-se à pré-compreensão que o termo propicia, a referi-lo a um sistema de crenças em um ser humano em um ser divino, em que se professa uma vida além da morte, que possui um texto sagrado, que envolve uma organização e que apresenta rituais de oração e de adoração[678].

A imunidade tributária religiosa efetiva a colaboração entre o Estado e o fenômeno religioso, harmonizando o objetivo imanente do Estado com o objetivo transcendente da fé, criando um ambiente de cidadania saudável e pluralista[679], além de criar condições para que as liberdades de crença e especialmente o plexo de direitos da liberdade religiosa sejam exercidos plenamente. Ao limitar o poder estatal de tributar os templos de qualquer culto, a Constituição, mais que reafirmar a liberdade religiosa e a de crença em sua vertente negativa de não interferência, acomoda visões diferentes sobre a vida, desde o fiel mais piedoso até aquele que em nada transcendental acredita, gerando paz social. Arremata Serrano:

> Não se pode, outrossim, negligenciar e desperceber o bem comum maior a ser almejado pela efetividade do direito à religião e o instrumentador papel da imunidade tributária, qual seja, propiciar uma convivência harmônica e igualitária em uma sociedade plural, do ponto de vista tanto cultural como religioso[680].

676 RANQUETAT JR., 2016, p. 88.
677 MENDES; BRANCO, p. 322.
678 MENDES; BRANCO, 2020, p. 322.
679 SERRANO, 2021, p. 154.
680 Ibidem, p. 157.

Em adição a esses dispositivos, outros artigos demonstram a benevolência[681] em que o Estado brasileiro se porta diante da religião, tais como o casamento religioso com efeitos civis (art. 226, § 2º), feriados e festas religiosas (art. 215, § 2º) e a proteção ao direito de ter, manter e mudar de religião dos indígenas (art. 231). Na análise das características da laicidade brasileira oriunda de todos os dispositivos citados, nota-se que não existe a preferência de uma religião em detrimento de outra, tampouco qualquer tipo de deferência ou nível de relação, como existe em Portugal, Itália e Espanha. "O sistema brasileiro de laicidade não significa ausência da religiosidade na esfera pública, mas a garantia e a salvaguarda de todas as suas expressões"[682].

Importante destacar que no sistema colaborativo de laicidade, o Estado também é chamado a colaborar com o fenômeno religioso, como forma de expressão da efetivação da liberdade religiosa. O plexo de direitos decorrente da liberdade religiosa é importantíssimo para a efetivação dos fundamentos republicanos e democráticos da dignidade da pessoa humana, cidadania e pluralismo político[683]. A colaboração não significa união entre o Estado e as religiões e suas instituições, tampouco significa ausência de comunicação entre uma e outra ou, por fim, submissão de uma a outra[684]. A harmonia substancial entre o poder político e o religioso é o resultado de uma apreciação positiva pelo Estado do fato religioso, concomitantemente ao reconhecimento da autonomia das igrejas em sua

[681] Na mesma toada, Ferreira Filho afirma que o somatório desses dispositivos constitucionais demonstra a atitude benevolente que o Estado brasileiro deve ter perante a religião e as igrejas: "É o que decorre das normas adiante assinaladas: 3.4.1 A Constituição não é ateia. Invoca no Preâmbulo o nome de Deus (o que já fazia a Constituição de 1934), pedindo-lhe a proteção. 3.4.2 Aceita como absoluta a liberdade de crença (art. 5.º, VI). 3.4.3 Consagra a separação entre Igreja e Estado (art. 19, I). 3.4.4 Admite, porém, a "colaboração de interesse público" (art. 19, I, in fine). 3.4.5 Permite a "escusa de consciência", aceitando que o brasileiro se recuse, por motivos de crença, a cumprir obrigação a todos imposta (art. 5.º, VIII), desde que aceite obrigação alternativa. (Caso não o faça, ocorrerá a perda dos direitos políticos — arts. 5.º, VIII, e 15, IV.) 3.4.6 Assegura a liberdade de culto (art. 5.º, VI) (subentendida a limitação em razão da ordem pública). 3.4.7 Garante a "proteção dos locais de culto e das liturgias", mas na forma da lei (art. 5.º, VI). 3.4.8 Favorece as igrejas, assegurando-lhes imunidade quanto a impostos incidentes sobre seus "templos" (art. 150, VI, b) (2002).

[682] VIEIRA; REGINA, 2021, p. 275.

[683] BLANCO, 1993, v. II, p. 84.

[684] Ibidem, p. 85.

relação com o mundo temporal[685]. A base da característica da colaboração na relação Igreja e Estado é a benevolência e a ação positiva dessa relação, o que resulta em uma ampla liberdade religiosa e liberdade de crença. A colaboração traduz a vertente positiva da liberdade religiosa[686].

Miranda segue a mesma linha de Blanco e ensina que a separação entre os poderes político e religioso não determina o desconhecimento da realidade social e cultural de determinado Estado nacional, tampouco pode relegar a religiosidade para o espaço privado. A existência das confissões religiosas não pode ser ignorada, e nada impede os laços de colaboração delas com o poder público nos mais diversos domínios[687]. A relação entre as igrejas e o Estado não ameaça a independência, a legitimidade e muito menos a natureza de ambas as instituições. Na verdade, esse relacionamento sadio fundamentado no bem comum da pessoa humana, como ensina Maritain (1966), fortalece o princípio da dignidade da pessoa humana e, por conseguinte, todos os direitos fundamentais[688].

A colaboração, a benevolência e a igual consideração, bem como a separação e a liberdade de atuação, são características que podem ser encontradas na legislação ordinária brasileira que tem como objeto a relação Igreja e Estado e o sentimento religioso. O art. 44, § 1º[689] do Código Civil Brasileiro consagra as liberdades de criação, organização, estruturação e funcionamento interno das organizações religiosas, consagrando o direito de autodeterminação e autocompreensão, em que todos os credos são destinatários.

As características da benevolência e da colaboração, por exemplo, encontram-se na Lei Federal 8.212/91 que isenta as organizações religiosas de pagamento da contribuição à seguridade social, conforme disposto no art. 22, §§ 13º ao 16º. A partir dessa lei, o Estado brasileiro isenta as organizações religiosas do pagamento desse tributo que tem como base de cálculo os valores despendidos com os seus sacerdotes ou membros de vida consagrada. Tal tributo, por não ser na espécie de imposto, mas

685 Ibidem, p. 157.

686 Ibidem, p. 87.

687 MARITAIN, 2014, p. 6.

688 SILVA, 2016, p. 81.

689 "Art. 44 [...] §1º. São livres a criação, a organização, a estruturação interna e o funcionamento das organizações religiosas, sendo vedado ao poder público negar-lhes reconhecimento ou registro dos atos constitutivos e necessários ao seu funcionamento" (BRASIL, 2002).

de contribuição, seria devido; entretanto, o Estado isenta as igrejas como forma de uma atitude benevolente e colaborativa com o fenômeno religioso.

Outro ponto interessante da laicidade brasileira é o Acordo Brasil/ /Santa Sé. A Santa Sé integra o concerto das nações por ter o *status* de Estado soberano, razão pela qual possui capacidade jurídica de direito público internacional para celebrar acordos internacionais com Estados soberanos. Com o Brasil, a Santa Sé firmou um acordo internacional aprovado por meio do Decreto Legislativo nº 698/2009 e promulgado pelo Decreto nº 7.107/2010. O cerne do documento são as relações históricas da Igreja Católica com o Estado brasileiro, o reconhecimento da autonomia da Igreja Católica e das instituições religiosas dela decorrentes, em conformidade com o seu direito canônico, e especialmente a efetivação da liberdade religiosa e o livre exercício dos cultos religiosos. A maioria de seus 20 artigos demonstra a colaboração entre a Igreja Católica e o Estado brasileiro, além das características da benevolência, da separação e da liberdade de atuação.

O tratado não discute dogmas religiosos nem traz privilégios à Igreja católica em detrimento de outras confissões religiosas. O reconhecimento da ordem religiosa católica (art. 3º) é o mesmo direito reconhecido a qualquer organização religiosa no art. 44, § 1º do Código Civil. Da mesma forma, a imunidade tributária religiosa prevista no art. 5º do tratado também é direito dos demais templos de qualquer culto (art. 150, VI, "b" da CRFB/88), a inviolabilidade dos cultos citada no art. 7º está prevista aos demais credos no art. 5º, VI da CRFB/88, e assim sucessivamente nos demais artigos do tratado.

O acordo não viola o Estado laico brasileiro, sendo parte integrante da relação colaborativa que possui com todos os credos. Por outro lado, também não possui o condão de mitigar a característica da *igual consideração*, porque os direitos ali afirmados estão disponíveis para qualquer outra organização religiosa ou credo. Aliás, o acordo assegura a igualdade de consideração do tratamento dado às entidades católicas para as demais entidades confessionais religiosas de idêntica natureza, proibindo qualquer discriminação imprópria[690]. Conclui Gaiotti Silva:

[690] SILVA, 2016, p. 110.

> Portanto, o Acordo deixa claro que a relação entre religiões e/ou Igreja Católica e Estado não é um privilégio a uma ou algumas religiões, tampouco uma "ofensa" à laicidade, mas sim, o reconhecimento que o direito à liberdade religiosa decorre da própria natureza humana, ou seja, o homem é um ser que busca ter acesso ao transcendente além das próprias estruturas estatais. Para isso, cabe ao Estado não interferir na busca do homem pelo sagrado, a não ser quando o exercício da religião torna-se uma afronta à própria dignidade humana (p. 110). [...] Portanto, não se trata de uma exclusividade da Igreja Católica a colaboração com os Estados. As demais confissões religiosas também têm o direito e o dever de participar e promover iniciativas nas quais seu fiel/cidadão possa ter garantido o direito fundamental à liberdade religiosa, além disso, por sua própria natureza, as religiões são chamadas a colaborar com os Estados no desenvolvimento integral da pessoa humana[691].

O ministro, atualmente aposentado, Celso de Melo, em seu voto na ADI de nº 3510/STF, lançou luzes à característica da igual consideração[692] na laicidade existente no Estado Constitucional Brasileiro:

> A laicidade do Estado, enquanto princípio fundamental da ordem constitucional brasileira, que impõe a separação entre Igreja e Estado, não só reconhece, a todos, a liberdade de religião (consistente no direito de professar ou de não professar qualquer confissão religiosa), como assegura absoluta igualdade dos cidadãos em matéria de crença, garantindo, ainda, às pessoas, plena liberdade de consciência e de culto[693].

Gilmar Mendes, ministro do STF, no voto do MS 28960/DF, asseverou que não se admite que o Estado brasileiro assuma alguma confissão religiosa como oficial e, com isso, beneficie um grupo de religiosos em detrimento de outro. Para Mendes, citando Machado, o que o Estado brasileiro deve promover é a livre competição no "mercado de ideais

691 Ibidem, p. 113.

692 Para Santos Jr., é "o princípio da igualdade em matéria religiosa, adotado pelo Estado brasileiro, [que] compõe o pano de fundo do direito à liberdade religiosa. Esse direito pressupõe o tratamento isonômico a todos os cidadãos, independentemente de suas crenças religiosas" (2007, p. 35). De certa forma, o princípio da igualdade previsto no caput do art. 5º da CRFB/88 é a mola propulsora da característica da igual consideração prevista na laicidade brasileira.

693 BRASIL, 2008, p. 558.

religiosos", expressão cunhada com base no pensamento de Oliver Wendell Holmes e John Stuart Milll[694]. A ADI 3510 aconteceu na véspera da assinatura do Acordo Brasil/Santa Sé, enquanto o MS 28960/DF, dois anos após, o que demonstra a harmonia das decisões do STF com o Acordo e com a laicidade brasileira.

Por todos esses dispositivos constitucionais, observa-se que o religioso não é tratado com hostilidade e indiferença, mas reconhecido com um valor positivo para a sociedade política[695], sendo o respeito e a proteção do fenômeno um importante vetor político no sistema constitucional brasileiro[696]. A conclusão é que, a exemplo de Portugal, Espanha e Itália, o Brasil adota uma laicidade colaborativa[697] com a diferença na característica da "igual consideração", que não é perceptível nesses países[698].

[694] BRASIL, 2011.

[695] RANQUETAT JR., 2016, p. 89.

[696] COSTA-CORRÊA; ABREU, 2021, p. 74.

[697] Em razão da característica da *igual consideração,* Gaiotti Silva denomina a laicidade brasileira de "laicidade pluralista" (2016, p. 99). A Ministra Rosa Weber, do Supremo Tribunal Federal, em duas decisões, no controle concentrado de normas, ADPF 811 e ADI 5256, denomina o modelo brasileiro de laicidade colaborativa:

"[...] Da parte final do art. 19, I, da Constituição Brasileira, em particular, decorre o chamado **modelo de laicidade colaborativa**. Nele, de um lado o Estado, embora laico, reconhece o fenômeno religioso e assegura as condições para o seu livre exercício não lhe sendo hostil. Do outro lado, cabe às confissões religiosas, honrando o espaço que lhes é assegurado para participar da esfera pública, contribuírem, com maturidade, para a o atingimento de objetivos e interesses que, transcendendo as diferenças doutrinárias e filosóficas, são comuns a todos os brasileiros" (BRASIL, ADPF 811, 2021, voto, grifo nosso).

"[...] Assim, ao prever, no art. 19, I, da Constituição Brasileira, **o chamado modelo de laicidade colaborativa**, o Estado reconhece o fenômeno religioso e assegura as condições para o seu livre exercício não lhe sendo hostil. De outro lado, cabe às confissões religiosas, honrando o espaço que lhes é assegurado para participar da esfera pública, contribuírem, com maturidade, para o atingimento de objetivos e interesses que, transcendendo as diferenças doutrinárias e filosóficas, são comuns a todos os brasileiros. Nesse sentido, o Estado brasileiro reconhece a importância da religião, assegurando respeito e igualdade" (BRASIL, ADI 5256, 2021, voto relator, grifo nosso).

[698] Importante consignar que autores como Teixeira da Silva (2019), Santos (2007) e Oro (2011) são contrários ao sistema de laicidade colaborativo, preferindo o laicismo francês ou, ao menos, o sistema *simpliciter.* Para Santos (2007), somente é possível a existência de todas as religiões em uma democracia quando qualquer influência religiosa é rechaçada. É o pensamento de Marquês de Condorcet, de privatização da religião. Bacha e Silva rebate: "Nesta esteira, a Constituição, apesar de normatizar e tentar estabelecer um Estado laico, não

O Brasil separa a Igreja do Estado, consagrando total liberdade e autonomia para cada ordem, como vemos no art. 44, §1º do Código Civil brasileiro. Prevê expressamente no texto constitucional a colaboração entre as ordens. Possui diversos dispositivos constitucionais e legais que, de forma benevolente, protegem o fenômeno religioso e as organizações religiosas, e o faz para todos, de forma indiscriminada, com igual consideração. A igual consideração é amplamente prevista na legislação constitucional e infraconstitucional, com a inexistência de qualquer diferenciação no tratamento jurídico de toda e qualquer confissão religiosa[699].

A laicidade colaborativa brasileira, somada à característica da igual consideração ausente nos países estudados, cria um ambiente totalmente favorável ao efetivo exercício do plexo de direitos emanados da liberdade de crença. Os direitos de ter, manter, não ter e mudar de religião não sofrem quaisquer interferências estatais, sendo invioláveis. Tais direitos são ainda potencializados devido às características da separação, da liberdade de atuação e da igual consideração da laicidade brasileira. Ensina André Mendonça:

> Importante consignar que a jurisprudência do Supremo Tribunal Federal valida o modelo laico-colaborativo no contexto nacional. Nesse sentido, quando do julgamento da Arguição de Descumprimento de Preceito Fundamental (ADPF) 811 e da ADI 525, a Ministra Rosa Weber atribuiu essa qualidade ao modelo brasileiro, exatamente pelo fato de o Estado reconhecer a importância do fenômeno religioso, assegurando seu livre exercício com igual consideração para todos.

consegue manter uma separação entre Estado e religião. Seja porque não se consegue separar o ser-no-mundo do agente público com sua religiosidade, seja porque há uma cooptação religiosa da esfera política. Não que seja maléfico para o Estado. A questão toda é como o Estado democrático deverá lidar com a participação da religiosidade na esfera pública" (2017, p. 79). Na mesma toada, também rebate Gaiotti Silva: "Os mais radicais afirmam que o Brasil, por ser um Estado laico, não pode manter nenhum tipo de relação de privilégio com qualquer religião, pois ele não deve se "meter" em questões religiosas. Este raciocínio não é de todo errado, porém, sua conclusão é falha, pois, de fato, o Estado é laico, mas isso não quer dizer que ele é antirreligioso e, além do mais, cabe a ele estabelecer relações de colaborações com as entidades, sejam elas culturais, ideológicas e religiosas, que colaboram no desenvolvimento e na concretude de seus objetivos estabelecidos na Carta Magna (2016, p. 100).

699 VIEIRA; REGINA, 2021, ps. 276-7.

> O modelo brasileiro de laicidade é classificado como colaborativo, no qual se reconhece a importância e essencialidade da religião tanto para o indivíduo, em atenção à sua dignidade humana, quanto para a esfera pública, o que permite a colaboração entre o Estado e a pluralidade de confissões religiosas, desde que orientados pelo e para o bem comum. A partir desse modelo, a liberdade religiosa é garantida e entronizada como uma das principais liberdades na sociedade brasileira[700].

O Estado brasileiro ainda possui o papel de garantir que todos exerçam tais direitos, inclusive tutelando penalmente possíveis ofensas, seja por meio de tipo penal previsto no Código Penal, seja por meio de Lei especial. Além de o *belief* não poder sofrer interferências estatais, o Estado brasileiro tem o dever de protegê-lo. Este deve criar condições favoráveis para que seja exercido e impedir que outros entes da sociedade civil interfiram ou o prejudiquem e, se alguém assim agir, ainda possui o papel de puni-lo. Fachin, no ARE 1.099.099, decidiu nesse mesmo sentido:

> Ademais, o dever de neutralidade se diferencia da ideia de indiferença religiosa, pois pressupõe a adoção de comportamentos positivos quando necessários para afastar sobrecargas que possam impedir ou dificultar determinadas opções em matéria de fé, visando efetivar a garantia da Liberdade Religiosa[701].

Quanto à liberdade religiosa, seu *cluster right* é entronizado da mesma forma que a liberdade de crença. A não interferência estatal, vertente negativa da liberdade, é a primeira regra: o Estado não pode interferir de maneira alguma nas manifestações e nas expressões da fé das pessoas religiosas, tampouco se intrometer nos aspectos de cultos e liturgias. Nem mesmo no ensino religioso ministrado nas escolas públicas pode ditar seu conteúdo. Na constituição jurídica de uma confissão religiosa, o Estado não pode criar regras a serem reproduzidas nos documentos internos das organizações religiosas, não interferido também em sua estruturação e seu funcionamento. A vertente negativa da liberdade religiosa é entronada em todos os seus âmbitos e desdobramentos, o que é potencializado a partir

[700] MENDONÇA, 2022, p. 223-4.

[701] BRASIL, 2021, p. 4.

das características da separação, da liberdade de atuação, da benevolência colaboração e da igual consideração da laicidade brasileira.

Por outro lado, na vertente positiva da liberdade religiosa consagrada em âmbito brasileiro e garantida por sua laicidade colaborativa, o Estado tem o dever de assegurar que a pessoa religiosa tenha livre atuação na esfera pública[702], conforme seus dogmas. Dito de outra forma: ao fiel, é garantido pautar suas escolhas profissionais, políticas e familiares com base em suas crenças. O Estado tem o papel de garantir que o religioso difunda sua fé e exerça o proselitismo. Na liberdade de culto, além de não interferir, a competência estatal é de impedir que outros o façam, protegendo seus locais de ocorrência e liturgias. Inclusive o Estado deverá exercer o poder de polícia para prevenir e reprimir quaisquer atos de terceiros que prejudiquem o culto, os seus símbolos e o exercício público da fé, na toada do art. 208 do CP e da Lei do Racismo.

Ainda, ao Estado compete assegurar a autocompreensão e a autodeterminação das confissões religiosas na forma de organização religiosa, que podem se organizar livremente, conforme o elemento da moralidade, previsto no conceito substancial-objetivo de religião. A efetivação das vertentes negativa e positiva da liberdade religiosa, do *action*, somente é possível devido às características da laicidade colaborativa brasileira. Assim, observa-se que, a partir da laicidade escolhida pelo constituinte de 1988, o sistema de liberdade religiosa e liberdade de crença encontra seu ápice, desaguando em uma verdadeira **teoria brasileira da liberdade religiosa.**

[702] Trecho do voto da Ministra Rosa Weber, STF, na ADPF 811: "Da parte final do art. 19, I, da Constituição Brasileira, em particular, decorre o chamado modelo de laicidade colaborativa. Nele, de um lado o Estado, embora laico, **reconhece o fenômeno religioso e assegura as condições para o seu livre exercício não lhe sendo hostil. Do outro lado, cabe às confissões religiosas, honrando o espaço que lhes é assegurado para participar da esfera pública, contribuírem, com maturidade, para a o atingimento de objetivos e interesses que, transcendendo as diferenças doutrinárias e filosóficas, são comuns a todos os brasileiros** (BRASIL, 2021, grifo nosso).

7.

CONCLUSÃO DA QUARTA PARTE

O Brasil é único, assim como é o seu povo. Ser brasileiro é sinônimo de pluralidade. O Brasil é a nação de muitos povos e muitas etnias, de muitas religiões e muitos credos, de muitas culturas e filosofias, mesmo assim é um só povo, unido sob o pavilhão nacional do Cruzeiro do Sul. A religiosidade com acento no cristianismo navega também em outros credos, formando uma pluralidade única no mundo. Aqui católicos e evangélicos se unem no IBDR[703], enquanto mulçumanos e cristãos se unem na Rede Temática em Apoio à Frente Parlamentar Evangélica da Assembleia Legislativa do Estado de São Paulo. Isso é único e arrisco dizer que só acontece na *Terra Brasilis.* A terra da liberdade religiosa está começando a sentir os ventos da perseguição, especialmente a educada: censura, processos judiciais e ameaças na internet, geralmente fundamentados em uma visão sobre laicidade e liberdade religiosa míope que não guarda relação alguma com o Brasil. Por isso, uma teoria brasileira sobre a liberdade religiosa urge, e assim encerra-se a quarta parte desta obra.

Ao entrar nas liberdades, a quarta parte desta obra perquiriu qual o âmbito de proteção da liberdade de crença na CRFB/88. A liberdade de crença é um direito complexo formado por diversos direitos, quais sejam: a liberdade de escolher, aderir, manter, mudar ou não ter religião. Esse

[703] Instituto Brasileiro de Direito e Religião – ibdr.org.br

plexo de direitos é previsto e assegurado nos arts. 5, VI, VII e VIII, 143, § 1º e 231 da Constituição Brasileira. O art. 5º, VI, é o núcleo da liberdade de crença no Estado constitucional brasileiro, sendo todos os demais dispositivos constitucionais decorrentes desse.

Tais dispositivos protegem o *belief*, tendo como objeto garantir que a pessoa religiosa se relacione com a divindade de acordo com os seus credos e os seus dogmas sem quaisquer interferências do Estado ou de terceiros. Exemplos clássicos da proteção da crença estão nos incisos VII e VIII (art. 5º) da CRFB/88. O inciso VII protege a fé do segregado ao assegurar, mesmo com restrições, que tenha acesso ao sagrado. O Estado, primeiro, não interfere na consciência da pessoa religiosa ao permitir tal acesso (liberdade negativa) e, segundo, cria condições para que a atividade religiosa aconteça mesmo na prisão (liberdade positiva). No inciso VIII, outra vez a integridade da convicção religiosa íntima do fiel é garantida, podendo objetar caso lhe seja exigida alguma prestação que ofenda seu foro íntimo, núcleo da liberdade de crença. A inviolabilidade constitucional visa proteger aquilo que é mais sagrado para muitos: a fé. Assim, a proteção da crença se vincula diretamente com a proteção do fundamento republicano da dignidade da pessoa humana. Destacou-se que a ofensa à crença de alguém poderá resultar em consequências penais, que são tuteladas em diversos artigos do Código Penal e em leis especiais.

A Constituição da República Federativa do Brasil de 1988 consolida as liberdades de crença e religiosa em seu texto, prevendo suas vertentes negativa e positiva, a proteção dos destinatários de conteúdo individual e coletivo, além de sua dimensão objetiva. O Estado constitucional brasileiro seguiu o que há de melhor na doutrina internacional em matéria de liberdade de crença e liberdade religiosa. O âmbito da liberdade de crença (*belief*) e todos os seus desdobramentos estão previstos e perfeitamente protegidos no texto constitucional, assim como a liberdade religiosa (*action*) e todo seu *cluster right*. Se, por um lado, a CRFB/88 torna a crença inviolável (art. 5º, VI), impedido qualquer interferência em seu âmbito (liberdade negativa), por outro, assegura a proteção aos cultos e às liturgias (liberdade positiva) no mesmo inciso.

O culto, elemento substancial à religião, é protegido de interferência estatal, assim como as igrejas (art. 19, I), demonstrando a proteção ao conteúdo individual e coletivo da liberdade religiosa. O direito ao ensino e a seu aspecto doutrinário é protegido pela objeção de consciência do art.

5º, VIII, mas também no art. 150, VI, "b", ao vedar a cobrança de impostos por parte do Estado. Esse dispositivo, além de proteger a liberdade de culto e de organização religiosa, protege o aspecto doutrinário, visto que impede o Estado de impor regras de funcionamento e estruturação das igrejas. Essas devem se organizar e se estruturar conforme seus dogmas.

A dimensão objetiva da liberdade religiosa ficou demonstrada uma vez que a Constituição protege o indivíduo de intervenções ou mandamentos estatais em suas crenças (liberdade religiosa negativa) e assegura a liberdade de atuação estatal em relação aos dogmas (liberdade religiosa positiva), o que significa que as pessoas podem viver conforme o que acreditam. O STF, em diversas decisões, posicionou-se sobre o papel estruturante da liberdade religiosa e da laicidade para o Estado brasileiro. A exceção foi verificada na pandemia da Covid-19, em que a liberdade de culto e de organização religiosa restaram totalmente mitigadas com o fechamento dos templos, sem que houvesse uma ponderação proporcional no sentido de manter o conteúdo mínimo de ambas as liberdades, por meio da preservação, mesmo com restrições, de seus núcleos.

Assim, a liberdade de crença e a religiosa foram conceituadas, e seus respectivos âmbitos de proteção foram demonstrados, bem como seus núcleos. Na doutrina internacional e nacional pesquisada, restou devidamente demonstrado que a liberdade de crença possui seu próprio plexo de direitos, sendo distinta e antecedente à liberdade religiosa, isso porque é possível, na prática, um Estado garantir o plexo de direito da liberdade de crença; contudo, sem garantir o plexo de direito decorrentes da liberdade religiosa. Teoricamente, são liberdades distintas, complexas e com âmbitos de proteção distintos.

Essa é a exegese possível do texto constitucional brasileiro que consagra as liberdades de crença e religiosa distintamente, tanto em seus âmbitos de proteção quanto em seus núcleos. Por fim, a laicidade estatal escolhida pelo constituinte de 1988 restou identificada como a colaborativa, destacando-se sua característica ímpar da *igual consideração*, bem como a conformação da laicidade brasileira com a configuração constitucional das liberdades de crença e religiosa.

Contudo, é na Constituição Republicana de 1988 que as liberdades de crença e religiosa encontram seu ápice. A partir das influências estrangeiras citadas e de seu próprio processo de formação constitucional, a CRFB/88 estabelece uma laicidade positiva que reconhece desde o preâmbulo a importância da religiosidade para a nação, elencando uma série de dispositivos constitucionais que visam criar um ambiente de separação entre Igreja e Estado. A vertente ou a dimensão negativa das liberdades de crença e religiosa é assegurada por vedações constitucionais de interferências no âmbito dos foros interno e externo, por parte do Estado ou de qualquer outro ente. Ao mesmo passo, a dimensão positiva é garantida por comandos constitucionais de que o Estado crie as condições necessárias para o exercício pleno das liberdades de crença e religiosa.

A colaboração também é prevista constitucionalmente de maneira expressa (art. 19, I) ou indireta (art. 210, § 1, art. 226, § 2º, art. 150, VI, "b"), sendo que a característica da igual consideração é a sua base, emanada diretamente do art. 5, "caput", contudo demonstrada em todos os dispositivos constitucionais referidos e na legislação infraconstitucional, ao não beneficiar nenhuma religião, nem ao menos o catolicismo romano, de forte identificação cultural com o Brasil. A única norma específica é um tratado internacional com a Santa Sé, que tem o condão de assegurar a liberdade religiosa da Igreja Católica nos mesmos termos que são assegurados às demais religiões no Brasil.

Logo, conclui-se que o Estado laico brasileiro é o colaborativo. Nele, encontrou-se todas as características de uma laicidade colaborativa. Há separação entre a igreja e o Estado, com liberdade de atuação de ambos os poderes, cada qual em sua competência. Há benevolência, visto que o Estado possui uma atuação positiva e benevolente com a religião e a colaboração, já que existe uma postura colaborativa, entre os poderes político e religioso, pela busca do bem comum. Todas as ações são revestidas de igualdade. A consideração dispensada a uma religião é a mesma para todas. A soma de tais características gera condições de efetividade ao exercício do plexo de direitos emanados da liberdade de crença e do plexo de direitos emanados da liberdade religiosa. Os direitos de ter, não ter e mudar de religião são invioláveis e não podem sofrer interferências do Estado nem de qualquer outro ente, potencializado a igual consideração.

Nesse ambiente de laicidade colaborativa, o plexo de proteção da liberdade de crença se distingue do plexo de proteção da liberdade religiosa, ambos previstos constitucionalmente. O Estado não pode interferir no *belief*, assim como não pode interferir no *action*, tendo o papel de criar condições para quem ambos sejam exercidos com plenitude. Nessa toada, não pode ditar o conteúdo nem ao menos no ensino religioso ministrado nas escolas públicas e, no aspecto institucional, não pode impor regramentos a serem reproduzidos nos documentos internos das organizações religiosas, não interferido também em sua estruturação e seu funcionamento. Observa-se que a laicidade brasileira, nos termos previstos na Constituição, cria o ambiente perfeito para que a liberdade de crença e a liberdade religiosa sejam exercidas e efetivadas na prática.

Assim, as liberdades de crença e religiosa são efetivas se analisadas e aplicadas distintamente; contudo, exercidas em unidade em um Estado laico colaborativo, visto que ambas possuem uma unidade essencial, com núcleos distintos. Não há dúvidas de que o melhor sistema para efetivação de tais liberdades é o laico e em sua variação colaborativa[704]. Apenas o Estado que possui uma atitude benevolente, colaborativa e, especialmente, de igual consideração para com o fenômeno religioso consegue desenvolver as melhores condições para o exercício efetivo da liberdade religiosa e da liberdade de crença em todas as suas vertentes (negativa e positiva), todas as suas dimensões (objetiva e subjetiva), todos os seus conteúdos (individual e coletivo) e, notadamente, para todos, resultando em uma comunidade plural e inclusiva.

[704] "Portanto, a laicidade colaborativa brasileira posiciona o Brasil como detentor de um dos mais avançados sistemas constitucionais no relacionamento entre Igreja (poder religioso) e Estado (a unidade política dos antigos), no qual ambos, respeitosa e paralelamente, visam a um fim comum: a promoção do bem geral do povo (MENDONÇA, 2022, p. 225).

PÓSFACIO

A presente obra do reconhecido autor Dr. Thiago Rafael Vieira, certamente, produzirá consideráveis ondas de impacto positivo e intenso vigor irradiante no campo da ciência do direito constitucional da religião no Brasil, sobretudo, conferindo um contributo substancial à teorética da liberdade religiosa. Tal realidade se firma desde o início, visto que o autor tem progressivamente acumulado um notável acervo de autoridade teórica e discernimento prático no âmbito deste domínio jurídico-científico. Ao longo dos últimos anos, Vieira tem ampliado, aprofundado e partilhado os seus saberes em instituições académicas de renome, incluindo o Ius Gentium Conimbrigae / Centro de Direitos Humanos da Universidade de Coimbra. Participou ativamente nos debates científicos de cariz nacional e internacional, fomentou e alargou a discussão sobre uma panóplia de temas, aplicou e refinou os seus conhecimentos no contexto litigioso, prestando consultoria a um vasto leque de atores religiosos, quer individuais, quer coletivos, tanto no Brasil como além-fronteiras. Nesta senda, ao disseminar o conhecimento relativo à temática da dignidade humana, da liberdade religiosa e da autonomia das confissões religiosas face ao Estado, ao mesmo tempo que clarifica o respetivo enquadramento de valores, princípios e normas, tem contribuído notavelmente para o avanço desta disciplina jurídica. Em paralelo, Vieira granjeou uma reputação de relevo e um nome respeitado. A presente obra constitui, assim, um passo natural, ansiado e seguro nesta jornada de notável importância.

Este livro ostenta enorme relevância e atualidade por várias razões. Em primeiro lugar, a expectativa positivista, racionalista e cientista, muito comum nos séculos 19 e 20, de que o iluminismo e a modernidade iriam votar a religião ao esquecimento e colocá-la no arquivo das mundividências ultrapassadas e irrelevantes apresenta-se refutada pelos factos. Estes, muito pelo contrário, desvelam que a religião, na sua vitalidade e diversidade, perfila-se, diante de uns ou outros, como fornecendo a) a base da própria razão humana e da estrutura e inteligibilidade racional do cosmos, b) o fundamento último da igual dignidade intrínseca e da consciência moral de todos os indivíduos, c) a explicação da sobrevivência de Israel a todos os impérios da história e a centralidade de Jerusalém no direito internacional e na diplomacia contemporânea, d) a fonte do sentido ético existencial da vida humana individual e coletiva, e) o segredo para uma vida com propósito e realização, f) a radicação dos padrões morais e normativos últimos, g) o antídoto perante o nihilismo existencial e a angústia perante a morte, h) a possibilidade de uma mudança radical de vida e a esperança de um novo começo, i) um sentido de transcendência e um sentimento de filiação e pertença comunitária, j) a porta para a introspeção, a meditação, o autoconhecimento e a autoestima, k) a chave do conhecimento da ciência do bem e do mal, l) a linha de encadeamento entre a natureza humana e não humana, m) a libertação diante dos impulsos e dos instintos biológicos, n) a expectativa de vida eterna com um corpo incorruptível, o) a esperança em novos céus e nova terra onde habitará a justiça. Nem todas essas coisas são importantes ou igualmente importantes para as pessoas que adotam uma vivência religiosa. No entanto, é provável que o racionalismo cientista tenha subestimado o merecimento e a magnitude dessa constelação de grandezas intangíveis, não apenas para a construção, existência e identidade da pessoa humana, mas também como pressupostos da ordem e do progresso das sociedades. A abordagem proposta por Vieira, profundamente radicada na história, perfurando até ao pré-sal da antiguidade pré-cristã, ajuda a desfazer a ingénua ilusão daqueles que pensam que a religião pode ser facilmente descartada e removida da natureza humana.

Em segundo lugar, a trajetória do constitucionalismo liberal democrático e das matrizes jurídicas associadas à religião não se omite perante as profundas marcas que ecoaram na história das ideias políticas, legadas por elementos como a Inquisição, o índice dos livros proibidos, as confrontações político-religiosas, a intolerância, as investidas persecutórias de índole religiosa, a empresa colonial e até mesmo a instituição escravocrata.

Estes episódios ressoam de forma inequívoca nas páginas desta obra, sob a seleção atenciosa de referências históricas. Contudo, é digno de nota que, concernentemente a estas realidades, a busca pela metamorfose social foi muitas vezes concretizada por intermédio da invocação recorrente à constitucionalização de valores e princípios morais, transcendentes e permanentes, dotados de uma natureza e origem supralegal. Tais elementos são concebidos como inalienáveis pelas estruturas estatais e governativas, mesmo aquelas que são democraticamente eleitas. Isso é particularmente notável num contexto em que uma visão estritamente ancorada no naturalismo, materialismo ou utilitarismo, abarcando o mundo, a vida e a essência humana, dificilmente se revela plausível. Thiago Vieira enfoca nossa atenção para o facto de que até mesmo os fundamentais valores introdutórios e estruturantes do modelo estatal brasileiro têm as suas raízes imbricadas em axiomas indissociáveis de uma matriz religiosa cristã. Com efeito, quando falamos de igual dignidade humana, ficamos mais distantes de Platão ou Aristóteles, para quem as distinções de estatuto social entre grego e bárbaro, cidadão e escravo ou homem e mulher eram naturais, e mais próximos do apóstolo Paulo, para quem não há *judeu nem grego*; *não há* escravo *nem* livre; *não há* homem *nem* mulher; porque todos são um em Cristo Jesus. Esses princípios, intrinsecamente entrelaçados na tessitura do moderno ordenamento jurídico-constitucional da religião, apresentam-se incontestavelmente cruciais nas sociedades pluralisticamente religiosas, tal como ilustrado no contexto do Brasil. Neste território, onde cristãos, judeus, muçulmanos, testemunhas de Jeová, mórmones, praticantes de candomblé, umbanda, hinduísmo, budismo, confucionismo, entre outras crenças, coabitam harmoniosamente numa sociedade livre e democrática, atuam como cidadãos igualmente habilitados, integralmente inscritos no seio da comunidade política.

Em terceiro lugar, o avanço científico e tecnológico, apesar das suas conquistas, permanece incapaz de proporcionar as respostas definitivas prometidas acerca das indagações existenciais e éticas, tampouco de oferecer uma esperança verossímil para o desenvolvimento seguro e sustentado da humanidade. Com efeito, as supostas soluções relativas à origem do universo, à vida e à essência humana frequentemente se reduzem a modelos amplamente especulativos, construídos com base em axiomas filosóficos de natureza naturalista e materialista, que abordam os recônditos e longínquos caminhos do passado, último análise, inobserváveis e não submissos à observação direta. Tal construção teórica frequentemente se depara com questionamentos e refutações advindos das observações astronómicas, químicas, biológicas, ecológicas e genéticas que podem ser feitas aqui e agora.

Tudo indica que essas mesmas observações científicas são suscetíveis de interpretação à luz de teorias e modelos não vinculados a premissas naturalistas e materialistas, ao levar em consideração o papel, na natureza, da informação, dos códigos, da complexidade especificada, da inteligência, do design e da intencionalidade. Do ponto de vista ético, a ciência pode dizer-nos o que é possível inferir de observações e experimentações repetitivas, mas nada pode dizer acerca do eventual valor intrínseco do ser humano e da natureza. A ideia de que tudo veio do nada sem causa, incluindo o ser humano, e é o resultado de processos cegos, aleatórios, acidentais e irracionais, em última análise desprovidos de sentido e propósito, além de não poder ser definitivamente confirmada pela observação e pela experimentação, em nada ajuda a fundamentar a pretensão de dignidade racional e moral intrínseca do ser humano. A doutrina da Imago Dei continua viva e ativa nessa disputa. Por exemplo, a ciência pode dizer o que acontece, por efeito da lei da gravidade, se um ser humano cair de um edifício muito alto, mas nada diz sobre se é certo ou errado, do ponto de vista moral, empurrar alguém do alto desse mesmo edifício.

As forças da ciência, especialmente no que concerne ao aumento, divulgação e abrangência do conhecimento, podem transformar-se em fragilidades perigosas quando esse conhecimento é manipulado para causar malefícios a milhares ou milhões de pessoas, bem como ao ambiente natural. A transição da mera observação do estado das coisas para a justificação do que deveria ser é uma tarefa desafiadora. No que tange às promessas de um progresso sem fim, o chamado "Relógio do Juízo Final" (doomsday clock) — um símbolo temporal mantido desde 1947 por cientistas nucleares da Universidade de Chicago —, ao avaliar o risco de cataclismos nucleares, químicos, bacteriológicos, económicos, ambientais, climáticos, sanitários ou pandémicos que a humanidade enfrenta, aproxima-se consideravelmente mais do discurso apocalíptico encontrado em algumas religiões tradicionais do que da esperança e do otimismo positivista, racionalista e científico num futuro de progresso científico, técnico, político, social e espiritual ilimitado. O relógio atualmente assinala que faltam menos de dois minutos para a meia-noite, simbolizando a potencial ruína da raça humana. A ciência possui pouco valor sem uma sólida compreensão do bem e do mal.

Em quarto lugar, devido à persistência da religião mesmo em sociedades modernas altamente secularizadas, a disputa legal em torno de questões religiosas tem experimentado um aumento global, com especial destaque nos Estados Unidos, na Europa e no Brasil. As diversas confissões religiosas encontram-se envolvidas em contendas tanto entre si como internamente, incluindo seus próprios membros e líderes religiosos, assim como com o Estado, municípios, empresas privadas e a comunidade local. Cada vez mais, essas confissões religiosas estão envolvidas como demandantes ou requeridas em processos que abrangem as esferas eleitoral, administrativa, tributária, civil e penal. Simultaneamente, os indivíduos também recorrem cada vez mais a litígios relacionados às suas convicções e práticas religiosas, seja no ambiente militar, nas forças policiais, no setor público administrativo, nas empresas onde trabalham ou das quais adquirem bens e serviços, ou mesmo nos clubes onde praticam desporto. Por conseguinte, destaca-se a importância do trabalho do autor ao elucidar o contexto histórico e normativo do desenvolvimento das conceções de tolerância e liberdade religiosa. Este esclarecimento acontece no âmbito de uma relação mais ampla e, por vezes, tensa e complexa, entre política e religião, bem como entre Igreja e Estado.

Por outro lado, existe hoje um corpo crescente de jurisprudência e doutrina, cujo estudo é indispensável para a interpretação e a aplicação das normas internacionais, constitucionais e legais que consagram os direitos de liberdade religiosa individual e coletiva. Tais normas estruturam o modo como o Estado deve intervir, por via legislativa, administrativa e judicial, na resolução equilibrada, razoável, justa e proporcional de complexos e delicados conflitos de direitos fundamentais. Esse estudo será tanto mais profícuo quanto mais sólido for o enquadramento histórico, cultural, teorético e dogmático que lhe servir de moldura.

Finalmente, é imperativo destacar a maneira pela qual o Brasil emergiu como um berçário de comunidades religiosas e um autêntico campo de estudo, análise, enriquecimento e concretização da liberdade religiosa. Com uma população que ultrapassa os 200 milhões de habitantes, uma vasta extensão territorial, uma constituição democrática que salvaguarda amplamente a liberdade religiosa, seguindo as melhores premissas doutrinárias europeias e norte-americanas, além de uma considerável diversidade e vitalidade de correntes e experiências ideológicas e religiosas, o Brasil oferece um notável exemplo de como as discussões e dissensões relacionadas à religião prontamente transcendem para os âmbitos político, institucional, jurídico, econômico, social e cultural.

Esse fenômeno é visível tanto nas esferas políticas de direita como de esquerda, englobando tanto os direitos civis e políticos quanto os direitos econômicos, sociais e culturais. A participação ativa de partidos, candidatos, políticos, administradores, prefeitos e juízes profundamente ligados a crenças religiosas no cenário brasileiro ressalta a singularidade do componente religioso nessa vasta nação. Quando a teologia clama, seja por valores tradicionais, sucesso pessoal ou emancipação social, essas demandas encontram eco imediato nos debates e regulamentações públicas das mais variadas questões jurídicas e políticas, englobando tópicos que abrangem desde a família, sexualidade, aborto e eutanásia, até a iniciativa econômica, propriedade, pobreza, trabalho, previdência, tributação, educação, saúde universal e corrupção.

Em face da relevância da religião no tecido social e na vida cívica e política da democracia brasileira, merece destaque especial a consolidação do princípio de laicidade colaborativa no contexto da Constituição Cidadã de 1988.

Em nosso entender, esta obra, pela riqueza histórica, científica, teorética e técnico-jurídica que propicia, traz uma teoria sólida sobre a liberdade religiosa, demonstrando a distinção do belief (liberdade de crença) e do action (liberdade religiosa), sem olvidar de sua unidade essencial na construção de uma sociedade mais justa, solidária e inclusiva. "Liberdade Religiosa: fundamentos teóricos para proteção e exercício da crença" deve ser lida, estudada, meditada e debatida por políticos, juristas, advogados, juízes, sociólogos, acadêmicos, jornalistas, estudantes universitários, sacerdotes, pastores e público em geral, na medida em que ela procura estruturar, disciplinar, iluminar e dinamizar a discussão do momentoso tema da localização da religião na sociedade e na ordem constitucional livre e democrática brasileira, bem como estruturar e organizar uma verdadeira teoria brasileira da liberdade religiosa. Ela constitui também um oportuno e enfático destaque às confissões religiosas e aos seus líderes e membros, convidando-os para uma participação ética e constitucionalmente esclarecida, culta, prudente, educada, sensata, razoável, justa, moderada e respeitadora na vida cívica e política da República. Quanto a este último aspeto, Vieira expõe aqui um ótimo exemplo e uma bitola meticulosa e exigente. Nasce uma teorética sobre a liberdade religiosa brasileira!

JÓNATAS EDUARDO MENDES MACHADO

Professor Catedrático e Diretor da Faculdade de Direito da Universidade de Coimbra e da Universidade Autónoma de Lisboa

REFERÊNCIAS

ABBATE, Elisa. **La libertá religiosa nel sistema constituzionale**. Lecce: Pensa Multimedia, 2008.

ADRAGÃO, Paulo Pulido. **A liberdade religiosa e o Estado**. Coimbra: Almedina, 2002.

ADRAGÃO, Paulo Pulido. **Levar a sério a liberdade religiosa:** uma refundação crítica dos estudos sobre Direito das relações Igreja-Estado. Coimbra: Almedina, 2017.

AGOSTINHO DE HIPONA. **A cidade de Deus**. Partes I e II. 2. ed. Tradução: Oscar Paes Lemes. Petrópolis: Vozes, São Paulo: Federação Agostiniana Brasileira, Bragança Paulista: Editora Universitária São Francisco, 2014.

AGOSTINHO DE HIPONA. **Diálogo sobre o libre arbítrio**. Tradução: Paulo de Oliveira e Silva, Lisboa: Imprensa Nacional – Casa da Moeda, 2001.

AGOSTINHO DE HIPONA. **O livre-arbítrio**. Tradução: Nair de Assis Oliveira. São Paulo: Paulus, 1995.

ALMEIDA, M. C. O elogio da tolerância em Pierre Bayle. **Cadernos Espinosanos**, [*S. l.*], n. 24, ps. 115-139, 2010. DOI: 10.11606/issn.2447-9012.espinosa.2010.89420. Disponível em: https://www.revistas.usp.br/espinosanos/article/view/89420. Acesso em: 4 jan. 2022.

ALTHUSIUS, Johannes. **Política**. Tradução: Joubert de Oliveira Brizida. Rio de Janeiro: Topbooks, 2003.

ÁLVAREZ, Tomás Pietro. **Libertad religiosa y espacios públicos:** laicidad, pluralismo, símbolos. Navarra: Thomson Reuters, 2010.

ARAUJO, Adriane Reis de. A liberdade religiosa do professor de religião na Espanha: análise da empresa de tendência. *In:* MINISTÉRIO PÚBLICO, Conselho Nacional. **Ministério Público em defesa do Estado Laico**. Brasília, CNMP, 2014.

ARENDT, Hannah. **Entre o passado e o futuro**. São Paulo: Perspectiva, 1972.

ARISTÓTELES. **Política**. Tradução, introdução e notas de Maria Aparecida de Oliveira Silva. São Paulo: Edipro, 2019.

AUGSBERG, Ino; KORIOTH, Stefan. **Religion and the secular State in Germany**. Interim National Reports / Rapports Nationaux Intermédiaires, issued for the occasion of the XVIIIth International Congress of Comparative Law, Washington, D.C. – July 2010 (Provo, Utah, The International Center for Lawand Religious Studies, Brigham Young University, 2010), pp. 320-330. Disponível em: https://classic.iclrs.org/content/blurb/ les/Germany.pdf.

AUGSBERG, Ino; LAUDER, Karl-Heinz. The myth of the neutral State: the relationship between state and religion in the face of new challenges. **German Law Journal**, Vol. 8, n. 02, 2007. Disponível em: https://www.augsberg.jura.uni-kiel.de/de/prof.-dr.-dr.-ino-augsberg/cv-publications-in-english. Acesso em: 15 ago. 2022.

ÀVILA, Humberto. **Teoria dos princípios:** da definição à aplicação dos princípios jurídicos. 4. ed. São Paulo: Malheiros, 2005.

AZEVEDO, Marcelo Sampaio Soares de. **Os fundamentos da liberdade religiosa na filosofia de Jacques Maritain**. Tese (doutorado em Direito). São Paulo: Pontifícia Universidade Católica de São Paulo, 2016.

BACHA E SILVA, Diogo. Laicidade e Estado Democrático de Direito: sobre a relação entre Direito, religião e o agir prático. **Revista da Faculdade de Direito**, n. 31. Rio de Janeiro: UERJ, 2017.

BAPTISTA, Douglas Roberto de Almeida. **O ethos da declaração de fé assembleiana na esfera pública: valores morais, ação política e Estado Democrático de Direito**. 2022. 229 f. Tese (Doutorado) – Faculdade de Teologia EST, São Leopoldo, 2022.

BAPTISTA, Douglas. **O ethos pentecostal na esfera pública.** Rio de Janeiro: CPAD, 2023.

BARBOSA, Rui. **Discurso no Colégio Anchieta**. Rio de Janeiro: Fundação Casa de Ruy Barbosa, 1981.

BASDEVANT-GAUDMET, Brigitte. Estado e Iglesia en Francia. *In:* ROBBERS, Gerhard (coord.). **Estado e Iglesia en la Unión Europea**. Baden-Baden: Nomos Verl. Ges e Madrid: Faculdade de Derecho, Universidad Complutense, 1996.

BASTOS, Celso Ribeiro. **Curso de Direito constitucional**. 22. ed. São Paulo: Malheiros, 2010.

BARROS, Alberto Ribeiro Gonçalves de. As concepções de liberdade em Locke e Sidney. **Trans/Form/Ação**, Marília, v. 42, n. 1, ps. 57-78, Jan/Mar/2019. Trimestral. Disponível em: https://doi.org/10.1590/0101-3173.2019.v42n1.04.p57. Acesso em: 29 set. 2021.

BERLIN, Isaiah. **Ideias políticas na era romântica: ascensão e influência no pensamento moderno**. Organização: Henry Handy. Introdução: Joshua L. Cherniss. Tradução: Rosaura Eichenberg. São Paulo: Companhia das Letras, 2009.

BERLIN, Isaiah. **Quatro ensaios sobre a liberdade**. Tradução: Wamberto Hudon Ferreira. Brasília: Editora Universidade de Brasília, 1981.

BÍBLIA. Português. **Bíblia Sagrada com reflexões de Lutero**. Almeida rev. e atual. São Paulo: Sociedade Bíblica do Brasil, 2015.

BLANCO, Antonio Martinez. **Derecho Eclesiástico del Estado**. Vol I, Espanha: Tecnos, 1993.

BLANCO, Antonio Martinez. **Derecho Eclesiástico del Estado**. Vol II, Espanha: Tecnos, 1993.

BOBBIO, Noberto. **A Era dos Direitos**. Tradução: Carlos Nelson Coutinho. Rio de Janeiro: LTC, 2020.

BOBBIO, Noberto. **Teoria Geral da Política:** a filosofia política e as lições dos clássicos. Org. Michelangelo Bovero. Tradução: Daniela Beccaccia Versiani. Rio de Janeiro: Campus, 2000.

BOBBIO, Noberto; MATTEUCCI, Nicola; PASQUINO, Gianfranco. **Dicionário de política**. 11. ed. V 2. Brasília, DF: Ed. UnB, 1998.

BOEIRA, Marcus Paulo Rycembel. **A Escola de Salamanca e a fundação constitucional do Brasil**. São Leopoldo: Editora Unisinos, 2018.

BONAVIDES, Paulo. **Teoria do Estado**. 3. ed. São Paulo: Malheiros, 1995.

BONAVIDES, Paulo; MIRANDA, Jorge; AGRA, Walber de Moura. **Comentários à Constituição Federal de 1988**. Rio de Janeiro: Forense, 2009.

BOURDIEU, Pierre; PASSERON, Jean-Claude. **A Reprodução: elementos para uma teoria do sistema de ensino.** 7ª Ed., Rio de Janeiro: Editora Vozes, 2014.

BRAGUE, Rémi. **A lei de Deus:** história filosófica de uma aliança. Tradução: Armando Pereira da Silva. Lisboa: Instituto Piaget, 2005.

BRANCO, Paulo Gustavo; JACOBINA, Paulo Vasconcelos. Liberdade de gueto? Religião e espaço público. **Revista Direito Público**. V. 13, n. 71. Porto Alegre, 2016. Disponível em: https://bit.ly/ARTIGOBRANCO. Acesso em: 28 ago. 2021.

BRASIL. **Constituição da República dos Estados Unidos do Brasil (1891)**. Rio de Janeiro: Senado, 1891.

BRASIL. **Constituição da República dos Estados Unidos do Brasil (1934)**. Rio de Janeiro: Senado, 1934.

BRASIL. **Constituição da República dos Estados Unidos do Brasil (1937)**. Rio de Janeiro: Senado, 1937.

BRASIL. **Constituição da República dos Estados Unidos do Brasil (1946)**. Rio de Janeiro: Senado, 1946.

BRASIL. **Constituição da República Federativa do Brasil (1967)**. Brasília: Centro Gráfico, 1988.

BRASIL. **Emenda Constitucional de nº 1 à Constituição da República Federativa do Brasil (1969)**. Brasília: Forças Armadas, 1969.

BRASIL. **Constituição da República Federativa do Brasil (1988)**. Brasília: Centro Gráfico, 1988.

BRASIL. **Constituição Política do Império do Brazil (1824)**. Rio de Janeiro: Senado, 1824.

BRASIL. **Decreto-lei 2.848, de 07 de dezembro de 1940**. Institui o Código Penal. Disponível em: https://bit.ly/codigopenal1940. Acesso em: 15 mar. 2022.

BRASIL. **Decreto 119-A/1890**. Rio de Janeiro: Senado, 1890.

BRASIL. **Diário da Assembleia Constituinte e legislativa do Império do Brazil, 1823**. Vl. 3. Brasília: Senado Federal, 2003.

BRASIL. **Diário da Assembleia Nacional Constituinte do Brasil de 1988**. 28 de Janeiro de 1988, Brasília: Senado Federal, p. 6.634.

BRASIL. **Lei nº 7.716, de 05 de janeiro de 1989**. Define os crimes resultantes de preconceito de raça ou cor. Disponível em: https://bit.ly/racismolei. Acesso em: 15 mar. 2022

BRASIL. **Lei nº 10.406, de 10 de janeiro de 2002**. Institui o Código Civil. Disponível em: https://bit.ly/CODIGOCIVILBR. Acesso em: 28 ago. 2021.

BRASIL. Supremo Tribunal Federal. **Arguição de Descumprimento de Preceito Fundamental nº 54**. Requerente: Confederação Nacional dos Trabalhadores na Saúde – CNTS. Relator: Ministro Marco Aurélio de Mello. DOU Brasília, 12 abr. 2012. Disponível em: https://redir.stf.jus.br/paginadorpub/paginador.jsp?docTP=TP&docID=3707334. Acesso em: 08 mar. 2022.

BRASIL. Supremo Tribunal Federal. **Arguição de Descumprimento de Preceito Fundamental nº 701**. Requerente: Associação Nacional de Juristas Evangélicos. Relator: Ministro Nunes Marques. DOU Brasília, 15 abr. 2021. Disponível em: http://portal.stf.jus.br/processos/detalhe.asp?incidente=5944043. Acesso em: 15 mar. 2022.

BRASIL. Supremo Tribunal Federal. **Arguição de Descumprimento de Preceito Fundamental nº 811**. Requerente: Partido Social Democrático – PSD. Relator: Gilmar Mendes DOU Brasília, 06 ago. 2021. Disponível em: http://portal.stf.jus.br/processos/detalhe.asp?incidente=6136541. Acesso em: 15 mar. 2022.

BRASIL. Supremo Tribunal Federal. **Ação Direta de Inconstitucionalidade nº 2566**. Requerente: Partido Liberal – PL. Relator: Ministro Alexandre de Moraes. Brasília, DF, 16 de maio de 2018. DOU Brasília, 23 out. 2018. Disponível em: https://redir.stf.jus.br/paginadorpub/paginador.jsp?docTP=TP&docID=748485216. Acesso em: 15 nov. 2021.

BRASIL. Supremo Tribunal Federal. **Ação Direta de Inconstitucionalidade nº 3510**. Requerente: Procurador Geral da República. Relator: Ministro Ayres Britto. Voto: Ministro Celso de Mello, p. 558. Brasília, DF. DOU Brasília, 29 mai. 2008. Disponível em: https://redir.stf.jus.br/paginadorpub/paginador.jsp?docTP=AC&docID=611723. Acesso em: 07 mar. 2022.

BRASIL. Supremo Tribunal Federal. **Ação Direta de Inconstitucionalidade nº 4439**. Requerente: Procurador Geral da República. Relator: Ministro Roberto Barroso. Brasília, DF. 27 de setembro de 2017. DOU Brasília, 20 jun. 2018. Disponível em: https://bit.ly/ADI4439. Acesso em: 28 ago. 2021.

BRASIL. Supremo Tribunal Federal. **Ação Direta de Inconstitucionalidade nº 5256**. Requerente: Procurador Geral da República. Relator: Ministra Rosa Weber. Brasília, DF. 25 de outubro de 2021. DOU Brasília, 17 nov. 2021. Disponível em: https://redir.stf.jus.br/paginadorpub/paginador.jsp?docTP=TP&docID=758046457. Acesso em: 30 mar. 2022.

BRASIL. Supremo Tribunal Federal (2ª turma). **Mandado de Segurança nº 28960 MC/DF**. Requerente: Neidsonei Pereira de Oliveira e outro. Relator: Ministro Gilmar Mendes. Brasília, DF. DOU Brasília, 23 nov. 2011. Disponível em: https://jurisprudencia.stf.jus.br/pages/search/despacho238808/false. Acesso em: 07 mar. 2022.

BRASIL. Supremo Tribunal Federal. **Recurso Extraordinário com Agravo 1.099.099/SP**. Requerente: Margarete da Silva Matheus. Relator: Ministro Edson Fachin. 26 de novembro de 2020. Brasília, DF. DOU Brasília, 12 abr. 2021. Disponível em: https://redir.stf.jus.br/paginadorpub/paginador.jsp?docTP=TP&docID=755554694. Acesso em: 17 mar. 2022.

BRASIL. **30 anos constituição da cidadania**. Infográfico produzido por Lucas Pádua. Senado Federal. Câmara dos Deputados. Disponível em: https://www.camara.leg.br/internet/agencia/infograficos-html5/constituinte/index.html. 2019. Acesso em: 17 out. 2021.

BRECHÓN, Pierre. **Institution de la laïcité et déchristianisation de la société Française**. 1995. Disponível em: https://journals.openedition.org/cemoti/1687. Acesso em: 17 nov. 2021

BROTERO, Jose Maria de Avellar. **Princípios de Direito Natural**. Compilados. Lente do primeiro ano do Curso Jurídico. São Paulo: Typographia Imperial e Nacional, 1829. Disponível em: http://www2.senado.leg.br/bdsf/handle/id/224210. Acesso em: 18 nov. 2021.

BRUGGER, Winfried. Da hostilidade passando pelo reconhecimento até a identificação: modelos de Estado e Igreja e sua relação com a liberdade religiosa. **Revista Brasileira de Direitos Fundamentais & Justiça**, v. 4, n. 10, ps. 13-30, jan./mar. 2010. Porto Alegre: PUCRS, Escola de Direito, 2010. DOI: https://doi.org/10.30899/dfj.v4i10. Acesso em: 05 jan. 2022.

CALSING, Renata de Assis; SANTOS, Julio Estron; SANTOS, Carolina Costa. O Estado laico na atualidade: uma análise comparativa da laicidade nos ordenamentos jurídicos brasileiro e espanhol. **Revista Brasileira de Direito**. Passo Fundo, v. 13, n. 2, ps. 357-388, ago. 2017. Disponível em: https://bit.ly/3yt8FAU. Acesso em: 15 dez. 2021.

CANAS, Vitalino. Estado e Iglesia en Portugal. *In:* ROBBERS, Gerhard (coord.). **Estado e Iglesia en la Unión Europea**. Baden-Baden: Nomos Verl.Ges e Madrid: Faculdade de Derecho, Universidad Complutense, 1996.

CANOTILHO, José Joaquim Gomes. **Direito Constitucional e teoria da Constituição**. 6. Ed. Coimbra: Almedina, 2002.

CARVALHO, Felipe Augusto Lopes. **Objeção de Consciência e Novas Formas de Casamento**. Curitiba: Juruá, 2020.

CIFUENTES, Rafael Llano. **Relações entre Igreja e Estado.** Rio de Janeiro: José Olympio, 1989.

CHAMBERLAIN, Marise Medeiros Cavalcanti. **A superação dos conceitos positivo e negativo de liberdade pela dogmática jurídica constitucional:** uma adequação jurídica do conceito de liberdade. 2005. 285 f. Dissertação (Mestrado em Direitos e Garantias Constitucionais Fundamentais) – Curso de Direito, Faculdades de Vitória (FDV), Vitória, 2005. Cap. 6.

CHEHOUD, Heloísa Sanches Querino. **A liberdade religiosa nos Estados modernos.** 2. ed. São Paulo: Almedina, 2017.

COELI DE SOUZA. **O Conceito de Estado laico na jurisprudência do Supremo Tribunal Federal: abordagens inclusivas e excludentes**. Curitiba: CRV, 2019.

COELHO, Humberto Schubert. **História da Liberdade Religiosa: da Reforma ao Iluminismo.** Petrópolis: Vozes, 2022.

COLLAÇO, João Maria Tellos Magalhães. O regime de separação. **Boletim da Faculdade de Direito da Universidade de Coimbra**. Vol. IV, n 39, 40. 1918.

COMPARATO, Fábio Konder. **A Afirmação Histórica dos Direitos Humanos**. 12. ed. São Paulo: Saraiva, 2019.

COMPARATO, Fábio Konder. **Ética:** Direito, moral e religião no mundo moderno. 3. ed. São Paulo: Companhia das Letras, 2016.

CONSTANT, Benjamin. **A liberdade dos antigos comparada à dos modernos**. São Paulo: Edipro, 2019.

Convenção Europeia de Direitos Humanos. 1950. Assembleia Geral das Nações Unidas. Disponível em: https://bit.ly/CEDH1950. Acesso em: 29 ago. 2021

COPAN, Paul *et al* (org.). **Dicionário de cristianismo e ciência:** obra de referência definitiva para a interseção entre fé cristã e ciência contemporânea. 1. ed. Rio de Janeiro: Thomas Nelson Brasil, 2018.

CORTÉS, Ruiz-Giménez. Derechos humanos. **Estado de Derecho y Constitución**. 6. ed. Madri: Tecnos, 1986.

COULANGES, Fustel de. **A cidade antiga**. Tradução: Jean Melville. São Paulo: Martin Claret, 2004.

COSTA-CORRÊA. André L.; ABREU, Maressa Oliveira de. O Valor Normativo do Preâmbulo e a Laicidade do Estado Constitucional Brasileiro. *In:* MARTINS, Ives

Gandra da Silva; CARVALHO, Paulo de Barros; BERTELLI, Luiz Gonzaga (orgs.). **O preâmbulo da Constituição Federal**. São Paulo: Noeses, 2021.

CREMONEZE, Paulo Henrique. O preâmbulo da Constituição e o Princípio da Livre Convicção do Magistrado: o ato de julgar e a consciência da proteção de Deus. *In:* MARTINS, Ives Gandra da Silva; CARVALHO, Paulo de Barros; BERTELLI, Luiz Gonzaga (orgs.). **O preâmbulo da Constituição Federal**. São Paulo: Noeses, 2021.

CUNHA JÚNIOR, Dirley da. **Curso de Direito Constitucional**. 2. ed. Salvador: Editora Juspodivm, 2008.

DALLARI, Dalmo de Abreu. **Direitos Humanos e Cidadania**. 2. ed. São Paulo: Moderna, 2019.

DAWSON, Christopher. **Criação do Ocidente: a religião e a civilização medieval**. Tradução: Maurício G. Righi. São Paulo: É Realizações, 2016.

DAWSON, Crhistopher. **Dinâmicas da História do Mundo**. Tradução: Maurício G. Righi, São Paulo: É realizações, 2010.

Declaração sobre a eliminação de todas as formas de intolerância e discriminação fundadas na religião ou nas convicções. Assembleia Geral das Nações Unidas, 1981. Disponível em: https://bit.ly/RES3655OAS. Acesso em: 10 set. 2021.

Declaração Universal dos Direitos do Homem e do Cidadão, 1789. Universidade de São Paulo: Biblioteca Virtual de Direitos Humanos, 2015.

Declaração Universal dos Direitos Humanos. 1948. Rio de Janeiro: UNIC, 2009.

DERZI, Misabel Abreu Machado. Notas. BALEEIRO, Aliomar. **Limitações constitucionais ao poder de tributar**. 7. ed. rev. e compl. à luz da Constituição de 1988 até a Emenda Constitucional nº 10/1996. Rio de Janeiro: Forense, 2005.

DI MONACO, Ingrid Rachel Mendes. **Liberdade religiosa: reflexões sob a ótica de Roger Williams**. 2021. 116 f. Dissertação (Mestrado) – Curso de Educação, Arte e História da Cultura, Programa de Pós-Graduação em Educação, Arte e História da Cultura, Universidade Presbiteriana Mackenzie, São Paulo, 2021. Cap. 3.

DREHER, Martin N. **Lutero e a dieta de Worms de 1521:** reflexões em torno de Lutero. 1984. Portal Luteranos. Disponível em: https://www.luteranos.com.br/textos/lutero-e-a-dieta-de-worms-de-1521. Acesso em: 03 nov. 2021.

DURANT, Will. **História da Civilização**. Tomo VII, São Paulo: Companhia Editora Nacional, 1957.

ESPANHA. **Constitución Española**. Madrid, 1978. Disponível em: https://www.tribunalconstitucional.es/es/tribunal/normativa/Normativa/CEportugu%C3%A9s.pdf. Acesso em: 04 jan. 2022.

ESPANHA. **Ley Orgánica 7/1980, de 5 de julio, de Libertad Religiosa**. Madrid, 1980. Disponível em: https://www.boe.es/buscar/pdf/1980/BOE-A-1980-15955-consolidado.pdf. Acesso em: 04 jan. 2022.

FERRARI, Silvio. Estado e Iglesia en Italia. *In:* ROBBERS, Gerhard (coord.). **Estado e Iglesia en la Unión Europea**. Baden-Baden: Nomos Verl.Ges e Madrid: Faculdade de Derecho, Universidad Complutense, 1996.

FERREIRA, Dhaniel Luckas Terto Madeiro. **A efetivação da liberdade religiosa no Estado laico brasileiro.** 117 f. Dissertação (Mestrado em Direito Constitucional), Curso de Direito, Universidade de Fortaleza, Fortaleza, 2016.

FERREIRA, Franklin. **A igreja cristã na história: das origens aos dias atuais.** São Paulo: Vida Nova, 2013.

FERREIRA, Manoel Gonçalves Ferreira. **Curso de Direito Constitucional.** 41. ed. Rio de Janeiro: Forense, 2020.

FERREIRA, Manoel Gonçalves Ferreira. **Direitos Humanos Fundamentais.** 15. ed. São Paulo: Saraiva, 2016.

FERREIRA, Manoel Gonçalves Ferreira. Religião, Estado e Direito. **Revista Direito Mackenzie**, ano 3, nº 2: 89, São Paulo: Universidade Presbiteriana Mackenzie, 2002.

FRANCISCO, José Carlos. **Neoconstitucionalismo e atividade jurisdicional:** do passivismo ao ativismo judicial. José Carlos Francisco (coord. e coautor). Belo Horizonte: Del Rey, 2012.

FRANCO, Antônio de Sousa. A Liberdade Religiosa e o Projecto de Código Civil. **Liberdade religiosa – realidade e perspectivas.** Obra coletiva, Lisboa, 1998.

FRANÇA, Ministério de Educação Nacional da. **Carta de Laicidade nas escolas francesas em setembro de 2013.** Disponível em: http://www.laicidade.org/wp-content/uploads/2013/10/Carta-da-Laicidade.pdf. Acesso em: 10 jan. 2022.

FREND, W.H.C. The failure of the persecutions in the Roman Empire – Past and Present, n. 16, Oxford: **Oxford University Press**, 1959. Disponível em: https://academic-oup-com.eres.qnl.qa/past/article/16/1/10/1433795?login=true. Acesso em: 01 nov. 2021.

GARCIA, Maria da Glória Ferreira Pinto Dias. **Liberdade de consciência e liberdade religiosa,** in Direito e Justiça, Vol. XI, Tomo II, 1997.

GAMPER, Daniel. Laicidad Europea. **Apuntes de filosofia política postsecular.** Barcelona: Bellaterra, 2016.

GODOY, Arnaldo Moraes. **A Liberdade Religiosa nas Constituições do Brasil.** São Paulo: Editora Revista dos Tribunais, 2001.

GOUVEIA, Jorge Bacelar. **Direito, Religião e Sociedade no Estado Constitucional.** Lisboa: Instituto do Direito de Língua Portuguesa, 2012.

GUIZOT, François. **A história das origens do governo representativo na Europa.** Tradução: Vera Lúcia Joscelyne. Rio de Janeiro: Topbooks, 2008.

HADDAD, Luiz Felipe da Silva. **Nova Constituição da Espanha:** uma carta democrática. Justitia: São Paulo, 43 (114): 99-115, jul./set. 1981.

HERVADA, Javier. **Los Eclesiasticistas ante un espectador:** tempvs otii secvndvm. Pamplona: Navarra Gráfica Ediciones, 2002.

HOFFMANN, Lucio Raimundo. **Estado Laico não é Estado Ateu**. 34 f. Trabalho de Conclusão de Curso (Especialização em Direito Constitucional e Processo Constitucional) – Escola de Direito do Brasil, Universidade Presbiteriana Mackenzie, São Paulo, 2012.

IBÁN, Iván C. Estado e Iglesia en España. *In:* ROBBERS, Gerhard (coord.). **Estado e Iglesia en la Unión Europea**. Baden-Baden: Nomos Verl.Ges e Madrid: Faculdade de Derecho, Universidad Complutense, 1996.

ITÁLIA. **Costituzione Italiana: edizione in lingua portoghese**. Roma: Senato della Repubblica, 2018. Disponível em: https://www.senato.it/sites/default/files/media-documents/COST_PORTOGHESE.pdf. Acesso em: 06 jan. 2022.

JELLINEK, G. **Teoría general del Estado**. Tradução: Fernando de L Rios Urruti. Granada: Editorial Comares, 2000.

JEFFERSON, Thomas. Notes on Vírginia, 1781-1782. SEGERS, M.C.; JELEN, T. G., **Wall Of Separation? Debating the Public Role of Religion**. Lanham, Rowman and Littlefied Publishers, Inc, 1998 *apud* ADRAGÃO, Paulo Pulido. A Liberdade Religiosa e o Estado. Coimbra: Almedina, 2002.

KANT, Immanuel. **Fundamentação da metafísica dos costumes**. Tradução: Paulo Quintel. Lisboa: Edições 70, 2019.

KANT, Immanuel. **Fundamentação da metafísica dos costumes e outros escritos**. Tradução: Leopoldo Holzbach. São Paulo: Martin Claret, 2004.

LACERDA, Gustavo Biscaia de. Sobre as relações entre Igreja e Estado: conceituando laicidade. MINISTÉRIO PÚBLICO, Conselho Nacional. **Ministério Público em defesa do Estado Laico**. Brasília, CNMP, 2014.

LAGO, Davi. **Brasil polifônico: os evangélicos e as estruturas de poder**. São Paulo: Mundo Cristão, 2018.

LEMBO, Cláudio. As duas Américas. LEMBO, Cláudio (coord.). **Constitucionalismo Moreno: incursão no constitucionalismo sul-americano**. Monica Herman Gaggiano (org.). 1. ed. Barueri: Ed. Manole, 2020.

LO CASTRO, Gaetano. **La libertà religiosa e l'idea di diritto**. IX CONGRESO INTERNACIONAL DE DERECHO CANÓNICO. Dialnet. Cidade do México: Universidad Nacional Autónoma de México, 1996. ps. 19-42.

LOCKE, John. **Carta sobre a tolerância**. Tradução: João da Silva Gama, Lisboa: Edições Almedina (Edições 70), 2014. Disponível em: https://app.minhabiblioteca.com.br/#/books/9789724422336/cfi/4!/4/2@100:0.00. Acesso em: 21 set. 2021.

LOCKE, John. **Dois tratados do governo civil**. Tradução: Miguel Morgado. Lisboa: Edições Almedina (Edições 70), 2015. Disponível em: https://app.minhabiblioteca.com.br/reader/books/9789724422343/pageid/4. Acesso em: 22 set. 2021.

LOCKE, John. **Segundo Tratado sobre o Governo**. Tradução: Alex Marins. São Paulo: Martin Claret, 2006.

LÓPEZ CASTILLO, Antonio. **La libertad religiosa em la jurisprudencia constitucional**. Narra: Aranzandi, 2002.

MACEDO, Amilcar Fagundes Freitas. Reflexões sobre a moralidade e a eticidade em Kant e Hegel. Porto Alegre: **Revista do Ministério Público do RS**, n. 71, ps. 113-25, jan./abr. 2012. Disponível em: http://www.amprs.com.br/public/arquivos/revista_artigo/arquivo_1342124595.pdf. Acesso em: 08 fev. 2022.

MACHADO, Jónatas Eduardo Mendes. **Estado constitucional e neutralidade religiosa:** entre o teísmo e o (neo)ateísmo. Porto Alegre: Livraria do Advogado, 2013.

MACHADO, Jónatas Eduardo Mendes. **Liberdade religiosa numa comunidade constitucional inclusiva:** dos direitos da verdade aos direitos dos cidadãos. Coimbra: Coimbra Editora, 1996.

MACHADO, Jónatas Eduardo Mendes. Tempestade perfeita? Hostilidade à liberdade religiosa no pensamento teorético-jurídico". *In:* MAZZUOLI, Valerio de Oliveira; SORIANO, Aldir Guedes (coords.). **Direito à liberdade religiosa: desafios e perspectivas para o século XXI**. Belo Horizonte: Editora Fórum, 2009.

MAGALHÃES FILHO, Glauco Barreira. **A reforma protestante e o Estado de Direito**. São Paulo: Fonte Editorial, 2014.

MARITAIN, Jacques. **O Homem e o Estado**. 4. ed. Rio de Janeiro: Editora Agir, 1966.

MARTINS, Ives Gandra da Silva. O preâmbulo da Constituição. *In:* MARTINS, Ives Gandra da Silva; CARVALHO, Paulo de Barros; BERTELLI, Luiz Gonzaga (orgs.). **O preâmbulo da Constituição Federal**. São Paulo: Noeses, 2021.

MARTINS, Leonardo. Liberdade religiosa e liberdade de consciência no sistema da Constituição Federal. **Revista Brasileira de Estudos Constitucionais – RBEC**, Belo Horizonte, ano 2, n. 5, ps. 2748, jan./mar. 2008. Disponível em: http://www.bidforum.com.br/bid/PDI0006.aspx? pdiCntd=52586. Acesso em: 1 nov. 2021.

MAZZUOLI, Valerio de Oliveira; SORIANO, Aldir Guedes (coords.). **Direito à liberdade religiosa: desafios e perspectivas para o século XXI**. Belo Horizonte: Editora Fórum, 2009.

MELLO, Marcos Bernardes de. **Teoria do fato jurídico:** plano da existência**.** 8. ed. São Paulo: Saraiva, 1998.

MENDES, Gilmar; BRANCO, Paulo Gonet. **Curso de Direito Constitucional**. 16. ed. São Paulo: Saraiva, 2021.

MENDONÇA, André Luiz de Almeida. A Primeira das Liberdades: a liberdade religiosa e sua efetividade na laicidade colaborativa brasileira. *In* **Liberdades.** Prefácio José Bernardo Cabral, Rio de Janeiro: Editora J & C, 2022.

MEZZAROBA, Orides; MONTEIRO, Cláudia Servilha. **Manual de Metodologia da Pesquisa no Direito**. 5. ed. São Paulo: Saraiva, 2009.

MILL, John Stuart. **Sobre a Liberdade**. Tradução: Pedro Madeira. Lisboa: Edições 70, 2015.

MILL, John Stuart. **Sobre a liberdade e a sujeição das mulheres**. Tradução: Paulo Geiger. 1. ed. São Paulo: Penguin Classics Companhia das Letras, 2017.

MIRANDA, Jorge. **Direitos Fundamentais**. 2. ed. Almedina: Coimbra, 2018.

MIRANDA, Jorge. Estado, liberdade religiosa e laicidade. **Observatório de Jurisdição Constitucional**, Brasília: IDP, Ano 7, n. 1, ps. 1-22, jan./jun. 2014. ISSBN 1982-4564, DOI 10.11117/1982-4564.07.01.

MIRANDA, Jorge. **Manual de Direito Constitucional**. Tomo IV, 2. ed. Coimbra: Coimbra Editora, 1993.

MIRANDA, Pontes de. **Democracia, liberdade, igualdade (os três caminhos)**. São Paulo: Saraiva, 1979.

MIRANDA, Pontes de. **Democracia, liberdade e igualdade**. 1. ed. atual. Campinas: Bookseller, 2002.

MONDIM, Battista. **Quem é Deus: elementos de teologia filosófica.** São Paulo: Paulus, 1997. p. 49.

MORAES, Alexandre de. **Direito Constitucional**. 36. ed. São Paulo: Atlas, 2020. (e-book)

MORAIS, Carlos Blanco de. Liberdade religiosa e direito de informação. ADRAGÃO, Paulo Pulido. **A liberdade religiosa e o Estado**. Coimbra: Almedina, 2002.

NETTO, Adyr Garcia Ferreira. Do estado de natureza ao governo civil em John Locke. **Revista do Direito Público**, Londrina, v. 2, n. 2, ps. 75-90, maio/ago. 2007. Disponível em: http://www.uel.br/revistas/uel/index.php/direitopub/article/view/11457. Acesso em: 27 set. 2021.

NUSSBAUM, Martha C. **A fragilidade da bondade: fortuna e ética na tragédia e na filosofia grega**. São Paulo: Editora WMF Martins Fontes, 2009.

OBEID, Rafael Issa. **Os debates em torno do Estado confessional brasileiro do século XIX (1842-1889)**. 133 f. Dissertação (Mestrado em Direito) – Faculdade de Direito, Universidade de São Paulo, São Paulo, 2013.

OCKHAM, Guilherme de. **Brevilóquio sobre o principado tirânico**. Petrópolis: Vozes, 1998.

OLIVEIRA, Lindomar Rodrigues de. **Direito da União Europeia e limites à liberdade religiosa:** o problema dos símbolos religiosos. Maringá: Viseu, 2018.

OLIVEIRA, Ricardo Mariz. Constituição Brasileira e Direito Canônico: aproximações e distinções. *In:* MARTINS, Ives Gandra da Silva; CARVALHO, Paulo de Barros; BERTELLI, Luiz Gonzaga (orgs.). **O preâmbulo da Constituição Federal**. São Paulo: Noeses, 2021.

OLIVEIRA, Mariana Gouvea de. Antecedentes históricos do conceito de liberdade de religião ou crença. Revista Brasileira de História do Direito, [S.L.], v. 9, n. 1,

p. 70, 1 ago. 2023. CONPEDI. Disponível em: http://dx.doi.org/10.26668/IndexLawJournals/2526-009X/2023.v9i1.9696. Acesso em: 11 ago. 2023.

OLIVEIRA, Tamires de Lima de. **Hugo Grotius e a laicização do Direito Natural:** um resgate das contribuições teóricas do autor para a afirmação do direito internacional dos direitos humanos. 2017. 114 f. Dissertação (Mestrado) – Curso de Direito, Programa de Pós-Graduação Stricto Sensu em Direito da Universidade Regional do Noroeste do Estado do Rio Grande do Sul, Universidade Regional do Noroeste do Estado do Rio Grande do Sul, Ijuí, 2017. Cap. 3.

OLLERO TASSARA, Andrés. Cómo entender la aconfessionalidad del Estado Español. Poder Judicial del Perú: **Gaceta Judicial de Cusco**, ano IV, n. 04, 2014.

OLLERO TASSARA, Andrés. Igualdade, laicidad y religiones. **Anuário de la Facultad de Derecho de La Universidade Autónoma de Madrid**, Madrid, 2009. ISSN: 1575-8427 e Depósito Legal M-32683/1997.

OLLERO TASSARA, Andrés. Laicidade Positiva, Igualdad conseguiente: diálogo sobre el art. 16 de la Constitución Española. **Anales de la Real Academia Sevillana de Legislación y Jurisprudencia**, Volumen IX, 2017-2018.

ORO, Ari Pedro. A laicidade no Brasil e no ocidente: algumas considerações. ***Civitas* – Revista de Ciências Sociais**, v. 11, nº 2. Porto Alegre: Universidade Católica do Rio Grande do Sul, 2011, ISSN: 1519-6089.

Pacto de San José da Costa Rica. Organização dos Estados Americanos, Convenção Americana de Direitos Humanos, 1969. Disponível em: https://bit.ly/D678BR. Acesso em: 10 set. 2021.

Pacto Internacional de Direitos Civis e Políticos. Assembleia Geral das Nações Unidas, 1966. Disponível em: https://bit.ly/D592BR. Acesso em: 10 set. 2021.

Pacto Internacional dos Direitos Econômicos, Sociais e Culturais. 1966. Disponível em: https://bit.ly/DL0591. Acesso em: 10 set. 2021.

PARAGUAY, **Constitucíon de la República del Paraguay**. Convención Nacional Constituyente, Assunción, 1992. Disponível em: https://siteal.iiep.unesco.org/sites/default/files/sit_accion_files/py_3054.pdf. Acesso em: 03 jan. 2022.

PASCHOAL, Janaína Conceição. **Religião e Direito Penal:** interfaces sobre temas aparentemente distantes. São Paulo: Editora LiberArs, 2017.

PASIN, João Bosco Coelho; DALLARI JR., Hélcio de Abreu. A Natureza Jurídica do Preâmbulo da Constituição Federal de 1988: sua vigência e eficácia no ordenamento jurídico brasileiro. *In:* MARTINS, Ives Gandra da Silva; CARVALHO, Paulo de Barros; BERTELLI, Luiz Gonzaga (orgs.). **O preâmbulo da Constituição Federal**. São Paulo: Noeses, 2021.

PERAZZO, Anne Kharine da Silva. **A Laicidade na França Republicana:** a questão da indumentária religiosa perante o Tribunal Europeu dos Direitos Humanos. 110f Dissertação (Mestrado) – Faculdade de Direito, Universidade de Coimbra, Coimbra, 2015.

PIOVESAN, Flávia. **Direitos humanos e o Direito Constitucional internacional.** 18. ed. rev. e atual. São Paulo: Saraiva Educação, 2018.

PORRAS RAMIREZ. José María. **Libertad religiosa, laicidade y cooperación con las confessiones en el Estado democrático de Derecho.** Cizur Menor: Thomson-Civitas, 2016.

PORTUGAL. **Constituição de 1838:** Diário do Governo, de 24 de abril de 1838, nº 98. Lisboa, Disponível em: https://www.fd.unl.pt/Anexos/Investigacao/1058.pdf. Acesso em: 14 dez. 2021.

PORTUGAL. **Constituição de 11 de abril de 1933**. Lisboa, Disponível em: https://www.parlamento.pt/Parlamento/Documents/CRP-1933.pdf. Acesso em: 14 dez. 2021.

PORTUGAL. **Constituição da República Portuguesa:** VII Revisão Constitucional. Lisboa, 1976. Disponível em: https://bit.ly/CONSTITUICAOPORTUGAL. Acesso em: 29 ago. 2021.

RANQUETAT JR, Cesar Alberto**. Laicidade à Brasileira:** estudo sobre a controvérsia em torno da presença de símbolos religiosas em espaços públicos. Jundiaí: Paco Editorial, 2016.

REAGAN, David. **Thank the Baptists for Freedom of Religion:** the preparation of Thomas Helwys. 2001. Disponível em: http://www.learnthebible.org/thank-the--baptists-for-freedom-of-religion.html. Acesso em: 05 nov. 2021.

REGINA, Jean Marques; TSURUDA, Juliana Melo. Casamento religioso com efeitos civis no Brasil: da necessária abertura a todas as confissões religiosas. *In:* MARTINS, Ives Gandra da Silva; VIEIRA, Thiago Rafael; SANTOS, Valmir Nascimento Milomem; REGINA, Jean Marques (orgs.). **Justiça e Religião:** uma integração necessária? contribuição da religião para o Direito e efetivação da Justiça**.** Porto Alegre: Lex Editora, 2021.

RIBEIRO, Milton. **Liberdade Religiosa: uma proposta para debate**. São Paulo: Ed. Mackenzie, 2002.

RIBEIRO, Vivian. **A laicidade do Estado e a educação confessional no Brasil**. 2020. 95 f. Dissertação (Mestrado) – Curso de Direito, Universidade Presbiteriana Mackenzie, São Paulo, 2020.

RIVERO, Jean; MOUTOUH, Hugues. **Liberdades públicas**. Tradução: Maria Ermantina de Almeida Prado Galvão. São Paulo: Martins Fontes, 2006.

ROBBERS, Gerhard (coord.). **Estado e Iglesia en la Unión Europea**. Baden-Baden: Nomos Verl.Ges e Madrid: Faculdade de Derecho, Universidad Complutense, 1996.

RODRIGUES, Eder Bonfim. O princípio da laicidade e os símbolos religiosos na Itália. **Revista Brasileira de Direito**, v. 13, n. 2. 2017. ps. 1-11.

RUBIO LÓPEZ, José Ignácio. **La primeira de las libertades:** la libertad religiosa em EE.UU. durante la Corte Rehnquist (1986-2005): una libertad en tensión. Navarra/España: Ediciones Universidad de Navarra, 2006.

SÁNCHEZ, Miguel Á. Asensio; ESPIGA, Arturo Calvo; NAVARRO, José A. Parody. **Derecho, Conciencia y Libertad Religiosa:** derecho y factor religioso. 2. ed. Madrid: Editorial Tecnos, 2015.

SANTOS JR., Aloísio Cristovam dos. **A liberdade de organização religiosa e o Estado laico brasileiro**. São Paulo: Editora Mackenzie, 2007.

SANTOS, Ricardo. **O Édito de Milão:** contexto, texto e pós-texto. 2. ed. São Paulo: Biblioteca 24 horas, 2020.

SANTOS, Ricardo Roberto. **Igualdade, liberdade e instrução pública em Condorcet**. 2007. 142 f. Dissertação (Mestrado) – Faculdade de Filosofia, Letras e Ciências Humanas, USP, São Paulo, 2007.

SANTOS, Valmir Nascimento Milomem. **Entre a fé e a política.** Rio de Janeiro: CPAD, 2018.

SÃO PAULO. **Decreto nº 65.56, de 11 de março de 2021**. Institui medidas emergenciais, de caráter temporário e excepcional, destinadas ao enfrentamento da pandemia de COVID-19, e dá providências correlatas. Palácio dos Bandeirantes. Disponível em: https://bit.ly/3MRyXnn. Acesso em: 15 mar. 2022

SARLET, Ingo Wolfgang. **A eficácia dos direitos fundamentais.** 10. ed. Porto Alegre: Livraria do Advogado Editora, 2009.

SARLET, Ingo Wolfgang. **Dignidade (da pessoa) humana e direitos fundamentais na Constituição Federal de 1988.** 10. ed. Porto Alegre: Livraria do Advogado, 2019.

SCALQUETTE, Ana Cláudia Silva; SOUZA PINTO, Felipe Chiarello de; SOUSA LIMA, Fernando Rister de; SMANIO, Gianpaolo Poggio (orgs.). **Direito, cidadania e políticas públicas: 150 anos de Mackenzie e a cidade de São Paulo**. 1. ed. São Paulo: Editora Mackenzie, 2020.

SCAMPINI, Pe. José. A liberdade religiosa nas constituições brasileiras (Estudo filosófico- jurídico comparado). **Revista de informação legislativa,** v. 11, n. 41, ps. 75-126, jan./mar. 1974

SCHAMA, Simon. **A história dos judeus.** São Paulo: Cia das Letras, 2015.

SCHLEGEL, Jean-Louis. **A Lei de Deus contra a liberdade dos homens**. São Paulo: WMF Martins Fontes, 2009.

SCHNEEWIND, Jerome B. **A invenção da autonomia**. São Leopoldo: UNISINOS, 2001.

SEFERJAN, Tatiana Robles. **Liberdade religiosa e laicidade do Estado na Constituição de 1988**. 2012. 162 f. Dissertação (Mestrado) – Curso de Direito, USP, São Paulo, 2012.

SERRANO, Mônica de Almeida Magalhães. **Liberdade religiosa e a imunidade tributária**. 2021. 178 f. Tese (Doutorado em Direito Tributário) – Faculdade de Direito da Pontifícia Universidade Católica de São Paulo, 2021. Disponível em: https://repositorio.pucsp.br/jspui/handle/handle/24613. Acesso em: 03 mar. 2022.

SGRIGNOLLI, Ruth Carolina R.; PADIN, Camila Ferrara. A confessionalidade na educação brasileira e sua manifestação histórica. In: JUNQUEIRA, Michelle Asato; DE GIOIA, Fulvia Helena (coords.). **Universidade e Confessionalidade: valores, princípios e desafios.** Porto Alegre: Lex Editora, 2021.

SILVA, Edjaelson Pedro da. **Súditos e Protestantes:** o impacto da propaganda protestante no sistema jurídico do Brasil Império (1835-1889). 2021. 264 f. Tese (Doutorado) – Curso de Ciências da Religião, Universidade Católica de Pernambuco, Recife, 2021. Disponível em: http://tede2.unicap.br:8080/handle/tede/1292. Acesso em: 21 out. 2021.

SILVA, José Afonso da. **Comentário contextual à Constituição**. 6. ed. São Paulo: Malheiros, 2009.

SILVA, José Afonso da. **Curso de Direito Constitucional positivo**. 16. ed. São Paulo: Malheiros, 1999.

SILVA, José Romeu da. **Aspectos pontuais das imunidades tributárias dos templos de qualquer culto.** 94 f. Dissertação (Mestrado em Direito Político e Econômico) – Curso de Direito, Universidade Presbiteriana Mackenzie, São Paulo, 2017.

SILVA, Luís Gustavo Teixeira. **Laicidade do Estado:** dimensões analítico-conceituais e suas estruturas normativas de funcionamento. Sociologias, v. 21, nº 51, Porto Alegre: Instituto de Filosofia da Universidade Federal do Rio Grande do Sul. Disponível em: https://www.scielo.br/j/soc/a/QtwrnMqFf6SWYrkpdGx3Bdv/?lang=pt. Acesso em: 12 jan. 2022.

SILVA, Ricardo Gaiotti. **A colaboração entre igreja e estado no Brasil à luz da liberdade religiosa.** 125 f. Dissertação (Mestrado em Direito) – Curso de Direito, Pontifícia Universidade Católica de São Paulo, São Paulo, 2016.

SILVA NETO, Manoel Jorge. **Proteção constitucional à liberdade religiosa**. 4. ed. Rio de Janeiro: Lumen Juris, 2020.

SOLER, Marcos. **A igreja e o Direito brasileiro**. São Paulo: LTr, 2010.

SORIANO, Aldir Guedes. Direito à liberdade religiosa sob a perspectiva da democracia liberal. *In:* MAZZUOLI, Valerio de Oliveira; SORIANO, Aldir Guedes (coords.). **Direito à liberdade religiosa: desafios e perspectivas para o século XXI**. Belo Horizonte: Editora Fórum, 2009.

SORIANO, Aldir Guedes. **A liberdade religiosa no Direito constitucional e internacional**. São Paulo: Editora Juarez de Oliveira, 2002.

SKINNER, Quentin. **As fundações do pensamento político moderno**. Tradução: Renato Janine Ribeiro e Laura Teixeira Motta. São Paulo: Companhia das Letras, 1996.

SKINNER, Quentin. **Liberdade antes do liberalismo**. Tradução: Raul Filker. São Paulo: Editora UNESP,1999.

SOUZA JUNIOR, Cezar Saldanha de. **Constituições do Brasil**. Porto Alegre: Editora Sagra Luzzatto, 2002.

SOUZA PINTO, Felipe Chiarello de; SOUSA LIMA, Fernando Rister de; Pósfacio. SCALQUETTE, Ana Cláudia Silva; SOUZA PINTO, Felipe Chiarello de; SOUSA LIMA, Fernando Rister de; SMANIO, Gianpaolo Poggio (orgs.). **Direito, cidadania e políticas públicas: 150 anos de Mackenzie e a cidade de São Paulo**. 1. ed. São Paulo: Editora Mackenzie, 2020.

SOUZA, Rodrigo Lobato Oliveira. **Liberdade Religiosa: direito fundamental numa sociedade democrática e pluralista**. Belo Horizonte, São Paulo: D'Plácido, 2021.

TACITUS. **Complete Works of Tacitus**. Alfred John Church. William Jackson Brodribb. Sara Bryant. Edited for Perseus. New York: Random House, Inc. Random House, Inc. reprinted 1942. Disponível em: http://www.perseus.tufts.edu/hopper/text?doc=Tac.+Ann.+15.44&fromdoc=Perseus%3Atext%3A1999.02.0078. Acesso em: 01.nov.2021.

TAVARES, André Ramos. **Curso de Direito Constitucional**. 8. ed. São Paulo: Saraiva, 2010.

TAVARES, André Ramos. O direito fundamental ao discurso religioso. **Revista Brasileira de Estudos Constitucionais Rbec:** divulgação da fé, proselitismo e evangelização, Belo Horizonte, v. 1, n. 10, ps. 1-27, abr. 2009b. Trimestral. Disponível em: http://www.bidforum.com.br/bid/PDI0006.aspx?pdiCntd=57991. Acesso em: 16 nov. 2021.

TAVARES, André Ramos. Religião e neutralidade do Estado. *In:* MAZZUOLI, Valerio de Oliveira; SORIANO, Aldir Guedes (coords.). **Direito à liberdade religiosa: desafios e perspectivas para o século XXI**. Belo Horizonte: Editora Fórum, 2009.

TERAOKA, Thiago Masso Cortizo. **A liberdade Religiosa no Direito Constitucional brasileiro**. 282 f. Tese (Doutorado – Departamento de Direito do Estado), Faculdade de Direito da Universidade de São Paulo, São Paulo, 2010.

TOCQUEVILLE, Alexis de. **A democracia na América**. Tradução: Neil Ribeiro da Silva. São Paulo: Editora da USP, 1987.

TOCQUEVILLE, Alexis de. **A democracia na América**. Tradução: Neil Ribeiro da Silva. São Paulo: Folha de São Paulo, 2010.

TOCQUEVILLE, Alexis de. **O Antigo Regime e a Revolução**. Tradução: José Miguel Nanini Soares, São Paulo: Edipro, 2017.

TOMÁS DE AQUINO. **Suma Teológica**. La llae. V. 2. São Paulo: Ecclesiae, 2017.

TOMÁS DE AQUINO. **Suma Teológica, primeira parte, questões 1-49**. Vol. 1, 2. ed. Porto Alegre: Escola Superior de Teologia São Lourenço de Brindes, Livraria Sulina Editor e Caxias do Sul: Universidade de Caxias do Sul, 1980.

TORRES, Aléxia Duarte; FREITAS, André Vicente Leite de Freitas. O Direito às Liberdades na Reforma Europeia do Século XVI e suas contribuições para a Formação do Pensamento Moderno In: André Vicente Leite de Freitas; Fernanda

Paula Diniz. (orgs.). **Estudos Avançados em Direito**. 1. ed. Rio de Janeiro: Lumen Juris, 2017, v. I, ps. 23-40.

WEBER, Max. **A Ética Protestante e o Espírito do Capitalismo**. 2ª ed. rev. São Paulo: Pioneira Thomson Learning, 2001.

WEINGARTNER NETO, Jayme. **A edificação constitucional do direito fundamental à liberdade religiosa:** um feixe jurídico entre a inclusividade e o fundamentalismo. 2006. 576 f. Tese (Doutorado) – Curso de Direito, PUCRS, Porto Alegre, 2006. Cap. 4. Disponível em: https://repositorio.pucrs.br/dspace/handle/10923/2539. Acesso em: 15 out. 2021.

WEREBE, Maria José Garcia. A laicidade do ensino público na França. Centro Nacional de Pesquisas Científicas da França, Rio de Janeiro**: Revista Brasileira de Educação**, n. 27, ps. 192-213, 2004. ISSN 1413-2478.

WITTE JR., John. **Religion and the American Constitucional experiment**. 2. ed. Atlanta: Emory University, 2005.

VATICANO. **Concordata entre a Santa Sé e a República Portuguesa**. 1940. Disponível em: https://www.vatican.va/roman_curia/secretariat_state/archivio/documents/rc_seg-st_19400507_santa-sede-portogallo_po.html. Acesso em: 14 dez. 2021.

VATICANO. **Constituição pastoral gaudium et spes**. Documentos do Concílio Ecumênico Vaticano II. São Paulo: Paulus, 1997.

VIEIRA, Thiago Rafael. Breve estudo sobre a influência da Escola de Salamanca no constitucionalismo latino-americano e o mau exemplo do Estado Plurinacional da Bolívia. *In:* MARTINS, Ives Gandra da Silva; VIEIRA, Thiago Rafael; MILOMEM SANTOS, Valmir Nascimento; REGINA, Jean Marques (coords.). **Justiça e Religião: uma integração necessária? Contribuição da religião para o Direito e a efetivação da justiça**. Porto Alegre: Lex Editora, 2021.

Vieira, Thiago Rafael Vieira. **A importante distinção das liberdades de crença e religiosa e a efetividade de seus âmbitos de proteção na laicidade colaborativa Brasileira**. Dissertação, 183 f., Mestrado em Direito – Universidade Presbiteriana Mackenzie, São Paulo, 2022. Disponível em: https://dspace.mackenzie.br/handle/10899/30585 . Acesso em 01.07.2023.

VIEIRA, Thiago Rafael; REGINA Jean Marques. **A Contribuição do Cristianismo para a Liberdade**. São Paulo: Unipro Editora, 2023.

VIEIRA, Thiago Rafael; REGINA, Jean Marques. **A laicidade colaborativa brasileira: da aurora da civilização à Constituição Brasileira de 1988**. São Paulo: Edições Vida Nova, 2021.

VIEIRA, Thiago Rafael; REGINA, Jean Marques. Direito Religioso como ramo autônomo do direito: uma defesa fático-constitucional. *In:* MARTINS, Ives Gandra da Silva; CARVALHO, Paulo de Barros; BERTELLI, Luiz Gonzaga (Coord.). **O preâmbulo da Constituição Federal**. São Paulo: Noeses, 2021b.

VIEIRA, Thiago Rafael; REGINA, Jean Marques. **Direito Religioso: orientações práticas em Tempos de COVID-19**. 2. ed. São Paulo: Edições Vida Nova, 2020a.

VIEIRA, Thiago Rafael; REGINA, Jean Marques. **Direito Religioso: questões práticas e teóricas**. 3. ed. São Paulo: Edições Vida Nova, 2020b.

VIEIRA, Thiago Rafael; REGINA, Jean Marques. **Direito Religioso: questões práticas e teóricas**. 4. ed. São Paulo: Edições Vida Nova, 2023.

VIEIRA, Thiago Rafael; REGINA, Jean Marques. **ONU Agenda 2030: E a liberdade religiosa?** Porto Alegre: Editora Concórdia, 2022.

VILANI, Maria Cristina Seixas. **Origens medievais da democracia moderna**. Belo Horizonte: Inédita, 1999.

VOEGELIN, Eric. **Idade Média até Tomas de Aquino: história das ideias políticas**. São Paulo: É Realizações, 2012, vol. II.

VOVELLE, Michel. **La Révolution française**. Paris: Armand Collin, 2015.